Günther Mohr
Lebendige Unternehmen führen

Günther Mohr

Lebendige Unternehmen führen

Die Kunst, Führungs*kräfte* erfolgreich zu aktivieren

Frankfurter Allgemeine Buch

Die Deutsche Bibliothek – CIP-Einheitsaufnahme

Ein Titeldatensatz für diese Publikation ist bei
Der Deutschen Bibliothek erhältlich.

Frankfurter Allgemeine Zeitung
Verlagsbereich Buch

60267 Frankfurt am Main

Gestaltung F.A.Z.-Marketing/Grafik
Druck: Druckwerkstätten Stollberg GmbH, Stollberg
Erste Auflage 2000

ISBN 3-89843-003-0

Inhalt

Vorwort

Dieses Buch spricht in erster Linie Führungskräfte und Manager an, die mit den Umgestaltungsprozessen der Wirtschaft befasst sind. Ebenso ist das Buch interessant für Projektleiter und Personalverantwortliche, denn auch sie können auf die Führung Einfluss nehmen.

Führungsprozesse begleiten Menschen. Wir brauchen eine klare Vorstellung davon, was Führung ist und wie man in den Führungsprozess eingreifen kann. Gerade in Deutschland hat Führung aus historischen Gründen ein schwieriges Image.

Das System Führung bietet eine neue Orientierung. Es macht Führung als Instrument für Unternehmensleitungen einsetzbar. Es teilt zwischen den Perspektiven der Einflussnahme auf Führung und wird dadurch zu einem praktisch nutzbaren Instrument.

Wenn Sie das Buch gelesen haben, werden Sie für sich persönlich einen Schritt weiter sein. Sie können mit den Leitfragen der einzelnen Kapitel das Wissen für sich zu einem ganzheitlichen machen. Sie lernen Ihre Führungs»kraft« zu entwickeln.

Die sechs Kapitel des Buches lenken ihren Scheinwerfer der Aufmerksamkeit auf sechs zentrale Gesichtspunkte des Systems Führung: Sie können die Kapitel sukzessive lesen, Sie können aber auch irgendeines auswählen, das Sie besonders interessiert und damit beginnen. Viel Spaß beim Lesen.

1. Das System Führung

Zunächst wird das System Führung als Ganzes in seinen Eigenschaften und Auswirkungen vorgestellt.

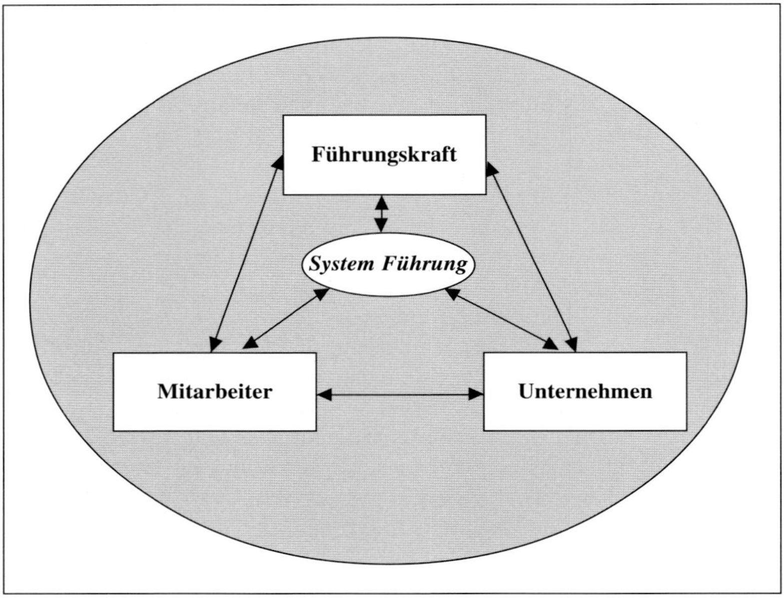

Abbildung 1: Das System Führung

2. Mit strategischen Instrumenten das System Führung gestalten

Anschließend werden Einflussmöglichkeiten, die das Unternehmen insgesamt in Führungsdingen heute nutzen kann, auf ihren wesentlichen Gehalt hin betrachtet. Hier gibt es in Organisationen den meisten Aberglauben über die Wirkung von Instrumenten. An dieser Stelle ist »Enttrübung« nötig.

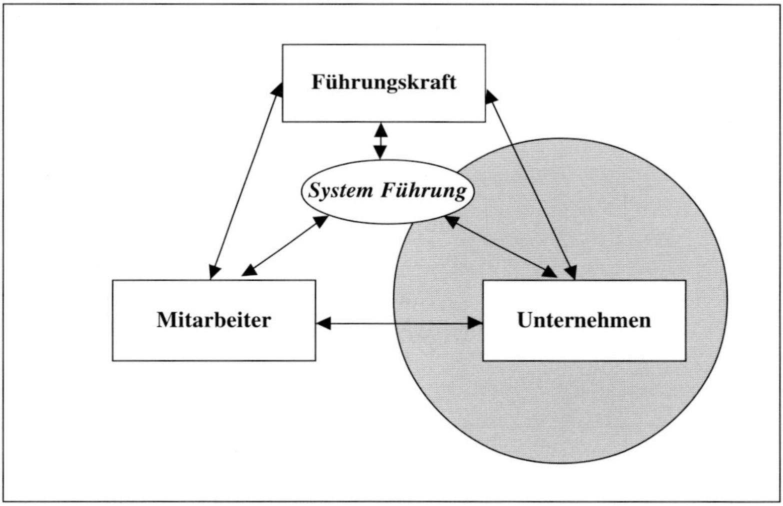

Abbildung 2: Das Unternehmen im System Führung

3. Über die Führungskraft das System Führung entwickeln

Danach wird der Fokus der Aufmerksamkeit auf eine zentrale Rolle im Führungsgeschehen gelenkt, nämlich die der Führungskraft und der modernen Einflussnahme auf deren Leistung.

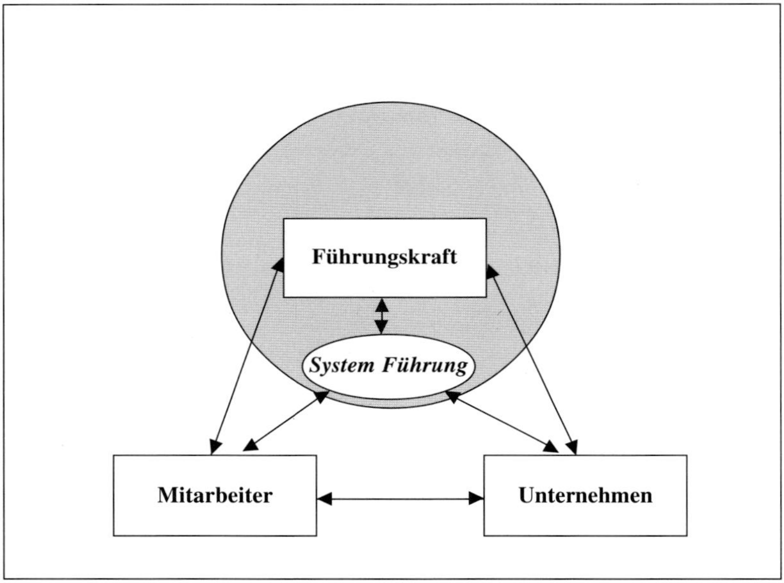

Abbildung 3: Die Führungskraft im System Führung

4. Die Führungspersönlichkeit formen

Wir bleiben noch bei der Führungskraft. Führungskraft sein ist nicht nur eine Rolle, sondern auch eine Ausdrucksmöglichkeit der eigenen Persönlichkeit im Leben. Was ist überhaupt Persönlichkeit? Wie kann man sie entwickeln?

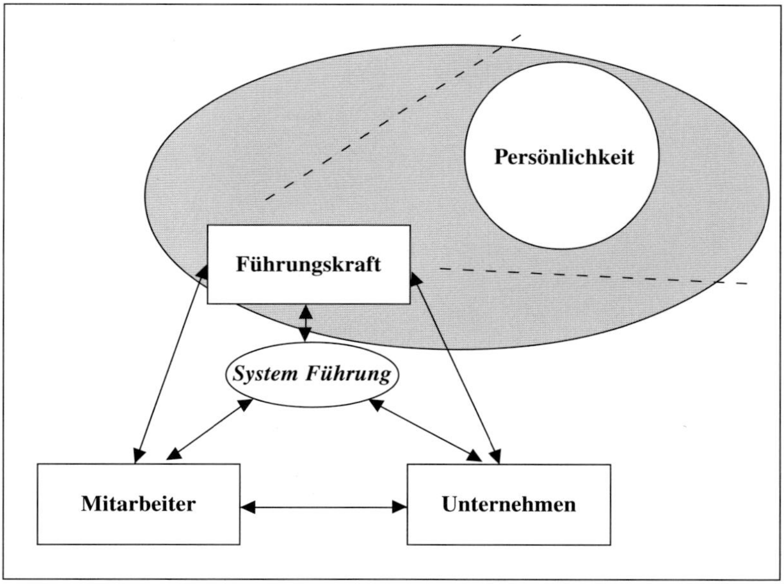

Abbildung 4: Die Führungspersönlichkeit im System Führung

5. Das Team in den Mittelpunkt stellen

Zur Arbeit in Organisationen gehört das gemeinschaftliche Zusammenwirken von unterschiedlichen Menschen. Teamarbeit braucht Bedingungen.

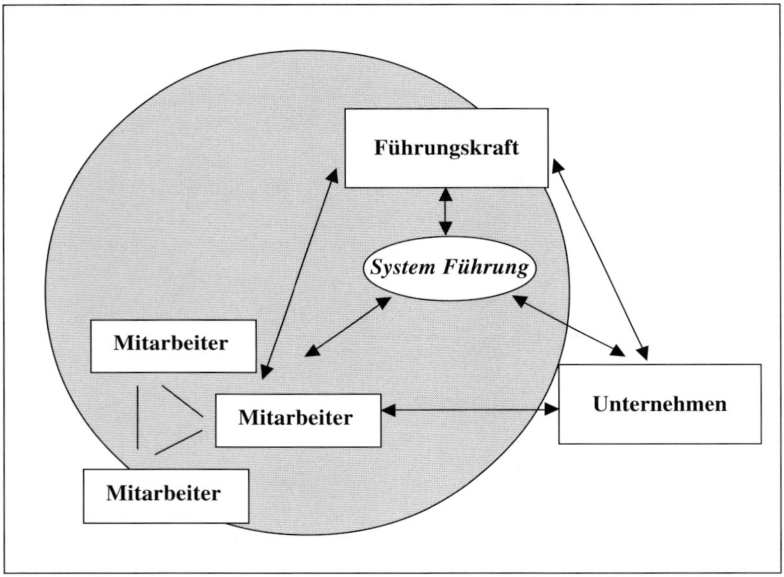

Abbildung 5: Das Team im System Führung

6. Die Veränderung des Lebensbereiches Arbeit managen

Aus der Mitarbeiterrolle heraus ist für Menschen heute die fundamentale Veränderung der Arbeitswelt eine zentrale Herausforderung. Dieser Prozess wird uns die nächsten Jahre begleiten. Was passiert hier tatsächlich für die Menschen, wenn man hinter Etiketten wie Globalisierung blickt?

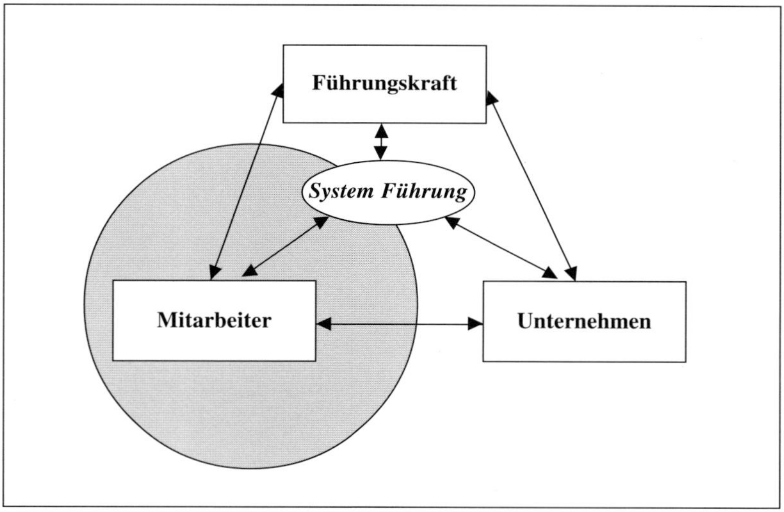

Abbildung 6: Der Mitarbeiter im System Führung

1. Das System Führung

In diesem Kapitel können Sie sich mit Ihrem persönlichen Standpunkt von Führung auseinander setzen:

- *Was ist Führung für Sie?*
- *Was ist die systemische Perspektive?*
- *Was ist Qualität der Führung?*
- *Wie ist der Zusammenhang zwischen Führung und dem Verhalten Kunden gegenüber?*
- *Welche Sichtweisen gibt es dafür?*

1.1. Führung heute

Führung ist nicht mehr das, was sie einmal war. Führungskräfte geraten zunehmend in die Kritik. Von Nieten in Nadelstreifen ist die Rede. Es wird behauptet, die wirtschaftlichen Rahmenbedingungen haben sich verändert. Die hohen Qualitätsanforderungen der Märkte und die erhöhte Geschwindigkeit der Marktveränderungen wirken sich auf das System Führung aus. Ob sich daraus ableiten lässt, dass Führung heute schwieriger ist als früher, bleibt offen, da entsprechende Zeitvergleiche immer problematisch sind. Die persönlichen Anforderungen an die Mitglieder von Organisationen und Unternehmen haben sich durch die Veränderung des Umfeldes, in dem die meisten Menschen heute arbeiten, gewandelt. Der technische Fortschritt hat Arbeitsmittel zur Verfügung gestellt, die vor einigen Jahren noch undenkbar waren. Wie kann der Produktionsfaktor Mensch da mithalten? Der »dispositive Faktor«, unter dem Erich Gutenberg, der Altmeister der deutschen Betriebswirtschaft, die Führung gefasst hat, wirft in seiner »technischen« Entwicklung in diesem Umfeld immer mehr Probleme auf. Die Führungskräfte als Ressource Mensch scheinen sich nicht in demselben Tempo zu verändern. Es besteht eher der Eindruck, dass zwei Erfahrungen gelten: Einerseits bleibt Führen ein ständiger Lernprozess für jeden, der eine Führungsrolle innehat. Zum Zweiten gilt für Führung, dass jede Generation sich hier die entsprechende Persönlichkeitskompetenz neu erarbeiten muss. Es ist nicht wie im technischen Bereich, wo beispielsweise die Leistungsfähigkeit einer PC-Generation die vorhergehende um Längen übertrifft.

»Kein Mensch kommt aus der Führungsbeziehung als der heraus, als der er hineingegangen ist.« Dieser Satz des Jesuitenmönchs Rupert Lay zeigt die Dimension des persönlichen Prozesses, der in der Konfrontation mit Führung liegt. Daraus ergeben sich natürlich Fragen: Was ist Führung? Warum bildet sich überhaupt Führung in Organisationen? Wie lässt sich Führung intelligent konzipieren und gestalten? Wir wollen diesen Fragen auf den Grund gehen. Ist es die Beeinflussung der Menschen, die Steuerung einer Organisation, was ist es? Menschen finden sich in Organisationen zusammen, um bestimmte Güter und Dienstleistungen zu erstellen. In den meisten Organisationen gibt es dazu irgendeine Art von Führungsprozess.

Nach dem Zweiten Weltkrieg war zunächst die Produktion, danach das Marketing, dann die strategische Orientierung das jeweils wichtigste betriebswirtschaftliche Gebiet. Nun bildet der Umgang mit Komplexität die Hauptaufgabe. Waren Produktion und Marketing noch recht handfeste Größen, sind die beiden hinzugekommenen Herausforderungen eher abstrakt. Hier entsteht ein gravierendes Umsetzungsproblem. Die praktische Umsetzung geschieht nur durch die Menschen. Am Gelingen dieses Transferprozesses misst sich der Erfolg von Organisationen. Führungsprozesse dienen dazu. Hier sind Führungskräfte gefordert.

1.2. Das System Führung

Das Denken über Führung wird dadurch erleichtert, dass man sich die wesentlichen Elemente von Führung vor Augen hält. Wer Führung gestalten will, muss sich ein präzises Bild der Wirkungsmechanismen machen. Bei Führung sind immer mehrere beteiligt. In der Praxis jedes Führungsprozesses spielen zumindest drei Kräfte eine konkrete Rolle: die *Führungskraft*, der *Mitarbeiter* und das *Unternehmen*. Führung ist ein *Systemmuster,* welches das Zusammenwirken der verschiedenen Systemkräfte in einer Organisationseinheit beschreibt.

Das System Führung und die dazugehörigen Führungsprozesse existieren, um die Dienstleistung der Regelung der verschiedenen Systemelemente zu vollbringen. Man kann auch von einem internen Regelungsmechanismus sprechen, der die verschiedenen Systemelemente austariert.

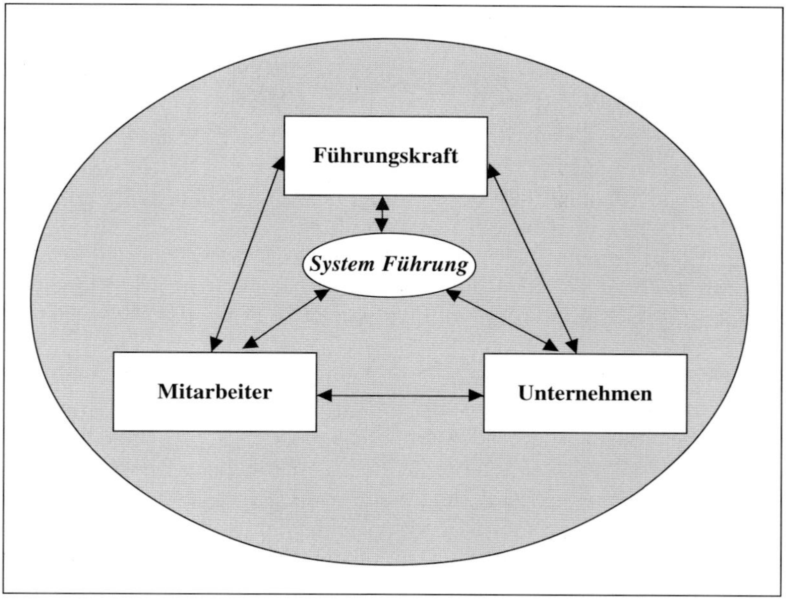

Abbildung 7: Das System Führung

Lassen Sie uns das Modell in Abbildung 7 näher betrachten. Führungsprozesse sind die Interaktionsprozesse und Beziehungsgestaltungen der Kraftfelder im Unternehmen. Unternehmen ist dabei ein weit gefasster Begriff. Er enthält Wirtschaftsunternehmen, Institutionen, Non-Profit-Unternehmen. Ebenso wie die Führungskraft und der Mitarbeiter ist auch das Unternehmen durch Personen verkörpert. Es sind immer Menschen, die für die abstrakten Größen des Unternehmens wie Strategie, Ziele, Struktur und Kultur stehen und diese kommunizieren. In einer konkreten Organisation wissen die Menschen, wer für bestimmte Ziele, Strategie- und Kulturmerkmale steht. Nur über Menschen werden die abstrakten Aspekte von Organisationssystemen wirksam. Organisationssysteme sind *lebende* Systeme und bestehen aus Menschen, die durch ihr Zusammenwirken eine spezifische Wirklichkeit erzeugen. Das System Führung vermittelt als Regelungsmuster beispielsweise die verschiedenen Ziele der Beteiligten an einem Führungssystem. Führung moderiert die unterschiedlichen Persönlichkeiten.

Jedes System entwickelt eine charakteristische Systemkultur. Die Kraftfelder in einem Führungssystem sind die Führungskraft, der Mitarbeiter und das Unternehmen und das *System Führung* selbst, das gemeinsam erzeugt wird. Das spezifische System Führung einer Organisationseinheit wirkt wiederum als ein eigenes Kraftfeld auf die Mitglieder des Systems zurück. Diese Rückbezüglichkeit ist für die Mitglieder des Systems oft unterhalb der Wahrnehmungsschwelle. In zwei Situationen wird dies aber wieder wahrnehmbar:

- wenn neue Impulse durch Menschen in das System kommen,
- wenn das System selbst durch äußere Entwicklungen wie Marktveränderungen in seinem Entwicklungsstand in Frage gestellt wird.

Bei »System« kann man an eine Gesamtorganisation, eine Abteilung, eine Gruppe, eine Geschäftsstelle oder aber auch an die Mitglieder der Führungsmannschaft eines Unternehmensbereiches, Geschäftsbezirkes oder eines Vorstandsbereiches denken. Das heißt, es existieren in einem Unternehmen eine Vielzahl einzelner Führungssysteme.

Wer alles für ein bestimmtes System relevant ist, hängt auch von der praktischen Entscheidung des Betrachters ab. Dies bedeutet, dass die grafische Darstellung der relevanten Kraftfelder für eine spezifische Fragestellung von der Dreiecksdarstellung abweichen kann, je nach dem wer alles für ein bestimmtes Muster oder einen Prozess im System Führung relevant ist. Dies wird in dem Abschnitt »1.5 Das System Führung im Metasystem der Organisation« und im Kapitel »5. Das Team in den Mittelpunkt stellen« ebenfalls verdeutlicht. Wer und was relevant ist, muss der Betrachter entscheiden.

Die Führung ist in den meisten Fällen nicht durch das von der Führungskraft ausgeübte Führungsverhalten ausreichend beschrieben. Nur in seltenen Fällen kann für »Führung« im konkreten Fall auch die einzelne »Führungstechnik« (Ziele setzen, Planung, Leistungsbeurteilung etc.) stehen. Sie ist hier nicht allein der Handlungsschritt der Führungskraft. Führung ist als zirkulärer Gesamtprozess zu sehen. Dazu zählen die Aktion eines »Beteiligten«, die Antworten darauf, die Rückwirkung innerhalb und durch das System Führung sowie das Resultat gemessen an entsprechenden Kriterien des Systems wie Leistung, Zielerfüllung oder Mitarbeiterzufriedenheit.

Bis heute haben nahezu alle Führungssysteme deklarierte *Führungskräfte* entwickelt. Führungskraft ist genauso wie Mitarbeiter eine Rolle

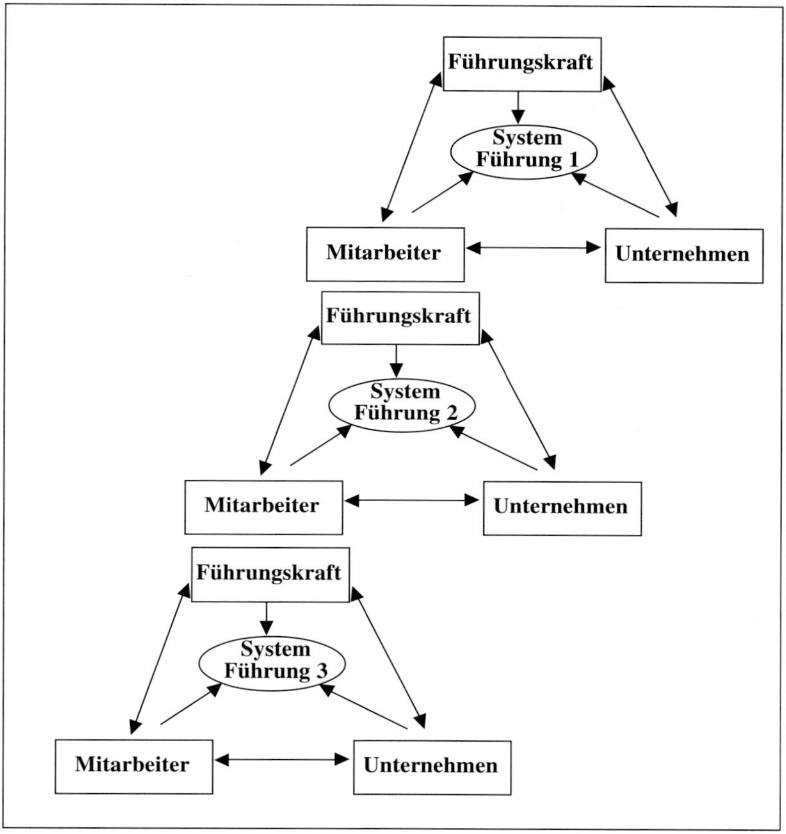

Abbildung 8: Mehrere Führungssysteme in einer hierarchischen Organisation

im Führungssystem. In der jeweiligen Rolle hat man eine bestimmte Wahrnehmung. Um die unübersehbare Vielfalt sozialer Systeme in Richtung Leistungserstellung zu kanalisieren, führt man Organisationsstrukturen ein. Man gibt einzelnen Personen für ihr Umgehen mit den Ressourcen des Unternehmens formale Weihen (Macht und Verantwortung). Andere verpflichtet man, diese Macht und Verantwortung zu respektieren. Die ersten werden Führungskraft genannt, die zweiten Mitarbeiter. Dies ist ein wichtiger Eingriff in die Struktur der Kommunikation der Menschen im Unternehmen. Er gibt den Rollenträgern einen Rahmen, schränkt sie also einerseits ein, gibt ihnen andererseits aber auch Sicherheit.

Die Führungskraft wird in der konkreten Organisation mit bestimmten Rechten und Pflichten versehen. Selbst alternative Betriebe haben zwar in ihrer Pionierphase häufig versucht, ohne deklarierte Führungskräfte auszukommen. Bei zunehmender Größe und Komplexität der Prozesse haben sie jedoch bald explizite Führungsrollen eingerichtet. Ein großes amerikanisches Textilunternehmen hat keine als solche ausgewiesenen Führungskräfte, wählt aber nach jeder Budgetperiode die Mitarbeiter aus, die effektiv die meiste Führungsarbeit geleistet haben. So werden die Führungskräfte im Nachhinein bestimmt. Bei dieser Art System kann die Führungsrolle natürlich auch auf mehrere Schultern verteilt sein.

Was hier mit *»Unternehmen«* bezeichnet ist, gilt auch für andere Institutionen und Organisationen. Auch die früher so genannten Non-Profit-Organisationen zeigen heute unternehmerische Seiten. Die Trennung zwischen Profit-Organisationen und Non-Profit-Organisationen macht immer weniger Sinn. Dabei ist mit Unternehmen keine abstrakte Größe gemeint, sondern die Menschen, mit denen Führungskraft und Mitarbeiter zusammenarbeiten, z.B. der Vorgesetzte der Führungskraft, die anderen Mitarbeiter der Unternehmenseinheit oder die relevanten Schnittstellen. Das Unternehmen kann im speziellen Fall der Betrachtung des systemischen Zusammenhangs Führung auch durch das Einwirken einer Nachbarabteilung repräsentiert sein.

Bei *»Mitarbeiter«* kann ein einzelner Mitarbeiter oder auch eine Gruppe von Mitarbeitern erfasst sein. Die systemische Betrachtung ermöglicht sehr viele Ausschnittsaufnahmen aus Organisationen. Der Ausschnitt »Team« entsteht, wenn das Führungssystem auf die Mitarbeiter und die Führungskraft reduziert wird. Früher, als autoritäre Beziehungssysteme die gesamte Gesellschaft beherrschten, führten sich Mitarbeiter oft selbst. Die Benennung einer Person als Vorgesetzten reichte oft für dessen Führungswirkung. Heute ist die Situation in diesem Kräftefeld gänzlich anders. Einerseits sind gerade in den Veränderungsprozessen aktive Führungsbeiträge seitens der deklarierten Führungskraft erforderlich. Andererseits schauen die Mitarbeiter genau auf die Qualität der Führungsbeiträge. Dadurch fordern und führen sie auch

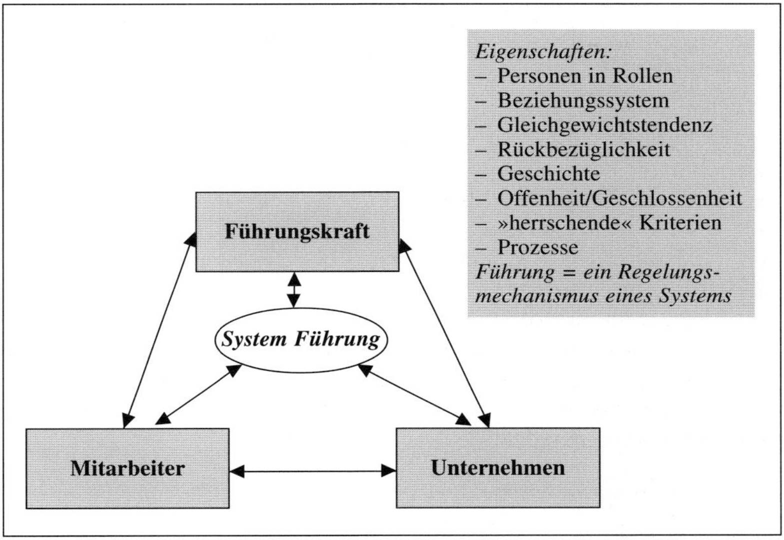

Abbildung 9: Eigenschaften des Systems Führung

ihre Führungskräfte. Feed-back und Beurteilung »von unten nach oben« stützen oft diesen Prozess.

Das System »Führung« hat bestimmte *Eigenschaften.* Die Personen treten in Rollen auf. Der Systemgedanke trägt der Erfahrung Rechnung, dass alle drei genannten Kraftfelder in einem Beziehungssystem miteinander *vernetzt* und abhängig voneinander sind. Das System Führung hat bestimmte Eigenschaften, die jeweils für ein konkretes Führungssystem eine spezifische Ausgestaltung finden. In Systemen ist oft schwer zu entscheiden, was zuerst da war. Die Zuordnung, was Ursache und Wirkung ist, bleibt eine willkürliche Entscheidung.

> Das wussten schon die beiden Kölner Witzfiguren Tünnes und Schäl. So fragt Schäl den Tünnes abends in der Kneipe:
> »Und warum gehst du noch nit nach Haus?«
> »Mein Frau iss nit gut auf mich zu sprechen.«
> »Warum denn nit?«
> »Weil ich nit nach Hause komme.«

Das System entwickelt ein eigenes Wesen. Der Einzelne, der in ein System eintritt, wird mit diesem Systemwesen konfrontiert. Das System tritt quasi insgesamt als Kommunikationspartner auf. Man findet wie bei allen sozialen Systemen eine Art *Selbstorganisation.* Greift man in das Führungssystem einer Organisationseinheit durch Organisationsentwicklung, Personalbesetzung oder Weiterbildung ein, kann der Gesamteffekt dieser Maßnahme auf das System nur schwer vorausgesagt werden. Darin unterscheiden sich lebende Systeme von Maschinen. (Dies wird oft in einem Vergleich beschrieben: Wenn man einen Stein tritt, kann man genau ausrechnen, was passiert. Wenn man einen Hund tritt, kann man dies nicht.)

Eine Prämisse des systemischen Denkens über Führung ist, dass die Systemelemente die Tendenz haben, *ein inneres Gleichgewicht* zu bilden, da sie äußeren Anforderungen, beispielsweise des Marktes, und inneren, des Miteinanderarbeitens, genügen müssen.

> Ein problematisches Beispiel zeigte sich einmal in einer Behörde. Der Vorgesetzte und die Mitarbeiter hatten »es sich in ihrer Dienststelle gemütlich gemacht«. Der Bürger als Kunde wurde nur noch als Störenfried gesehen. Dies bekam der »Bürger-Kunde« bei seinen Besuchen in der Dienststelle sehr schnell vermittelt.

»Gleichgewicht« sagt hier noch nichts über die Effizienz für den Unternehmenszweck aus. Wie in einem Mobile sind lediglich die verschiedenen Kräfte »irgendwie« ausbalanciert. Das innere Gleichgewicht zeigt sich in der konkreten Führungskultur, die in einem Unternehmensteil zu einem Zeitpunkt herrscht.

> Ein anderes Beispiel stammt aus einem Führungssystem in einer Vertriebseinheit, in der eine Führungskraft dafür sorgte, dass mittels autoritärem Verhalten die Zielvorgaben immer deutlich übertroffen wurden. Die Mitarbeiter fühlten sich allerdings »wie Zitronen ausgepresst«, zeigten einen hohen Krankenstand und beteiligten sich rege am innerbetrieblichen Stellenmarkt des Gesamtunternehmens. Alle wollten nur weg.

Die Gleichgewichtstheorie ist noch differenzierter zu betrachten. Eine Zeit lang ging man in der systemischen Forschung davon aus, dass das

Gleichgewichtsstreben die zentrale Motivation in jedem System ist. Insbesondere wurden problematische Muster gerade als aufrechterhaltende Stützen des Gleichgewichts definiert.

Ein Beispiel dazu zeigte sich in der Niederlassung eines Autohauses. Dort hatte man zunächst zwei »schwierige Mitarbeiter«, dann Probleme mit der Klimaanlage, schließlich mit den Parkplätzen. Die Probleme waren nicht erfunden. Sie existierten tatsächlich. Führungskraft und Mitarbeiter litten tatsächlich darunter. Aber ein zu großer Teil der Aufmerksamkeit war dadurch absorbiert. Solange es diese Problemvorstellung gab, brauchten sich die Führungskraft und die Mitarbeiter nicht um eine nötige Weiterqualifizierung zu kümmern. Erst als ein neuer Chef kam, der sich nicht von der alten Systemkultur beeindrucken ließ und die notwendigen Aufgaben der Qualifizierung in Angriff nahm, veränderte sich die Aufmerksamkeit und die Problemkette war auf einmal verschwunden.

In einer Abteilung eines Dienstleistungsunternehmen wurde ständig behauptet »Wir haben besonders schwierige Kunden«. Doch die Aufrechterhaltung der Problembenennung diente als stabilisierendes Muster für ein Führungssystem, das ständig mehr Personal brauchte als andere. Die »schwierigen Kunden« dienten als Begründung dafür, dass »man kein Geschäft machen« konnte. Aber die Menschen im System empfanden es in genau dem Zusammenhang. Nur von außen betrachtet erschien das Problem deutlich als ein stabilisierendes Muster für die Aufrechterhaltung eines vertrauten Status quo.

Aber daraus ist nicht zu schließen, dass jedes Problem nur eine systemstabilisierende Funktion hat. Oft genug ist das Gegenteil der Fall. Es sind bei einem konkreten Führungssystem beide Hypothesen zu prüfen.

Einem Problem kann diagnostisch eine stabilisierende Funktion für die bisherige Konstruktion eines Systems zugeschrieben werden, ebenso kann es jedoch ein Anzeichen für den notwendigen Änderungsprozess sein. Sogar beides kann gleichzeitig der Fall sein. Denn ein wesentlicher Mechanismus im System Führung ist, dass sich jedes Mitglied eines Systems – und auch der Beobachter – ein Bild davon macht, wie Führung in seiner Organisationseinheit stattfindet, sich seine *Wirklichkeit* selbst *konstruiert.* Dies bedeutet oft die Übertragung von Bildern und Metaphern aus anderen Lebensbereichen auf den Unternehmensalltag. Ein Beispiel dazu sind die *Familienbilder.*

> Ein Mitarbeiter will seine Führungskraft als gütigen Vater sehen, weil dies seine Gewohnheit ist, mit männlichen Autoritätspersonen umzugehen. Er wird vielleicht nach dessen Gunst gieren und wenig feste Standpunkte beziehen. Ein anderer Mitarbeiter wird von sich und seinem Vorgesetzten innerlich das Bild zweier konkurrierender Jugendlicher haben. Er wird dem anderen vielleicht permanent Fehler nachzuweisen versuchen.

Wenn die Führungskraft ebenfalls in diese Wirklichkeiten mit einsteigt, werden diese Muster die Führungswirklichkeit der Organisationseinheit bestimmen. Nicht selten findet heute auch noch die Übertragung von militärischen Führungsbildern auf Wirtschaftsunternehmen statt. Befehl und Gehorsam prägen dann die Erwartungshaltung von Beteiligten am Führungssystem. Daran werden alle Vorgänge gemessen. Die in Unternehmen üblichen Entscheidungsprozesse schneiden dann immer schlecht ab. Die Umsetzung scheint langsamer zu geschehen und mehr von der Selbstorganisation vor Ort bestimmt. Aber selbst im militärischen Bereich orientiert man sich heute am situativen Führungsstil, in dem je nach Situation ganz unterschiedliches Verhalten bezüglich der Einbeziehung der »Untergebenen« angesagt ist. Und gerade das militärische Führungsbild hat viele Formen der versteckten und verschmitzten Rebellion gefördert.

> Dies wird in dem Dialog zwischen dem Soldaten und seinem Feldwebel auf dem Kasernenhof deutlich. Der Soldat Meier raucht verbotenerweise, worauf ihn der Vorgesetzte fragt: »Meier, warum darf man auf dem Kasernenhof nicht rauchen?« Darauf Meier: »Da haben Sie Recht, warum eigentlich nicht?«

Die literarische Figur des Soldaten Schwejk zeigt auch sehr deutlich das Muster der Reaktion auf den militärischen Führungsstil. Das Gegenbild zum militärischen Führungsbild ist ein vermeintlich in sozialen Institutionen vertretenes und von dort übernommenes Führungsbild, in dem alle solange diskutieren, bis einvernehmlich eine Konsensentscheidung gefällt wird.

Interessanterweise gibt es für Wirtschaftsunternehmen wenig ureigene Wirklichkeitskonstruktionen von dem, was Führung ist. Die Bilder dafür werden aus anderen Bereichen übernommen. Dies liegt zum Teil daran, dass Unternehmenssysteme in der heutigen Form relativ neu sind. Andererseits spielt hier sicher auch die Komplexität der Systeme in Organisationen eine Rolle.

Die konstruierte Wirklichkeit bestimmt das Denken und Handeln. Je näher die Wirklichkeitskonstruktionen der Mitglieder beieinander liegen, umso weniger Konflikte werden innerhalb des Systems entstehen. Aus der systemischen Betrachtungsweise entwickelt sich in einer Organisationseinheit immer irgendein Führungssystem. Ein Beispiel dazu sind auch die »informellen Führer«, die dann in Funktion treten, wenn die nominelle Führungskraft bestimmte Aspekte des Führens vernachlässigt. Wie viel Einfluss der von der Firma »designierte« Führer einer Organisationseinheit hat, hängt auch von der *Geschlossenheit des Systems* nach außen ab. Lässt das System Wirklichkeitsaspekte von außen in angemessen Weise hinein, oder schottet es sich ab? Wenn höhere Vorgesetzte wenig »hineinregieren«, der Produktmarkt oder der Personalmarkt wenig Einfluss nehmen, dann kann die Führungskraft durch ihre Persönlichkeit die Führungskultur entscheidend prägen.

Aus diesem Grund versuchen viele Vorgesetzte, sich von den angrenzenden Systemen unabhängig zu machen. Günstig ist hier, ein ausgewogenes Verhältnis von Durchlässigkeit und Geschlossenheit an der Systemgrenze zu entwickeln. Vom Standpunkt des Gesamtunternehmens und von der Unternehmensleitung her bleibt der Zugriff auf die einzelnen Teilsysteme aber begrenzt. Dies mussten auch die spüren, die mit flächendeckenden Trainingsoffensiven Führungskräfte »umkrempeln« wollten. Hieraus wurde gelernt: Eingriffe in ein einzelnes Führungssystem müssen dessen spezifische Bedingungen berücksichtigen. Es müssen Fragen beantwortet werden wie:

- Welche Wirklichkeiten werden konstruiert, welche geteilt, welche konkurrieren miteinander?
- Wie zeigt das System Geschlossenheit, wie Offenheit?
- Wie prägend ist die Wirklichkeitsvorstellung des Vorgesetzten?
- Welche Systemeinflüsse von außerhalb des Systems müssen berücksichtigt werden?

Führungssysteme unterscheiden sich von Familiensystemen durch die Eigenschaft der Kündbarkeit. Man kann aus seinem Führungssystem kündigen, aus der Familie nicht. Die *Bindung* ist im Führungssystem deshalb nicht so stark wie im Familiensystem. Der Zusammenhang ist also systemisch gesehen loser. Dennoch ist auch das Führungssystem durch eine *Ordnung* und ein inneres *Verhältnis von Geben und Nehmen* zwischen den Beteiligten charakterisiert. Wie diese beiden Bedingungen erfüllt sind, ist für lebende Systeme außerordentlich wichtig (Weber, 1993). Gerade das Gerechtigkeitsempfinden beim Geben und Nehmen ist ein sehr sensibler Bereich in den internen Unternehmensbeziehungen. Da die Bindung geringer ist als im Familiensystem, ist die Kommunikation im Führungssystem umso wichtiger. Kommunikation betrifft das Bemühen um tatsächliche Verständigung. Allein mit dem Abwickeln von Kommunikationstechniken ist es nicht getan. Hinzu kommt, dass viele Menschen ihr Familienbild und oft sogar ihr unerreichtes Familienidealbild auf die Organisation übertragen. Der Vorgesetzte soll dann das leisten, was die eigenen Eltern nicht geben konnten. Nur wenn die Zusammenarbeit im Führungssystem durch echte Begegnung und Interesse an der individuellen und gemeinsamen Weiterentwicklung der Beteiligten gekennzeichnet ist, kann sich Entwicklung ohne all zu viele Brüche vollziehen.

Es gibt bestimmte *herrschende Kriterien* in einem konkreten Führungssystem: Wonach richten sich die Menschen? Wofür wird man belohnt, wofür bestraft? Ist Leistung ein wichtiges Thema? Wie wichtig ist Harmonie? Welche Gefühle sind erlaubt? Welche Streitkultur gibt es? Die herrschenden Kriterien definieren eine Zeit lang das, was in einem System wirklich zählt. Aber die herrschenden Kriterien sind auch brüchig, wenn sie nicht am Markt des Systems orientiert sind. Wiederkehrende *Prozesse* runden das Bild des Systems Führung ab: Wie geht man mit Schwierigkeiten um? Wie reagiert man auf Weisungen von oben?

1.3. Systemisches Führen, Führen als Position, Führen als Verhalten

Zur Erklärung dessen, was Führung sei, gibt es einige nicht wissenschaftliche, aber von vielen Menschen in Organisationen mindestens unterschwellig geteilte Führungs-»Theorien«. Mit diesem so genannten impliziten Führungstheorien wird der komplexe systemische Zusammenhang »Führung« in der Praxis gerne reduziert. Man definiert Führung über *Positionen* oder über *Verhalten*. Diese Theorien sind völlig unabhängig von der Stellung der Mitglieder einer Organisation. Man trifft implizite Führungstheorien in Vorständen und Geschäftsleitungen genauso wie bei Mitarbeitern an.

Eher traditionell ist die *positionsbezogene Sichtweise*. Wenn ein Vorstand »unsere Führungskräfte« sagt, meint er in der Regel die Personen ab einer bestimmten Ebene. Jemand, der in einer Vorgesetztenposition sitzt, ist automatisch Führungskraft, ob er aktiv am Führungsprozess teilnimmt oder nicht. Ob diese Personen tatsächlich die praktische Führungsarbeit verrichten, ist damit nicht gesagt. Gerade in den Veränderungsprojekten in Organisationen ist das konkrete Führungsgespräch mit dem Mitarbeiter, das vielleicht der Meister führt, sehr entscheidend. Führung ist oft außerhalb der Wahrnehmung von Unternehmensleitungen. Sie haben zum praktischen Führungsdialog mit dem Mitarbeiter keinen Kontakt mehr. »Keine Zeit« ist die subjektive Erklärung. Daran scheitern oft Veränderungsprojekte. Führungssysteme sind aber dann effizient, wenn Mitarbeiter Führungskräfte, auch die Unternehmensleitung, als Mensch, mit einem offenen Ohr für die Arbeit aller Unternehmensmitglieder und kompetent erleben.

Die positionsbezogene Führungsvorstellung ist in der Praxis vor allem früher sehr relevant gewesen. Es galt: Mitarbeiter lassen sich führen, ohne dass der Führende etwas dazu tut. Er braucht nur als solcher deklariert zu sein. Als autoritäre und patriarchalische Führungssysteme noch Akzeptanz fanden, war das der Regelfall. Heute wird an Führende der Anspruch herangetragen, »aktiv« zu führen.

Definiert man Führung sehr einschränkend positionsbezogen: z.B. alle ab Gehaltsstufe x sind Führungskräfte, die anderen – in der Praxis auch Führenden – jedoch nicht, so wertet man letztere permanent ab und schadet dem Führungsklima. Das positionsbezogene Führungsmodell wird oft durch Einladungsrituale ausgedrückt. Nur die Mitarbeiter ab einer bestimmten Gehaltsstufe werden zu Führungskräfteveranstaltungen eingeladen. Es hat praktische Folgen, wie man die Führungskraft in einem Unternehmen offiziell definiert. Sinnvoll ist es, diejenigen als Führungskräfte zu bezeichnen und auch in die Verantwortung zu nehmen, die auch die Zuständigkeiten haben.

Sieht man beim Führen nur die *Verhaltensweise*, so konzentriert man sich darauf was ein Teilnehmer des Systems tut. Definiert man Führung verhaltensbezogen, können alle diejenigen »Führungskraft« genannt werden, die Mitarbeiter führen, also von Vorstands- bis Gruppenleiterebene. Diese Führungskräfte hat man früher Vorgesetzte genannt. Darüber hinaus gibt es – verhaltensbezogen gesehen – immer noch andere Führungsprozesse im Unternehmen: z.B. Leiten von Projekten, Leiten von Besprechungen, Anleiten von Auszubildenden. Diese Führungsprozesse haben die Besonderheit, dass hier die disziplinarische Komponente fehlt oder eingeschränkt ist.

Nach der verhaltensbezogenen Definition müsste man, wenn ein oder mehrere Mitarbeiter als informelle Führer mehr Einfluss auf den Regelungsmechanismus Führung nehmen als der »designierte Führer«, diese eigentlich als »Führende« ansehen. In diesem Falle hätte man eine Art »Switch« im Führungssystem. Führung als System zu begreifen, bedeutet eine wesentliche Ergänzung gegenüber anderen Betrachtungsweisen:

- Der systemische Ansatz stellt keine generelle Norm auf, wie zu führen ist. Er erkennt erst einmal die Führungskultur an, die sich in der Praxis einer Organisationseinheit gebildet hat. Denn das ist die Wirklichkeit, die sich die Mitglieder für ihr Denken und Handeln gemeinsam konstruiert haben. Interventionen in das Führungssystem mit dem Ziel der Veränderung haben diese Wirklichkeit zu berücksichtigen. Sonst findet keine Ankoppelung an das Führungssystem statt.
- Der systemische Ansatz ist offen für spezifische Blickwinkel. Insbesondere die Verbindung mit dem verhaltensbezogenen und dem positionsbezogenen Ansatz ist sehr gut möglich.

In einer Metapher wird die Komplexität lebender Organisationssysteme beschrieben:

Es ist wie ein besonderes Schachspiel. Auf dem Schachbrett sind Figuren die mit Bändern untereinander verbunden sind. Wenn man eine Figur bewegt, verändern sich andere mit. Ein Teil des Schachbrettes liegt im Nebel. Nicht alle Auswirkungen sind direkt sichtbar. Das Bewegen der Figuren hat außerdem Rückwirkungen auf den, der sie bewegt. Zusätzlich haben die Figuren auf dem Brett stetig Eigenbewegungen.

1.4. Direkter Zusammenhang des Systems »Marktverhalten« und des Systems »Führung«

Von der Wichtigkeit der Kundenorientierung ist heute viel die Rede. Deutschland sei eine »Dienstleistungswüste« wird geklagt. In der Praxis sieht man dabei meist den Mitarbeiter an der Kundenfront, den, der die Organisation gegenüber den Kunden repräsentiert. Dieser Mitarbeiter »ist« für die Kunden das Unternehmen. Dies trifft auf den Verkäufer im Warenhaus, auf die Servicekraft am Bankschalter wie auf den Krankenpfleger am Krankenbett zu. Unternehmen und Institutionen versuchen mit großen Anstrengungen, das Verhalten ihrer Mitglieder gegenüber Kunden optimal zu gestalten.

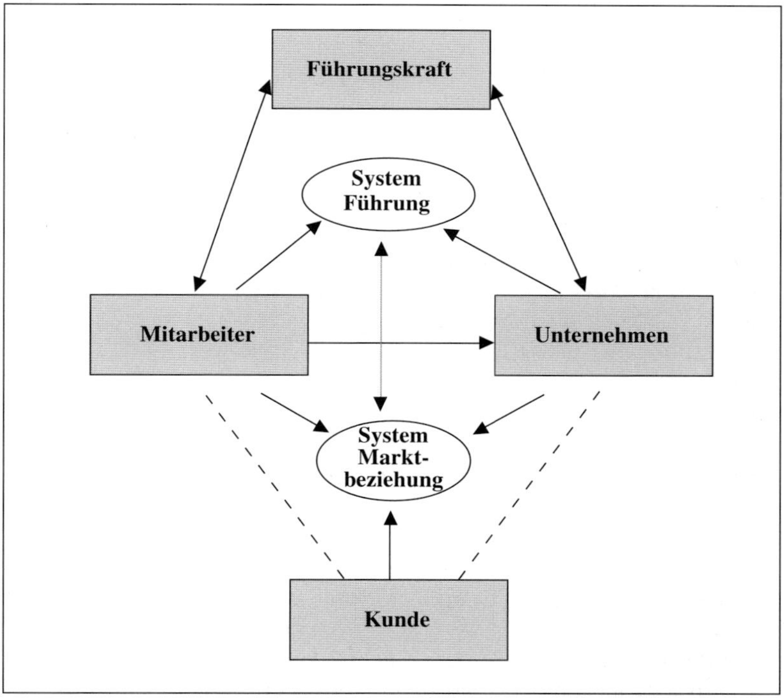

Abbildung 10: Zusammenhang zwischen System Führung und System Marktverhalten

Die Art, wie man mit Kunden umgeht, ist von der Art der Führung nicht zu trennen. Wo die Bereitstellung von Dienstleistungen für Kunden der Unternehmenszweck ist, muss dem Umgang mit Menschen das zentrale Augenmerk gelten. Das Verhältnis des Mitarbeiters einer Unternehmenseinheit zum Kunden lässt sich vom Verhältnis zwischen Mitarbeiter und Führungskraft nicht trennen. Dieses *Marktbeziehungssystem* beinhaltet die reale Geschäftsbeziehung, die entsteht. Beide Systeme, das Führungssystem und das Marktbeziehungssystem werden sich auf Dauer bezüglich der gelebten Verhaltensweisen annähern oder einen problematischen Ausgleich finden.

> In einer großen Bank war ein sehr distanzierter, von oben herab schauender Führungsstil üblich. Seit einiger Zeit bekam man zunehmend Beschwerden von Kunden über das Verhalten der Mitarbeiter. Denn man hatte festgestellt, dass sich die Mitarbeiter im Kundengeschäft sehr überheblich gegenüber den Kunden verhielten. Man teilte daraufhin den Mitarbeitern in einem Schreiben mit, dass sie den Kunden als Partner im Geschäft zu sehen hätten.

Hier hatten die Systemkomponenten alle eine parallele Note gefunden, das Führungssystem, das Marktverhaltensystem und vor allem auch das Lösungssystem bei auftretenden Schwierigkeiten. Denn es änderte sich dadurch natürlich überhaupt nichts. Es bewahrheitete sich außerdem, dass der Prozess, das heißt die Art wie eine Sache vermittelt wird, den Inhalt in den Hintergrund schiebt. Dies ist eine interessante Parallele zur Kindererziehung. Kinder merken sich nicht unbedingt das, was sie vermittelt bekommen. Was sie sich auf jeden Fall merken, ist die Art wie sie es vermittelt bekommen. Sie schauen genau auf das Gesicht, das die Eltern machen. Darin erkennen sie die Hauptbotschaft. Ähnlich war für die Mitarbeiter die Art, das Problem anzugehen (der übliche von oben herab belehrende Schriftweg) der Hauptlerninhalt. Führungssysteme und Marktverhaltenssysteme können auch einen gegensätzlichen Ausgleich finden.

> In einem Unternehmen, das technische Dienstleistungen für Firmen und Endverbraucher anbot, wurde aus alter Tradition wenig klare Struktur gesetzt. Mit betriebswirtschaftlicher Brille gese-

hen, wäre ein großer Regelungsbedarf in zentralen Abteilungen diagnostiziert worden. Eine klassische Unternehmensberatung hätte ein weites Feld an Strukturierungsmöglichkeiten gehabt. Aber andererseits installierten die Menschen des Unternehmens in der Beziehung zu den Kunden genau den Grad von Struktur, der für die Kundenbeziehung gut war. Der Kunde musste sich nicht nach Unternehmensbedingungen wie Öffnungszeiten, Standardprodukte richten, sondern die Kundenberater organisierten sich hier selbst. Sie stellten sich auf die Bedürfnisse der Kunden ein. Zwar gab es in zentralen Stabsabteilungen in regelmäßigen Zeitabständen den Ruf nach mehr Einheitlichkeit und Struktur (»Wo kommen wir denn sonst hin?«). Aber die Verkaufszahlen schienen eine andere Sprache zu sprechen.

Dieses Unternehmen erinnert an eine Trainergeschichte:

Ein Verkaufstrainer war einmal in große Gewissensbisse gekommen. Er vereinbarte normalerweise in seinen Seminaren Schweigepflicht mit den Teilnehmern. Doch er hatte einmal einen Teilnehmer in seinem Seminar, der aus seiner Sicht aber auch überhaupt keine Kompetenz für das Verkaufen offenbarte. In einem Nachgespräch mit seinem Auftraggeber, dem Leiter der Verkaufsabteilung wurde er gefragt, ob ihm etwas besonderes aufgefallen sei. Er entschloss sich schweren Herzens und nach langem Zögern zu antworten. Der Verkaufsmitarbeiter Müller sei doch im Verkauf vielleicht nicht optimal aufgehoben. Doch da blickte er in ein verwundertes Gesicht seines Auftraggebers. Der Trainer bereute schon, weil er erwartete auf das Seminargeheimnis angesprochen zu werden. Doch zu seiner Überraschung teilte ihm der Verkaufsleiter mit, dass Müller der mit Abstand beste Verkäufer sei. Er konnte nur sich selbst nicht verkaufen. Aber gerade seine bescheidene Art liebten die Kunden bei ihm. Es war sein Erfolgsrezept.

Wenn im Führungsprozess keine zeitgemäßen Lösungen gefunden werden, kann man dies auch nicht dem Markt gegenüber erwarten. Will man konstruktiv das Marktverhaltenssystem verändern, ist der Blick auf die Führungssysteme unausweichlich. Durch die Schnittstellen und

Querverbindungen im Unternehmen setzt sich dieser Prozess in allen Linienfunktionen und Stabsfunktionen fort. Streng genommen hat jeder Teil des Unternehmens seinen Markt, selbst wenn es eine Stabsfunktion (z.B. Finanzabteilung, Personalabteilung etc.) ist.

Letztlich ist gerade deshalb kundenbezogenes Denken und Handeln die Orientierung, die auch nach innen in einem Unternehmen gelten muss. Dies betrifft das Verhältnis aller Abteilungen untereinander, das heißt zu den »internen« Kunden ihrer jeweiligen Dienstleistung. Qualitativ hoch stehende Dienstleistungen sollten in einer Zeit des Total Quality Management auf jeder Ebene die Devise sein.

In ähnlicher Weise wie zum Marktsystem könnte man auch die Verbindung des Führungssystems mit anderen Systemen betrachten: z.B. mit dem Familiensystem des Mitarbeiters oder mit dem Personalmarkt als potenziellem Bezugssystem der Mitarbeiter.

1.5. Das System Führung im Metasystem der Organisation

Metasysteme sind übergreifende Systeme. Das Führungssystem ist eingebettet und Teil eines größeren Systems, das der Organisation. Organisationen entstehen aus einem bestimmten Grund. Menschen schließen sich zusammen, um ein größeres Ziel zu verfolgen, das sie alleine nicht erreichen können. Dies kann die Produktion eines Gutes, eine Dienstleistung oder die Verbreitung einer politischen Idee sein. Menschen bringen dazu ihre eigenen privaten Ziele mit. Führungssysteme stehen im größeren Zusammenhang des Gesamtorganisationssystems. Organisationen entstehen über bestimmte Ziele.

Organisationen:
- entstehen, wenn Menschen größere Ziele erreichen wollen, die die Möglichkeiten des Einzelnen und der Gruppe übersteigen,
- wirken durch systemische Strukturen und Prozesse (Systemcharakteristiken) auf die Mitarbeiter.

Auch für das *Organisationssystem* gelten die schon beschriebenen Systemcharakteristiken. Im Organisationssystem stehen außer Führungskräften, Mitarbeitern und Unternehmen die *Kapitalgeber*, die *Kunden* und die *Öffentlichkeit* in Beziehung zueinander. Diese Rollen haben im

Gesamtkontext eine hohe Bedeutung. Die Beziehungen zwischen den einzelnen Kraftfeldern sind von Organisation zu Organisation sehr unterschiedlich.

Die Gleichgewichtstendenz, die Organisationen haben, kann man oft erst im Nachhinein sehen. Spektakuläre Firmenzusammenbrüche zeigen gerade die Verwobenheit von Fremdkapitalgebern, Unternehmensleitungen und ihre Eingriffe in das Führungssystem einzelner Teile eines Unternehmens. Die Führungssysteme vor Ort können depotenziert und ihrer Leistungsfähigkeit beraubt werden. Beispielsweise können Kreditabteilungen in Banken ihre Sorgfaltspflicht dann nicht mehr ausreichend walten lassen, wenn Großkunden zu viel Einfluss auf das Organisationssystem bekommen. Die Einflüsse sind insbesondere dann spürbar, wenn im Zuge der Aufdeckung eines Skandals sehr viele vorher unbekannte problematische Muster zum Vorschein kommen (z.B. bei der »Holzmann-Beinahe-Pleite« oder im Zuge der Parteispendenaffäre).

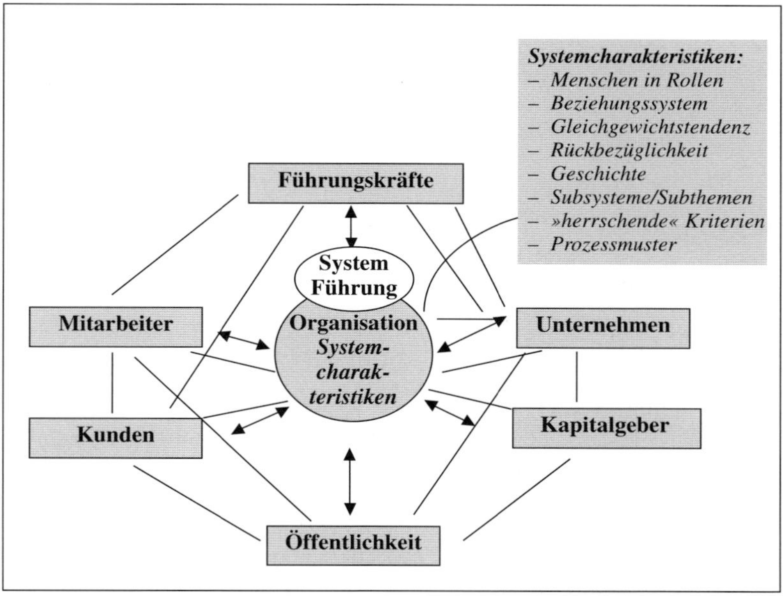

Abbildung 11: Systemcharakteristiken

Die möglichen *Beziehungen zwischen den Kraftfeldern* ziehen sich zum Teil durch einzelne Personen, die mehrere Rollen haben, hindurch. In dem Augenblick, in dem einem Mitarbeiter, der Belegschaftsaktien hält, im Rahmen einer größeren Personalkostenreduktion gekündigt wird, kann er heute sogar kurzfristig reicher werden, da durch die Ankündigung seiner Entlassung der Börsenkurs des Unternehmens steigt, von dem er in seiner Rolle als Aktionär (Kapitalgeber) profitiert. Wenn eine Führungskraft oder ein Mitarbeiter eines Unternehmens in der Nachbarschaft des eigenen Industriebetriebes lebt, der bei einem Störfall zu gelbem Regen in seinem Garten führt, wie dies bei der Firma Hoechst in Frankfurt am Main passierte, ist er als Öffentlichkeit betroffen. Wenn er sich aus seiner Position als betroffene Öffentlichkeit dann noch in einer Bürgerinitiative organisiert, wird sich die innerpsychische Abbildung, die er vom Kräftefeld Organisationssystem hat, entscheidend verändern.

> Ebenso erging es einem Fußballtrainer, dessen Mannschaft von einem Telefonkonzern gesponsert wurde. Als in der Nachbarschaft seines Privathauses ein Sendemast der Telefonfirma errichtet werden sollte und er sich gegen dieses Projekt engagierte, bekam er Konflikte mit diesem Kunden seiner Dienstleistung im Fußballverein.

Insgesamt haben Menschen, die in verschiedenen Rollen im Unternehmenssystem auftreten, nicht mehr die klaren Interessenunterschiede, die man vielleicht früher unterstellen konnte. Gerade die Kapitalgeber (Eigenkapital- und Fremdkapitalgeber) nehmen heute stärkeren Einfluss, als es in den 1980er Jahren war. Eigenkapitalgeber treten heute oft in Form von Investmentgesellschaften auf.

> Ein Vorstandsvorsitzender eines großen deutschen Unternehmens berichtete von einem Besuch einer Investmentgesellschaft. Er bekam nach eigenen Aussagen die Frage gestellt, ob er in nächster Zeit Personalreduzierungen vorhabe. Er habe darauf geantwortet, dass in dieser Richtung nichts geplant sei, weil sein Unternehmen zurzeit gut strukturiert sei. Daraufhin erhielt er als Antwort, dass sein Unternehmen damit für den Fonds der Investmentgesellschaft nicht interessant sei.

In der aktuellen Umstrukturierungszeit sind die Unternehmen auf Kapital und auf Kreditwürdigkeit angewiesen. Sonst sind sie selbst gefährdet, »gefressen« zu werden. Der Shareholder-Value-Ansatz wurde ursprünglich als Schutz für bestehende Unternehmen eingeführt. Er ist zum zentralen Steuerungsdatum für Aktiengesellschaften geworden. In einer Zeit, in der auf Unternehmenszerschlagung spezialisierte Firmen immer mehr Unternehmen mit versteckten Rücklagen aufkaufen und durch »Filetieren« in Einzelstücken wieder profitabel verkaufen, bedeutete diese Wende zur Offenlegung des tatsächlichen Unternehmenswertes ein Fortschritt. Der Shareholder-Value sollte dies bewirken. Die Entlohnung der Unternehmensspitze mit Aktienoptionen tat ein Übriges, um das Ziel Börsenwert in den Vordergrund der Zielsysteme zu rücken. Der kurzfristige Börsenwert des Unternehmens hängt aber auch noch von anderen Daten ab. Kurzfristig sind vor allem kurstreibende Nachrichten interessant. Der Vorsitzende eines der größten deutschen Unternehmen gestand dazu, dass er nicht mehr täglich auf die internen Controllingdaten seines Unternehmens schaut. Allerdings habe er den Börsenkurs ständig im Auge.

Die Beziehung der Unternehmensleitungen zu den Kapitalgebern hat an Bedeutung gegenüber der Beziehung zwischen Unternehmensleitung und Mitarbeitern gewonnen.

Organisationsentwicklung bezieht sich auf die Entwicklung der verschiedenen Aspekte von Organisationen. Die Beziehungssysteme untereinander sind in ihrer inneren Ausgestaltung wie beispielsweise in den Werten, die sie verkörpern, nicht voneinander zu trennen. In einer gemeinnützigen Organisation hielt man offiziell den Non-Profit-Gedanken hoch. Es gab keine Eigenkapitalgeber, die regelmäßig Dividende sehen wollten. Aber allen Mitarbeitern war klar, dass der Kapitalertrag anders verteilt wurde. Über die Einkaufspreise von wichtigen Vorprodukten wurden bestimmte Lieferanten besonders »bedient«.

Das System Führung ist ein Ausschnitt aus dem Organisationssystem. Konzepte der Unternehmenssteuerung wie das der »Balanced Scorecards« von Kaplan und Norton versuchen die einzelnen Kraftfelder eines Organisationssystems in Wertekategorien zu erfassen. Die einzelnen Kraftfelder werden mit Zielmarken (Finanzziele, Kundenziele, Geschäftsprozessziele, Lernziele) versehen, die dann erreicht werden sollen. Während die Finanzziele oft noch gut zu managen sind, erweiset sich das präzise Planen der anderen Ziele in der Praxis doch oft als schwierig. Beispielsweise wird durch Überoperationalisierung der weichen Daten wie Lernen der Organisationen zwar eine vermeintliche Kontrolle versucht, aber weichere Daten entziehen sich in systemischen Prozessen oft dieser Kontrolle. Die Rückkehr zu den rein finanziellen Zielen ist ebenfalls ein Rückfall. An dieser Stelle ist eine dem einzelnen Phänomen gemäße Operationalisierung der einzelnen Faktoren einer mechanistischen »Gleichmacherei« vorzuziehen.

1.6. Praktische Konsequenz: Qualität der Führung

Man hört oft Aussagen wie: »Es wird schlecht geführt« oder »Es wird gut geführt«. Führungspositionen werden – so heißt es – durch Fachwissen, aber nicht durch Führungsqualität erlangt. Genauso global ist der Ruf nach der sofortigen Einführung eines ganz bestimmten Führungsstils für alle. »Ab morgen wird kooperativ geführt« oder »Wir sind Partner der Mitarbeiter«, heißt es dann. Existiert eine sehr handlungsorientierte Geschäftsleitung, wird auch versucht solche Forderungen schnell in die Praxis umzusetzen. Ähnlich läuft es, wenn ein Unternehmen eine Beratungsfirma engagiert und diese es schafft, ihre »Diagnose« mit ihrem Gesamtangebot an Fortbildung »zur Lösung der Probleme« an die Firma zu verkaufen. Beiden Ansätzen ist eines gemeinsam. Sie lösen eine Menge Aktivität aus, von der unklar ist, welche Wirkung sie letztendlich hat. Glücklicherweise werden die dem Führungssystem nicht organisch angepassten Maßnahmen häufig vom System neutralisiert. In diesem Falle hört man vor Ort Aussagen wie »ist in der Praxis nicht umzusetzen« oder »vernachlässigt die Gegebenheiten vor Ort«.

Die Qualität der Führung in einem Unternehmen ist einer Allgemeineinschätzung nicht zugänglich. Sinnvoll ist eine differenzierte Betrachtung des einzelnen Führungssystems vor Ort, in der Abteilung, der Gruppe, der Niederlassung, der Filiale. Die Qualität der Führung ist immer in Bezug zu etwas zu sehen, beispielsweise in Bezug zum ökonomischen Erfolg oder in Bezug zur Arbeitszufriedenheit der Mitarbeiter. Lange Zeit wurden Unternehmen eher mechanistisch als Gebilde zur Herstellung einer bestimmten Leistung für den Markt gesehen. Sie haben nach dieser Anschauung eine begrenzte Lebensdauer. Wenn sie die Leistung nicht mehr bringen, verschwinden sie. Eine völlig andere Perspektive ist die, ein Unternehmen als eine Zusammenkunft von

Menschen zu sehen, die etwas gemeinsames miteinander tun. Dieses gemeinsame Tun schließt auch die Herstellung einer Marktleistung mit ein. Hier wird der Schwerpunkt auf das soziale System gelegt.

Eine mechanistische Sichtweise macht die Messung der Qualität einfach. Hier können Zahlen (Ertrag, Kosten, Gewinn) herangezogen werden. Die Frage nach der Qualität der Führungskultur einer Organisationseinheit kann deshalb sein: Wie effizient kann die Organisationseinheit ihre Marktaufgabe lösen? Dies gilt für Organisationseinheiten, die externe Kunden haben, genauso wie für die mit internen Kunden. Effizienz birgt in erster Linie eine betriebswirtschaftliche Perspektive. Betriebswirtschaftlich effizient wird ein Unternehmen gerade in der zunehmenden Dienstleistungsfunktion aber nur dann sein, wenn es den Menschen berücksichtigt. Denn der Mitarbeiter verkörpert für den Kunden die Dienstleistung. Auch in früher sehr produktionstechnisch orientierten Branchen nimmt die Dienstleistung, die mit dem Produkt verbunden ist oder mit ihm erbracht wird, einen immer größeren Stellenwert an. Hier liegt oft der Zusatznutzen gegenüber den Mitbewerbern. Wer langfristige, zufrieden stellende Kundenbeziehungen anstrebt, muss auch seine Beziehung zu den Mitarbeitern so gestalten. Sie ist dann angemessen, wenn insbesondere die psychische und körperliche Gesundheit der Mitarbeiter ständige Nebenbedingung bei der Leistungserbringung bleibt. Dies sind aber dann die Resultate des Funktionierens des sozialen Systems, also praktisch der Art, wie man miteinander umgeht. Damit schließt sich ein Kreis zwischen betriebswirtschaftlicher und sozialer Effizienz. Der Beobachter und Beurteiler eines Führungssystems muss sich also zunächst selbst positionieren, wieweit als Kriterium die zahlenmäßige Leistungserstellung und die soziale Leistungserstellung interessieren.

Bei der Ist-Zustands-Analyse der Qualität des Führungssystems ist zuerst das Augenmerk auf die *Organisationsstruktur* und die *Festlegung von Zuständigkeiten*, unter denen geführt wird, zu richten. Dies lohnt sich, bevor man auf irgendwelche zwischenmenschlichen Beziehungen schaut. Denn sonst wird man verführt, Folge mit Ursache zu verwechseln. Die Probleme treten zwar häufig im zwischenmenschlichen Umgang auf. Der Grund dafür ist aber oft, dass die Kompetenzregelung den Aufgaben nicht angemessen ist. Die Menschen hätten die Voraussetzungen für ein friedliches Miteinanderarbeiten, wenn sie klare und angemessene Kompetenzen wahrnehmen könnten. Bevor man auf die zwischenmenschliche Ebene schaut, ist noch ein Schritt erforderlich: Wie ist abweichend von der formalen Zuständigkeit die reale Systemkultur, das »Selbstverständliche« im Zusammenspiel von Führenden und Mitarbeitern? Dabei kann gerade *in problematischen Fällen* eines Führungssystems folgende Ausgangshypothese für den Ist-Zustand eines einzelnen Führungssystems hilfreich sein: Es wird so geführt, wie es die Systemkultur verlangt. Sonst würde ja, wenn Probleme entstehen, anders geführt. Dieser Gedanke entstammt auch der Erfahrung, dass nach dem Auswechseln einer vermeintlich schlechten Führungskraft die neue Führungskraft ähnliche Probleme bekommt. Erst wenn geklärt wird, weshalb die Mitarbeiter sich so führen lassen und weshalb der Vorgesetzte des Führenden da mitspielt, hat man die stützenden Bedingungen eines problematischen Führungssystems gefunden. Hier muss man ansetzen, um sich den Verschleiß von Führungskräften zu ersparen.

Dies zeigt, wie wichtig ein *differenzierter diagnostischer Prozess* für die Entwicklung einer effizienten Veränderungsstrategie bei auftretenden Führungsproblemen ist. Zunächst ist der Umgang mit Kompetenzen zu prüfen, danach erst kommt die zwischenmenschliche Ebene, die sich bei Führungsprozessen gerne – und das ist menschlich – in den Vordergrund drängt. Wenn Führungssysteme zusätzlich eine angemessene Offenheit für Außenimpulse besitzen, können sie zu einem dynamischen Gleichgewichtspfad (im Schaubild durch t1, t2, … gekennzeichnet) tendieren (vgl. Abbildung 12).

Im Schaubild kann man sich eine horizontale und eine vertikale Achse vorstellen. Während die horizontale Achse dieser Entwicklung mit der Zeit recht gut einzustufen ist, benötigt die vertikale Achse eine Entscheidung, nach welchen Qualitätskriterien das einzelne Führungssystem bemessen wird. Hier kann man an traditionelle Leistungskriterien wie den wirtschaftlichen Erfolg des Systems (Verkaufszahlen, Ertrag, Kosten), aber auch Aspekte wie die physische und psychische Gesundheit der Beteiligten oder deren Zufriedenheit nehmen. Immer wichtiger wird dabei auch die Anpassungsfähigkeit des Systems an seine Umwelteinflüsse. Hat man sich für ein Kriterienbündel entschieden, ist die Qualität des Regelungsmechanismus Führung in diesem System einzustufen. Im günstigsten Falle wird der Pfad auf dem die Gleichgewichtspunkte liegen, ein kontinuierlicher Wachstumspfad sein (vgl. Abbildung 13).

Dann werden die Beteiligten ihre Aufgabe langfristig gut erfüllen

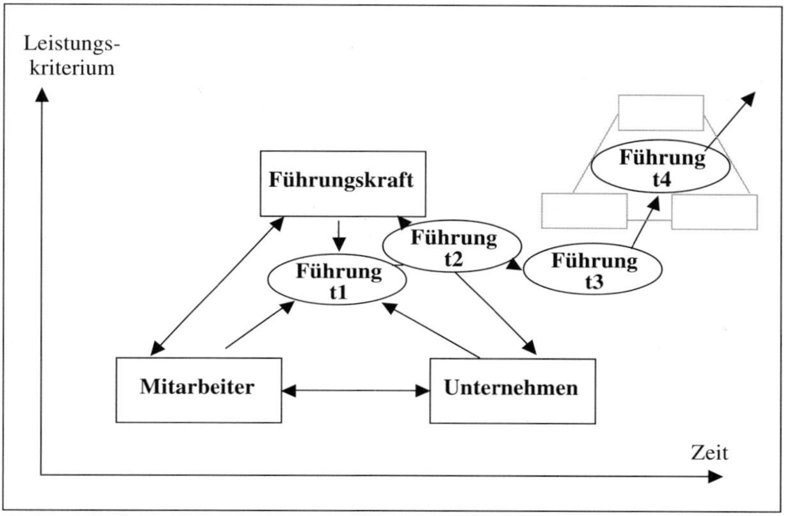

Abbildung 12: Ein Führungssystem auf einem Entwicklungspfad

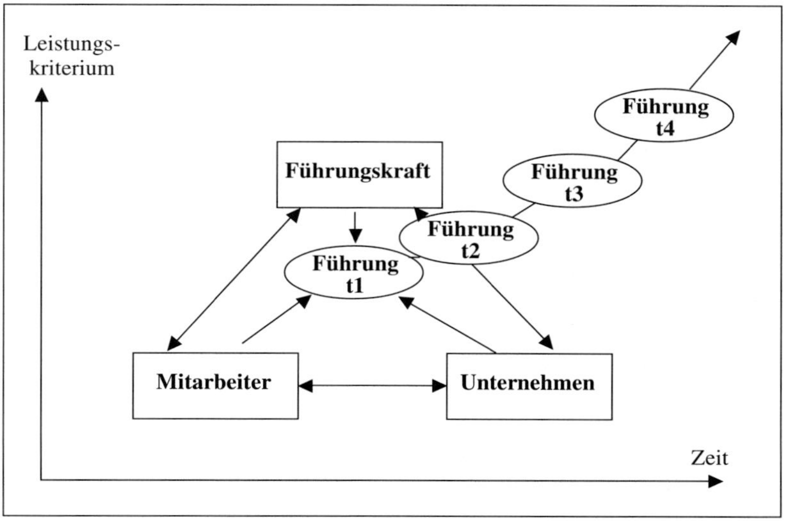

Abbildung 13: Ein kontinuierlicher Wachstumspfad

können. Dies ermöglicht der Organisationseinheit in einem Wirtschaftsunternehmen angemessenes Reagieren auf ihren Markt und befriedigende Entwicklung im Inneren des Systems. Positive Veränderung des Führungssystems bedeutet eine Entwicklung entlang eines Gleichgewichtspfades, auf dem das Führungssystem angemessene Ergebnisse produziert. Auf dem Gleichgewichtspfad gelingt die Anpassung an innere und äußere Erfordernisse unter den Nebenbedingungen Marktleistung und Arbeitszufriedenheit.

1.7. Die Subsysteme der Führung

Ein praktischer Schritt zur Reduzierung der Komplexität des Führungsprozesses ist die Zerlegung des Systems »Führung« in die einzelnen Beziehungen die darin enthalten sind. Diese sind bei genauer Betrachtung auch aus verschiedenen Elementen zusammengesetzt. Daher empfiehlt sich die Bezeichnung Subsysteme. Führung ist im Zweifelsfalle so gut wie das schwächste Glied im System Führung. Oft wird auf das Systembild »Führungskraft – Mitarbeiter – Unternehmensleitung« fokussiert. Die Komponente Unternehmen/Organisation/Institution ist durch die Unternehmensleitung besetzt. Es bleibt im Einzelfall zu betrachten, an welchem der drei Punkte eine Intervention anzusetzen ist. Dann kann man die Beziehungen zwischen den drei Kräften näher betrachten. Dies soll kein Abschieben der Verantwortung von den Führungskräften bedeuten. Aber gerade Unternehmensleitungen verlangen aus der Distanz ihrer Zahlenperspektive oft Unmögliches von den Führungskräften in ihrem Unternehmen. Für jedes einzelne Führungssystem lassen sich nach dem oben aufgezeigten Modell eine Reihe von Subsystemen unterscheiden:

- die Beziehung Führungskraft-Mitarbeiter,
- die Beziehung Führungskraft-Unternehmen,
- die Beziehung Mitarbeiter-Unternehmen,
- das Unternehmen,
- der Mitarbeiter,
- die Führungskraft.

Subsysteme betrachten, bedeutet einzelne Ausschnitte des Führungssystems zu sehen. Die Entscheidung für einen Ausschnitt macht das

Thema praktikabler, führt aber dazu, dass man andere Dinge dann nicht mehr sehen kann. Dies ist kein Problem, solange man sich dessen bewusst ist und aus der Entscheidung für eine Sichtweise keine Gewohnheit macht. Die *unterschiedlichen Ausschnitte* des Systems gewähren sehr *unterschiedliche Einflussmöglichkeiten* auf die Führung des speziellen Systems. Wenn man beispielsweise unter Führung gewohnheitsmäßig immer nur das Verhalten der einzelnen Führungskraft gegenüber den Mitarbeitern versteht, darf man davon nur begrenzt wirksame Lösungen erwarten. Man vernachlässigt unter Umständen andere Systemkräfte. Häufig wird für den Führungsprozess die Beziehung »Mitarbeiter-Unternehmen« wichtig. Konkret heißt das, dass Veränderungen auf dieser Ebene, beispielsweise die Einführung variabler Vergütung, Einfluss auf die Führung haben. Auch eine vorliegende niedergeschriebene Corporate Identity für alle Mitarbeiter ist hier anzusiedeln. Drei Beispiele zu den Subsystemen:

Das Subsystem »Führender–Mitarbeiter«

Aus der Perspektive des »Subsystems Führungskraft–Mitarbeiter« ist Führung auch ein Ausschnitt aus der Kommunikation. Wer führt, kommuniziert in bestimmter Weise, um seinem Gegenüber ein erwünschtes Verhalten zu erleichtern. Beide gemeinsam – Führender und Geführter – bestimmen durch die Form ihrer Reaktionen aufeinander den Führungsprozess in Verlauf und Ergebnis. Die Fähigkeit des Führenden, flexibel auf unterschiedliche Mitarbeiter einzugehen, begünstigt Kommunikation und Motivation von beiden. Gerade in den vergangenen Jahren wurden einschneidende Veränderungen in der Einstellung der Mitarbeiter festgestellt, die damit auch jede Führungskraft betreffen. Die Mitarbeiter werden feinfühliger für Führungsstile.

Das Subsystem »Führungskraft«

Sieht man als Zielpunkt des Führens in erster Linie den Mitarbeiter, wird man der tatsächlichen Erfahrung nur teilweise gerecht. Eine Führungskraft hat in erster Linie sich selbst zu führen. Wer führt, muss besondere Fähigkeiten entwickelt haben, mit sich selbst umzugehen. Diese Notwendigkeit zeigen alle Stressuntersuchungen bei Managern. Die Gesundheit seiner Führungskräfte ist für ein Unternehmen ein kostbares Gut. Das notwendige Ringen um gute Lösungen in und zwischen Abteilungen führt jedoch für Führungskräfte zu Stress. Kooperative Lösungen sind nicht immer von Anfang an die »natürlichen« Lösungen.

Es sind eher die Offenheit für Ungewohntes sowie das Interesse an Weiterentwicklung, die gute Voraussetzungen für eine gesunde Entwicklung bilden. Beides wäre nicht unbedingt von Nöten, wenn die beiden, Führender und Geführter, nicht noch mit einem dritten Aspekt zu tun hätten, dem Unternehmen.

Das Subsystem »Unternehmen–Führungskraft«

Das Unternehmen muss sich ständig entwickeln, da sich der Markt immer schneller verändert. Vom Markt her strömen laufend Impulse auf das Unternehmen ein. Die Führungskraft wird dadurch von zwei Seiten betroffen. Einmal wird die Marktentwicklung von der Unternehmensleitung in Ziele umgesetzt, die die Führungskraft realisieren muss. Andererseits muss die Führungskraft die Signale ihres konkreten Teilmarktes aufnehmen und in ihrem Handeln berücksichtigen. Der Führende ist insofern Manager eines Unternehmensteils und muss dabei die vorgegebenen Ziele sowie seine speziellen Marktgegebenheiten in Einklang bringen.

1.8. Systemisches Führen und andere Führungsmodelle

Die heute verbreiteten Führungsmodelle betreffen unterschiedliche Subsysteme des Systems Führung. Abbildung 14 zeigt verschiedene gängige Führungsmodelle und Führungsinstrumente zugeordnet zu den unterschiedlichen Subsystemen des Führungssystems, zu denen sie primär Aussagen machen.

Dabei betreffen einige Theorien nur ein »Kraftfeld« des Führungssystems. Beispielsweise die *Eigenschaftstheorie* suchte nach den angeborenen Eigenschaften, die eine Führungskraft haben sollte. Der *Charisma-Ansatz* fordert sogar bestimmte charismatische Eigenschaften bei der Führungskraft. Auch *Douglas McGregors* berühmte Unterschei-

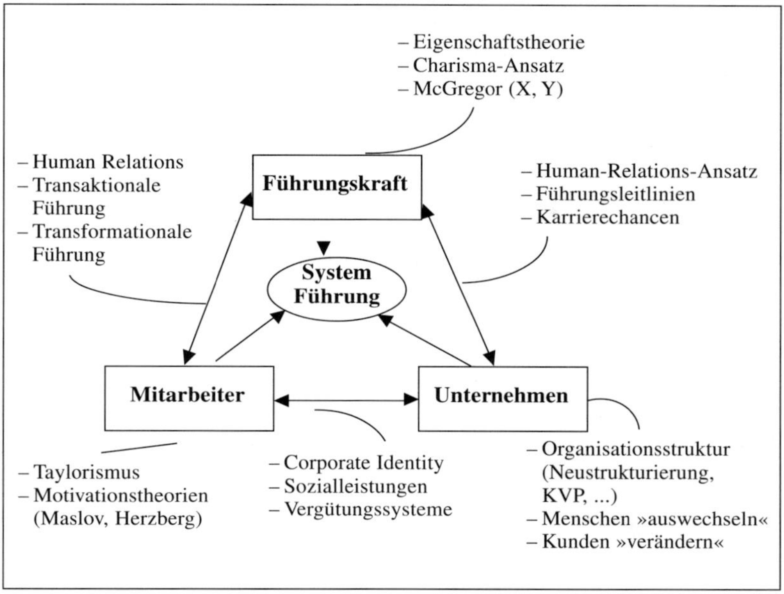

Abbildung 14: Einflusstheorien

dung in Führungskräfte, die ein positives Mitarbeiter-Menschen-Bild und die, die ein negatives Mitarbeiter-Menschen-Bild haben, fokussiert auf die Führungskraft. Will man Einfluss auf das Führungssystem nehmen, so muss man Führungskräfte mit positivem Menschenbild einstellen oder die vorhandenen zu einem positiven Menschenbild bringen.

Frederick Taylor hatte den Mitarbeiter Anfang des 20. Jahrhunderts in den Mittelpunkt seiner Betrachtung gestellt. Ausgehend von einem sehr materiell zentrierten Mitarbeiterbild, das sicher beim seinerzeitigen Lohnniveau eine hohe Relevanz hatte, wollte er Mechanismen finden, die das Rädchen Mitarbeiter in der Unternehmensorganisation besser funktionieren ließen. Die Ansätze der fünfziger Jahre bewegen sich ebenfalls an bestimmten Punkten des Führungssystems. Sie stellen den Mitarbeiter in den Vordergrund. *Abraham Maslow* untersuchte, was Menschen motiviert. Er hatte ebenfalls individuumszentriert geschaut und dabei für den Menschen im Berufsleben eine Pyramide mit Bedürfnissen postuliert. Beginnend mit Grundbedürfnissen klettert die Handlungsmotivation von Menschen in der Arbeit über Sicherheitsbedürfnisse, soziale Bedürfnisse und Anerkennungswünsche hin zur Spitze der Pyramide, an der das Bedürfnis nach Selbstverwirklichung steht. Maslows Kollege *Frederick Herzberg* sieht das Individuum als bestimmt von zwei Motivationselementen an. Eigentlichen Motivatoren, die ähnlich wie Maslows Selbstverwirklichungsinteresse konzipiert sind, stehen so genannte Hygienefaktoren gegenüber. Diese gleichen Maslows Grund- und Sicherheitsbedürfnissen und sorgen für die grundlegende Positiv- oder Negativgestimmtheit des Menschen den Arbeitsbedingungen gegenüber. Über echte Motivation zu hoher Leistung entscheiden jedoch die eigentlichen Motivationsfaktoren. Die Betrachtungsweise bei Maslow und Herzberg ist noch individuumszentriert und versucht den Einzelnen zu erreichen. Nur war das Bild nicht mehr primär auf die materiellen Bedürfnisse wie bei Taylor gerichtet, sondern bezog soziale Anerkennungsbedürfnisse sowie die Möglichkeit zur Selbstverwirklichung mit ein.

Ebenso gab es immer eine Tradition, die das Unternehmen selbst, etwa in seiner Organisation in den Vordergrund stellten. Dies reicht von Konzepten zur Stellenbesetzung (z.B. Generationswechsel bei den Führungskräften) bis hin zum langfristigen »Auswechseln« der Kunden (z.B. bei völlig anderen Produkten). Andere Ansätze betreffen die Beziehung zwischen zwei Instanzen des Führungssystems. So hat die Human-Relations-Bewegung ab den dreißiger Jahren die Beziehung zwischen Führungskraft und Mitarbeiter in den Mittelpunkt gerückt. Die *Human Relations-Bewegung* ist aus den Hawthorne-Experimenten entstanden. Sie sollten vom Untersuchungsdesign her den Einfluss von Beleuchtung und Klima auf die Arbeitsleistung untersuchen. Dazu richtete man eine Experimentalgruppe ein, bei der die äußeren Bedingungen verbessert wurden. Nebenbei benannte man auch eine Kontrollgruppe, bei der man alles beließ, wie es war. Das Ergebnis war verblüffend. Beide Gruppen hatten sich entscheidend verbessert. Die Tatsache, dass beiden Gruppen Aufmerksamkeit und Bedeutung gegeben wurde, war die entscheidende leistungsbeeinflussende Größe. Vom Führungssystem her war diese Untersuchung auf den Mitarbeiter fokussiert. Das Resultat zeigte die vorrangige Bedeutung eines Beziehungsaspektes. Damit war der Sprung vom Taylorismus zur beziehungsorientierten Führung vollzogen.

Neuere Denkmodelle wie das der *transaktionalen Führung* knüpfen daran an. Dies ist nicht zu verwechseln mit der Transaktionsanalyse als Methode. Bei der transaktionalen Führung geht es um den Aushandlungsprozess zwischen Führungskräften und Mitarbeitern. Auch das *transformationale Führungsmodell* setzt an der Beziehung zwischen Führungskraft und Mitarbeiter an. Die Beziehungsgestaltung zwischen Führungskraft und Mitarbeiter soll hier so erfolgen, dass ein höheres Ziel erreicht wird.

Führungsleitlinien setzen an der Beziehung zwischen Unternehmen und Führungskraft an, denn hier gibt das Unternehmen seinen Führungskräften Orientierungsdaten zur Führung. Auch *Karriereförderprogramme*, die die Potenzialträger in Pools zusammenfassen, sind hier einzuordnen.

Die Beziehung zwischen Unternehmen und Mitarbeitern ist ebenso ein häufiger Ansatzpunkt. Mit einer Identitätsbeschreibung der Firma in einer *Corporate Identity* will man die Beziehung des Mitarbeiters zur Firma fördern. Auch alle *Vergütungs- und Sozialleistungsprogramme* knüpfen hier an. Insgesamt picken die verschiedenen Führungstheorien oder Führungsinstrumente einzelne Subsysteme des Systems Führung heraus und stellen Forderungen dazu auf.

1.9. Die Beeinflussung des Systems »Führung«

Die Komplexität des Führungssystems hat den Vorteil, dass sie viele Ansatzpunkte zur Einflussnahme liefert. Ziel der Führungsentwicklung in einem Unternehmen ist die Steigerung der Effizienz der Führungssysteme. Die Führungsförderung sollte lebendig sein und durch Kontinuität den Boden für eine stetige und gesunde Entwicklung bereiten. Vor diesem Hintergrund existieren für die Beeinflussung des Führungsverhaltens je nach Subsystem, an dem man ansetzen will, verschiedene Punkte:

- die Entwicklung auf der strategischen Ebene des Gesamtsystems Führung,
- die Entwicklung auf der Ebene der Rolle der Führungskraft,
- die Entwicklung auf der Ebene der Persönlichkeit,
- die Entwicklung auf der Ebene des Teams,
- die Entwicklung auf der Ebene des Mit-»Arbeiter«-Bildes.

2. Mit strategischen Instrumenten das System Führung gestalten

Sie können wieder Ihren eigenen Standpunkt reflektieren:
- *Was ist Ihr Bild von der Entwicklung einer Organisation?*
- *Welche ungeschriebenen Selbstverständlichkeiten regieren Ihr Unternehmen?*
- *Welche »Immer-wieder-Abläufe« gibt es in Ihrem System?*
- *Wie erfassen Sie die Dynamiken in ganzen Systemen?*
- *Was sind die Lieblingsinstrumente Ihrer Personalpolitik?*
- *Wie wollen Sie in Ihrer Organisation verändern?*

Unternehmen versuchen, mit übergreifenden Führungsinstrumenten alle Führungssysteme gleichzeitig, quasi auf einen Schlag, zu beeinflussen. Dies geschieht mit Hilfe sehr unterschiedlicher »Handwerkszeuge« wie Unternehmenskultur, Führungsleitlinien, Feed-back-Systemen, Zielvereinbarungen oder Personalentwicklungsprogrammen. Strategische Instrumente geben Rahmenbedingungen vor, in denen sich die Führungssysteme vor Ort selbst organisieren können. Sie geben damit Impulse und stoßen Entwicklungsprozesse an. Diese sollen im Folgenden betrachtet werden.

Es geht hier darum, jenseits der Modethemen überdauernde Anknüpfungspunkte für strategische Führungsinstrumente zu beschreiben:
- Die Kraft der weichen Daten der Organisationskultur,
- Herangehen über Leitbilder und Orientierungsrahmen wie Führungsleitlinien,
- Aufbau von Feed-back-Kultur für Führungskräfte,
- Arbeit mit Zielen,
- Ansatzpunkte der Personalentwicklung.

Gerade im Zusammenhang mit diesen Führungsinstrumenten gibt es sehr viel Irrglaube. Unternehmensleitungen glauben häufig, dass man allein durch die Vorgabe einer neuen Maßnahme schon Wirkung erzielen kann. Sie sonnen sich dann selbst gerne im Vorhandensein eines bestimmten Führungsinstrumentes. »Wir haben Mitarbeitergespräche.

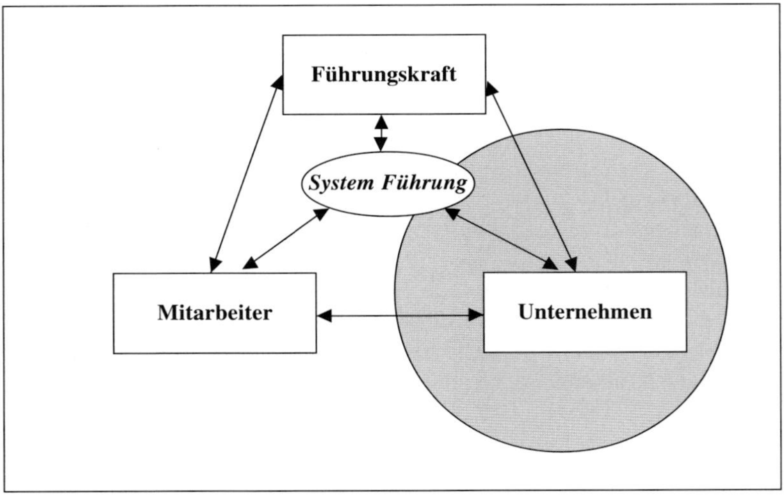

Abbildung 15: Das Unternehmen im System Führung

Wir haben jetzt Führungsgrundsätze.« Hierbei gilt jedoch, Papier ist geduldig.

Auch einer anderen weit verbreiteten Illusion begegnet man bei strategischen Führungsinstrumenten oft. Einmal gesagt ist gleich gehört, ist gleich verstanden, ist gleich umgesetzt. Unternehmensleitungen wollen häufig nicht führen im Sinne von Dranbleiben und Steuern eines Prozesses. Sie wollen dies eher loswerden und sich nicht mehr darum kümmern müssen. Menschen wollen aber eine Sache ganzheitlich begreifen. Sie wollen im Denken und Fühlen mit einer neuen Sache einverstanden sein. Zum Denken gehören die Wertvorstellungen, die Menschen haben. Sie wollen außerdem Lust zu einer Sache haben und sie wollen den Eindruck haben, dass sie diese Sache auch in Verhalten umsetzen können. Wenn es an irgendeinem dieser Punkte hapert, kränkelt die Einführung eines Führungsinstrumentes. Es wird ein Rohrkrepierer, ein Papiertiger oder ein Schubladenkonzept. Daher kommt es auf eine gute Art der Einführung an. Bevor die einzelnen Instrumente betrachtet werden, ist zu klären, was Organisationsentwicklung überhaupt ist. Wir wissen heute einiges darüber, wie ein einzelner Mensch lernt und sich entwickelt. Aber wie ist dies bei Organisationen? Fusionen, Teilverkäufe von Unternehmen, Konzentration auf so genannte Kernkompetenzen sprechen eher dafür, dass Unternehmen es nicht schaffen, von innen heraus integrative Lern- und Veränderungsprozesse zu entwickeln. Aber mittlerweile ist auch der Preis des »äußeren« Weges bekannt: Fusionen und Verkäufe des »Tafelsilbers« bringen Unternehmen an den Rand ihrer Existenz. Organisationen haben normalerweise eine begrenzte Lebensdauer. Sieht man einmal von der katholischen Kirche ab, die als geschlossenes, strukturiertes Organisationssystem mit 2000 Jahren wohl die längste Lebensdauer vorweisen kann, leben die meisten Organisationen bestenfalls ein- oder zweihundert Jahre. Organisationssysteme kämpfen ständig um ihr Überleben. Dazu ist es wichtig, ihr inneres Wesen in der Organisationskultur und den Systemdynamiken zu kennen, die bei Interventionen in den Gesamtführungsprozess zu wesentlichen Einschränkungen werden können. Sie zu kennen bedeutet heute einen entscheidenden Vorteil in der Steuerung von Unternehmen.

2.1. Organisationen entwickeln

Der Begriff Organisationsentwicklung wird fast täglich gebraucht, weil kaum ein Tag vergeht, an dem Unternehmen nicht ein größeres oder kleineres Umgestaltungsprojekt verkünden. Aber was ist das eigentlich? In *Organisationen* verbinden sich Menschen, um bestimmte, größere *Ziele* zu erreichen.

Organisationsentwicklung oder oft auch abgekürzt *OE* bezieht sich auf die Beschreibung und Gestaltung der Prozesse, die bei der Entwicklung einer gesamten Organisation oder wesentlicher Teile von ihr eine Rolle spielen. Man kann die Organisation dann in ihren *Strukturen* und ihren *Kulturen* betrachten.

- Bei der Struktur geht es beispielsweise um den hierarchischen Aufbau, die Einteilung in Zentrale und Vertrieb, in Abteilungen und Zweigstellen, die Anzahl der Stellen, und die niedergeschriebenen Zuständigkeiten.
- Die Organisationskultur betrachtet die Art des Miteinanderumgehens in einer Organisation, die Wertvorstellungen, die gelebt werden, die Rituale und die anderen ungeschriebenen Gesetze der Organisation. Diese oft als »weich« deklarierten Daten sind erfahrungsgemäß die härtesten, wenn man sie verändern will.

Organisationsentwicklung bezieht sich auf mindestens einen dieser beiden Aspekte. Außerdem passiert Organisationsentwicklung sowieso ständig, da Organisationen sich ständig den inneren und äußeren Bedingungen anpassen. Ein *OE-Projekt* ist nun aber eine gezielte Veränderung der Organisation. Große Organisationsentwicklungsprojekte sind beispielsweise Fusionen oder Restrukturierungen der Organisation. Auch eine Diversifikation mit Einführung neuer Organisationsteile wie beispielsweise des E-Commerce ist ein OE-Projekt. OE-Projekte können auch kleine, aber unternehmensweite Schritte sein, beispielsweise wenn die Art der Produktion eines Gutes verändert wird (z.B. wenn von der Arbeitsteilung zur Gruppenarbeit übergegangen wird).

Bei OE-Projekten passiert etwas auf der Struktur- und der Kulturebene. Insbesondere beeinflusst dabei der *Prozess der Durchführung* des Projektes die Kultur sehr entscheidend. Es ist beispielsweise nicht möglich, mittels autoritärer Anweisung und ohne Beteiligung der Betroffenen eine Kultur der selbstverantwortlichen, kreativen Steuerung von Unternehmensbereichen einzuführen. Solche Anweisungen bleiben dann erst einmal reine Worthülsen. Gleichzeitig ist aus der systemischen Forschung bekannt, dass es keine lineare Entwicklung von Organisationssystemen gibt. Es kommt in der Regel anders als man geplant hat. Man weiß von vorherein nicht genau, was passiert. Dies bedeutet, dass ein OE-Prozess der stetigen Beobachtung und Steuerung bedarf.

Man kann heute in Unternehmen, Institutionen und Behörden eine *Beschleunigung von Organisationsentwicklung* feststellen. Dies hat mit der technologischen (insbesondere IT-) Entwicklung sowie den globalen Marktveränderungen zu tun. Gerade für Branchen, die traditionell sehr durch Stabilität, Gewöhnung an feste Strukturen oder Perfektionismus geprägt waren, ist OE eine große Herausforderung. Denn sie bringt ungeregelte Zustände mit entsprechendem Regelungsbedarf vor Ort. Dies wiederum fordert die Handelnden vor Ort in drei Punkten:

- Aus dem Vorgabenerfüller wird ein Manager. Wer als Manager vor Ort auf Direktiven wartet, kommt leicht zu spät.
- Vielleicht war man an zentralistische detaillierte Anweisungen gewöhnt. Jetzt gilt es selbst die Freiräume konstruktiv zu gestalten.
- Man bekommt neue »interne Geschäftspartner«. Dieser Schritt gelingt in OE-Prozessen nur durch aktive Kommunikation und Problemlösungsorientierung.

In der Praxis werden diese drei Veränderungen oft sehr schmerzlich erlebt. Mit diesen Emotionen ist umzugehen. Denn meistens ist ein OE-Projekt mindestens mit einem *Verlust an Gewohnheit*, wenn nicht sogar mit weiteren Einbußen des bisherigen Status verbunden. OE-Projekte bringen oft ein neues Verständnis der Rollen (z.B. der Führungskraft) mit sich. Die Chancen und Entwicklungsmöglichkeiten müssen hier oft erst aktiv entdeckt werden.

Wesentlich für erfolgreiche OE-Prozesse ist deshalb eine möglichst große *Transparenz der Ziele* des OE-Prozesses sowie die Einbeziehung der Menschen, die eine neue Struktur und Kultur in der Praxis leben müssen. Dies erfordert in der Praxis sehr viel professionelles Wissen, da OE-Prozesse fit machen sollen für zukünftige Herausforderungen. Deshalb kann es notwendig sein, einer durchaus verständlichen Tendenz, alles so sein zu lassen wie es ist, entgegenzuwirken.

Es gibt *Rhythmen der Organisationsentwicklung*. OE findet stetig statt, in dem beispielsweise im so genannten kontinuierlichen Verbesserungsprozess immer wieder neue Ideen entwickelt und umgesetzt werden. OE kann aber auch »in Sprüngen« passieren, wenn eine Restrukturierung vorgenommen wird und Geschäftsprozesse völlig neu gestaltet und dann zu einem Stichtag umgestellt werden.

Es ist sinnvoll, einige Begriffe von Organisationsentwicklung abzugrenzen. Dies ist erst einmal *Personalentwicklung (PE)*, bei der es um die Entwicklung einzelner Personen oder des gesamten »Personalkörpers« geht. Personalentwicklung kann auch ohne explizite Organisationsentwicklung geschehen. Dennoch gibt es Berührungspunkte zwischen OE und PE. Oft haben PE-Projekte auch ein Kulturentwicklungsziel. Dann ist es sinnvoll, dieses als OE-Ziel zu benennen.

Ebenso ist Organisationsentwicklung etwas anderes als *Teamentwicklung*, wo es um die Entwicklung einer Gruppe von Menschen geht, die in einer bestimmten Struktur zusammenarbeiten. Der Berührungspunkt zur Organisationsentwicklung liegt hier vor, wenn es um den gänzlich neuen Aufbau von Formen der Zusammenarbeit wie der Gruppenarbeit geht.

Organisationsentwicklungsprojekte können sowohl von *innerhalb der Organisation* als auch von außerhalb durch eine *externe Beratungsgesellschaft* betreut werden. Dies hängt davon ab, welches Know-how gebraucht wird. Beim Know-how geht es nicht in erster Linie um technisches Wissen, vielmehr betrifft dies die Professionalität im Umgehen mit den Anpassungsprozessen, die Menschen während einer Organisationsentwicklung erleben. Professionalität zeigt sich hier in der stetigen aufmerksamen Beobachtung der Entwicklung, der Überprüfung und kreativen Gestaltung der Vorgehensweisen und insbesondere der Selbstreflexion der Berater. Für Berater und Manager ist hier in der Praxis vor allem systemisches Wissen sehr nützlich. Denn diese geraten in OE-Projekten in der Regel in Verwicklungen, da sich die alte Organisationskultur häufig erhalten will. Die Herausforderung besteht an dieser Stelle darin, nicht mit Vorgehensweisen zu reagieren, die der inhaltlichen Zielsetzung widersprechen. Wenn die Zielsetzung beispielsweise »mehr selbstverantwortliches ertragsorientiertes Verhalten« ist, erzeugt eine ständige Intervention mit Umsatz- oder Ertragsvorgaben nur das Gegenteil. Dabei ist jedoch immer die spezifische Situation des OE-Projektes zu betrachten. Jedes ist anders. Dies macht auch deutlich, dass man mit Pannen und Fehlern rechnen muss. Insofern ist eine lernfreudige Fehlerkultur hilfreich. Werden Fehler als Makel angesehen, tun sich OE-Projekte schwerer als sie müssten.

Organisationsentwicklung ist Mode. Dies hat – wie oben schon bemerkt – technologische Gründe, ist aber auch marktbedingt. Natürlich erzeugt eine hohe Nachfrage auch einen breiten Markt an neuen Konzepten und so genannten sensationellen Methoden. Für Unternehmen gilt es an dieser Stelle, nicht in den Sog von Heilversprechungen zu geraten, sondern den eigenen Weg zu finden. Ein guter Start für die Organisationsentwicklung ist immer, sich die Merkmale der eigenen Organisationskultur bewusst zu machen.

2.2. Organisationskultur als Ansatzpunkt systemischer Führung

Die ungeschriebenen Regeln und Selbstverständlichkeiten

In der konkreten Führungsarbeit im Unternehmen ist die Organisationskultur ein wichtiger Faktor. Oft wird sie auch Unternehmenskultur genannt. Sie wird durch verschiedene Aspekte definiert. Sie beinhaltet:

- all die ungeschriebenen Regeln, wie man sich in einer Firma verhalten soll. In der Forschung wird Unternehmenskultur auch definiert,
- als die Summe der Selbstverständlichkeiten in einem Betrieb,

Die Unternehmensberater Simon und Tacke beschreiben sie

- als das von den Mitarbeitern anerkannte und als Verpflichtung angenommene Werte- und Zielsystem eines Unternehmens sowie die Formen des Umgangs, die Symbole und die Führungsstile, in denen sich diese Werte äußern.

Interessant ist, dass die Organisationsmitglieder selbst viele der bei ihnen geltenden Kulturregeln nicht bewusst haben. Die Organisationskultur enthält somit auch das *Unbewusste der Organisation*. In Organisationen und Unternehmen ist es zusätzlich wichtig, zwischen den Kulturen einzelner Firmenbereiche bzw. Abteilungen zu unterscheiden.

> Beispielsweise entwickelt in einer Bank eine Abteilung, die Wertpapiere handelt, eine ganz andere Kultur als eine Revisionsabteilung. Während bei ersterer Flexibilität, schnelles Reagieren und auch eine gewisse Risikobereitschaft wesentliche Faktoren sein sollen, können bei letzterer das Aufspüren und Vermeiden jeglicher Risikoquellen und ein eher standardisiertes, gut prüfbares Vorgehen wichtige Ziele sein. Insofern ist das produzierte Gut, die erstellte Dienstleistung eine wichtige Systembedingung für die entstehende Kultur.

Die Unternehmenskultur tritt wie ein Kommunikationspartner für die mit dem Unternehmen befassten Menschen auf. Wie lässt sie sich erfassen? Wenn die Unternehmenskultur als Kommunikationspartner auftritt, konfrontiert sie den Einzelnen mit verschiedenen Fragen:
- Wie drückt sich das System ihm gegenüber aus?
- Welche Kultur-»Struktur« hat das System?
- Welche Entwicklungswege geht das System?
- An welche Wirklichkeiten glaubt man im System?

Die Unternehmenskultur lässt so verschiedene Perspektiven zu:

1. Die Organisationspersönlichkeit I: Die Ausdrucksweisen der Organisationskultur.
2. Die Organisationspersönlichkeit II: Die Herkunftsstruktur der Organisationskultur.
3. Die Entwicklung: Das »Drehbuch der Organisation«.
4. Das Wirklichkeitsverständnis: Der kollektive Bezugsrahmen der Unternehmenskultur.

Die Organisationspersönlichkeit I:
Ausdrucksweisen der Organisationskultur

Eine Organisation hat eine Art »Persönlichkeit«. Um dieses »Ego« der Firma, die Eigenart, wie sich die Unternehmenskultur dem Einzelnen gegenüber zeigt, zu verdeutlichen, kann man die Transaktionsanalyse und deren Modell der Ich-Zustände zur Hilfe nehmen. Die Ich-Zustände können überdauernde Muster beschreiben, die eine Organisation charakterisieren. So sprach der Human-Ressources-Berater Rolf Balling auf dem Kongress »Lernen in Organisationen« (1993) von Organisationen, die *typische Kind-Ich-Merkmale* haben. Dies bedeutet, sie fördern Kreativität, Neugier, spielerische Anteile von Menschen. Diese Organisationen fordern sehr stark Persönlichkeitsanteile ihrer Mitglieder heraus, die ursprünglich, ungefiltert und energievoll sind, gleichzeitig aber auch wenig auf andere achten. Die Transaktionsanalyse hat diese Haltungen als Kind-Ich-Haltungen bezeichnet. Sie meint damit, dass diese Merkmale am ehesten im Kindheitsalter geprägt sind. Entsprechend findet man diese Aspekte in Unternehmen auch gerade bei Unternehmen, die noch »in den Kinderschuhen« stecken. Sie auch zu erhalten ist wichtig für die Kreativität im Unternehmen. Aber es ist nicht einfach, diese ursprüngliche Energie in der Organisation zu erhalten.

Andere Unternehmen zeigen eher kritische Töne. Dort ist vieles nicht erlaubt. Es gibt sehr viele Regeln. Sicherheit steht oft an erster Stelle. Man weiß in diesen Organisationen seit langem, was zu tun und zu lassen ist und dabei bleibt man auch. Neuerungen werden mit den althergebrachten Bewertungsmuster eingeordnet. Das sind Kulturen, die im Jargon der Transaktionsanalyse vom *orientierend-kritischen Eltern-Ich* geprägt sind. Elterlich meint dabei, dass hier vor allem der auf andere einflussnehmende Teil eine große Rolle spielt. Mitarbeiter werden in diesen Organisationen gegängelt.

Manche Organisationen zeigen eine vorwiegend fürsorgliche Note. Dort sind Mitarbeiter in erster Linie umsorgt. Die Firma nimmt ihnen möglichst viel ab. Dies sind Organisationen, die vom so genannten *fürsorglichen Eltern-Ich* geprägt sind. Elterlich ist in dem Sinne gemeint, dass hier auch eine Instanz in der Organisation weiß, was für den anderen gut ist. Und dies glaubt sie oft besser zu wissen als der Betroffene selbst. Auch wenn jemand die notwendige Leistung nicht oder nicht mehr zeigt, wird mit ihm nicht in Richtung Verbesserung gearbeitet, sondern er wird in der Rolle des bemitleidenswertes Mitgliedes weiter mitgetragen. Die Organisationsmitglieder sind hier wichtiger als die Kunden. Manchmal haben diese Organisationen sehr viele übertarifliche Vergünstigungen für die Mitarbeiter. Zuweilen ist es aber genau das Gegenteil: Leistungen werden versagt, weil ja die Zugehörigkeit zum Unternehmen schon als eine besondere Fürsorge gesehen wird. Im sechsten Kapitel wird dieser Aspekt noch einmal unter dem Stichwort »destruktive Symbiosen« zwischen Unternehmen und Mitarbeitern beleuchtet.

Ein vierter Kulturtyp ist die Organisation in der *angepassten Kind-Haltung*. Sie zeigt abwartendes Verhalten. Was macht die Konkurrenz? Was machen andere? Was diktieren uns die Zulieferer? In dieser Kultur haben die Mitglieder das Gefühl, dass sie selbst eigentlich kaum eigenständig handeln, auch fast nicht existieren dürfen, wenn sie nicht von anderen geduldet werden. Die Existenz der Firma hängt am seidenen Faden. Man muss den anderen folgen und sich immer anpassen. Ein Untertyp der angepassten Kultur ist die rebellische. Es gibt Organisationen – insbesondere im politischen Bereich – die sich nahezu ausschließlich als rebellisch definieren. Ihr Hauptzweck ist die Gegnerschaft zu einer anderen Organisation. Insofern gehört dieser Organisationstyp auch zu den angepassten, aber als negative Polung.

In der Mitte zwischen den vier einseitigen Kulturtypen steht der Organisationstyp, der durch die *Erwachsenen-Haltung* geprägt ist. Hier bezieht sich ein Unternehmen realistisch auf die aktuellen Umwelteinflüsse, ist sich seiner Stärken (Kernkompetenzen) bewusst und reagiert dementsprechend. Dies kann auch einmal bedeuten, dass Aspekte der anderen Kulturtypen bewusst und lösungsorientiert eingesetzt werden. Es kann für eine Organisation wichtig sein, in Gefahrensituationen deutlich Grenzen zu setzen (kritisches Eltern-Ich). Genauso nützlich kann eine abwartende Haltung wichtigen Marktbedingungen und der Konkurrenz gegenüber (angepasste Haltung) sein. Dies geschieht aber bewusst und nicht automatisch. Ein von der Erwachsenen-Ich-Haltung getragenes Unternehmen hat immer eine Wahlmöglichkeit. Zwei interessante Einstufungen sind nun möglich:

- Was ist der Schwerpunkt der Kulturhaltung eines Unternehmen?
- Gibt es eine Verteilung der Energie in die verschiedenen Haltungen hinein? Ist ein Unternehmen manchmal in der einen Haltung und manchmal in einer anderen?

Für die zweite Frage lässt sich ein Typogramm erstellen, das die Verteilung der Energie in die verschiedenen Haltungen aufzeigt. Diese Betrachtung folgt einer Idee des Kaliforniers Jack Dusay, der diese Überlegung für Einzelpersonen entwickelt hatte. Diese Betrachtungsweise ist sehr fruchtbar, wenn man annimmt, dass ein Unternehmen wie ein Kommunikationspartner mit Kunden, Mitarbeitern, Kapitalgebern und der Öffentlichkeit in Kontakt tritt.

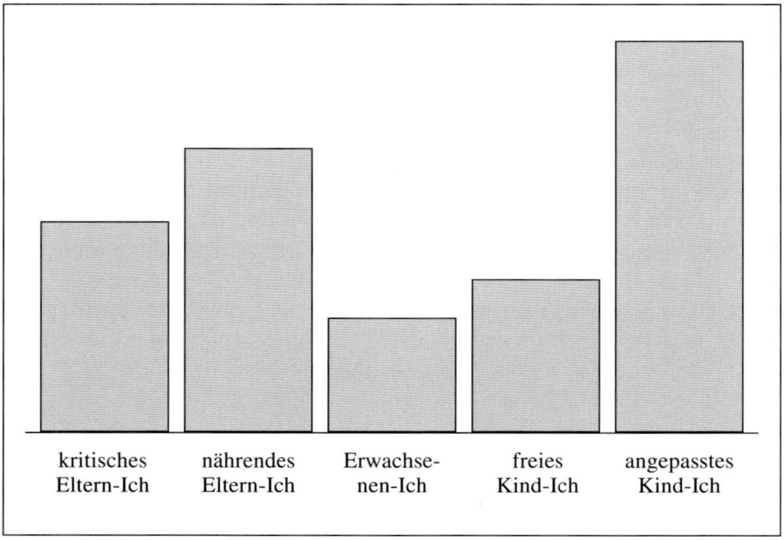

Abbildung 16: Das Typogramm der Organisationskultur

In der Abbildung ist ein Unternehmen veranschaulicht, das sich sehr stark angepasst verhält, also weit davon entfernt ist, eigene Impulse in den Markt zu geben. Außerdem zeigt es noch deutlich fürsorgliche Haltung, vielleicht den Mitarbeitern gegenüber, auf der anderen Seite ist aber auch ziemlich klar, was man (seit alters her) hier zu tun und zu lassen hat. Unterentwickelt ist der kreative, entwicklungsfreudige Teil und vor allem auch die realistische auf den Markt und die eigenen Kernkompetenzen bezogene Haltung.

Besser ist beispielsweise in der Beziehung zu Mitarbeitern in den meisten Fällen ein eher »dreiecksförmiges« Kulturtypogramm, das stark durch die Erwachsenenhaltung, außerdem auch durch fürsorglichen Elternhaltung und freie Kindenergie geprägt ist. Die kritische Elternhaltung und die angepasste Kindeinstellung sollten eine untergeordnete Rolle spielen.

Die Haltungen unterscheiden sich manchmal danach, in welcher Beziehung sie gezeigt werden. Beispielsweise sind einige Unternehmensleitungen gegenüber den Analysten, die für die Kapitalseite stehen, möglicherweise sehr angepasst, den Mitarbeitern gegenüber aber sehr kritisch von oben herab eingestellt. Es ist also immer eine konkrete Frage zu stellen, auf die sich die gezeigte Ausdrucksweise dann bezieht:

- Wie tritt die Unternehmensleitung Mitarbeitern/Führungskräften gegenüber?
- Wie reagiert die Unternehmensleitung auf Impulse des Marktes (neue Produkte der Konkurrenz, gesetzliche Änderungen, neue gesellschaftliche Entwicklungen)?

> Beispielsweise ist für Vertriebsführungskräfte bei Finanzdienstleistungen das Vereinbaren verschiedener Kulturen in Form verschiedener gleichzeitiger Erwartungen ein entscheidender Faktor. Aus dem Erwachsenen-Ich ist ein realitäts(markt-) angepasstes Vorgehen wichtig. Dabei ist der Revisionsgedanke, der dem orientierenden (kritischen) Eltern-Ich zuzuordnen ist, damit zu vereinbaren. Eine adäquate Kundenbedienung setzt aber auch kreatives Vorgehen aus dem Kind-Ich voraus. Zum aktiven Verkauf gehört heute aber ebenso das fürsorgliche Eltern-Ich, indem ein Kundenberater dem Kunden, wenn dieser viel Geld auf seinem Girokonto hält, eine entsprechende höherverzinsliche Anlage anbietet.

Wenn man nun zu dem Schluss kommt, dass die Kultur im eigenen Unternehmen zu sehr »kind-« oder »elternlastig« ist, stellt sich die Frage, was zu tun ist. Hier ist Enttrübungsarbeit gefragt. Denn sonst werden unangemessene Inhalte der funktionalen Haltungen (Werte, Gefühle, Denken) eine sinnvolle Problemlösung behindern. In der Phase der Enttrübungsarbeit wird genau für bestimmte Situationen überlegt, mit welcher Ausdrucksqualität ein Unternehmen jeweils reagieren will.

Die Chemie-Industrie musste diesen Prozess bei verschiedenen Störfällen der Öffentlichkeit gegenüber erlernen. Weder die Haltung »Das ist kein Problem. Was stellt Ihr euch an?« noch die angepasste Büßerhaltung sind die richtige Methode. Der Mittelweg einer realistischen, selbstbewussten Haltung, die aus Fehlern lernen will, und die Reaktionen der Öffentlichkeit wertschätzt, ist dort gefragt. Hier wurde auch viel Lehrgeld gezahlt, was vor allem aus der unterverantwortlichen Haltung »Es merkt schon keiner. Die anderen sind blöd« entsprang.

Der St. Pöltener Unternehmensberater und Coach Werner Vogelauer (1991) bezieht sich ebenfalls auf die Organisationspersönlichkeit. Er sieht durch die Organisationspersönlichkeit »holistische Prägungen« auf einzelne Personen im Unternehmen abgebildet. Dies bedeutet, die Menschen in Unternehmen übernehmen ebenfalls die Kernmerkmale einer vorhandenen Organisationspersönlichkeit. Dies entspricht der Erfahrung insbesondere bei Mitarbeitern mit langer Betriebszugehörigkeit.

Zur Ausdrucksweise der Unternehmenskultur gehören auch die Kommunikationsmuster, die gewohnheitsmäßig im Unternehmen »abgespult« werden, die aber nicht zur Lösung von Problemen führen. Die Transaktionsanalyse hat dafür das »Spiele«-Konzept. Den ursprünglichen Begriff »Games« (Berne, 1970) kann man auch mit »Spielchen« übersetzen. »Psychologische Spiele« oder »Spielchen« sind Kommunikationen mit verdeckten Botschaften, die auf eine bestimmte emotionale Einstellung oder »Endauszahlung« (pay off) der Kommunikationspartner hinführen.

Ein Beispiel für ein Unternehmenskultur-Spiel ist das »Ist-es-nicht-schrecklich?-Spiel«, bei dem von mehreren Beteiligten über ein Phänomen des Unternehmens ausgiebig geklagt wird, aber keine Anstalten zur Problemlösung unternommen werden. Alle Beteiligten fühlen sich am Ende bestärkt in ihrer Einschätzung, wie schrecklich ihr »Opfer-Dasein« ist. Ein anderes verbreitetes Spiel in Unternehmen ist das »Ja, aber-Spiel«, bei dem ein vermeintlich Ratsuchender einem Ratgeber beweist, dass er doch keine Ahnung hat und dass alle guten Ratschläge nicht durchführbar sind und ein »aber« haben.

Menschen in Organisationen inszenieren vielfach unbewusst destruktive Kommunikationen, um sich und andere in eine bestimmte emotionale Lage zu bringen. Dies könnte zum Beispiel ein Gefühl der Überlegenheit und des Besserseins bei einem Kommunikationspartner und ein Gefühl der Niedergeschlagenheit und der Unzulänglichkeit beim anderen sein. Damit werden ungelöste Themen aus der eigenen Biografie in die Organisationsbeziehungen hineingetragen. Es werden auch Spiele inszeniert, um daraus eine bestimmte Anspruchshaltung abzuleiten. In Organisationen findet man ab und zu Personen, die seit vielen Jahren beleidigt sind, weil ihnen einmal ein Unrecht geschah. Menschen leiten daraus immer noch bestimmte Ansprüche, beispielsweise bei Zusatzarbeit verschont zu werden, ab. Spiele sind oft die Folge von ungelösten Konflikten, die jemand in der Organisation erlebt hat. Organisationskulturen können bestimmte »Spiele« fördern, in dem sie Konfrontation vermeiden. Um die Organisationskultur oder die Abteilungskultur zu beschreiben, macht es Sinn die gebräuchlichsten Spiele der betreffenden Organisationseinheit zu identifizieren. Spiele haben eine Art Virusfunktion. Sie breiten sich in Organisationen aus und hemmen gute Lösungen. Hat man die fünf häufigsten Spiele in einer Organisation erfasst, liegen wichtige Informationen zur Unternehmenskultur vor. Dies bietet Möglichkeiten gegen zu steuern.

> Ein großes Textilunternehmen, das in seinen Leitlinien für Führung und Zusammenarbeit die Maxime aufstellt: »Wir reden nicht über andere, wenn sie nicht anwesend sind«, hat die Bedeutung von bestimmten Spielen erkannt und geht offen gegen sie vor.

Die Organisationspersönlichkeit II: Herkunft der Organisationskultur

Neben einer Organisationspersönlichkeit, die sich in den Ausdrucksweisen zeigt, kann man bei einer Firma auch fragen: Wie ist die *Herkunft der Unternehmenskultur*, je nach dem Ursprung der einzelnen Kommunikations- und Problemlösemuster? Woher kommen die einzelnen Bestandteile der Unternehmenskultur? Sind sie von anderen (z.B. Muttergesellschaften, Fusionspartnern etc.) übernommen oder sind es Muster, die aus früheren Lebensaltern der Firma (z.B. von Gründungsmitgliedern) stammen? In der praktischen Arbeit zeigen sich Unternehmenskulturprobleme gerade bei der Zusammenführung von Unternehmen. Dies wird in den empirischen Untersuchungen zu den ökonomischen Folgen von Unternehmenszusammenschlüssen deutlich. Der Wirtschaftswissenschaftler Rolf Bühner (1990) hat gezeigt, dass Fusionen zuerst einmal zu Verlusten führen, ehe die erhofften Synergieeffekte zum Tragen kommen. Insbesondere bei der Fusion (»Heirat«) von bisher konkurrierenden Unternehmen (»Herrscherhäusern«) dauert es eine Zeit lang, bis die Zusammenarbeit (»Liebe«) auch zwischen den Mitarbeitern (»Untertanen«) funktioniert (»entflammt ist«). Die Abbildung zeigt drei wesentliche Herkunftsbereiche von Kulturmustern. Es sind Systemzustände, die im Unternehmen weiter leben und je nach Unternehmenssituation zum Vorschein kommen.

Die Herkunftsstrukturanalyse zielt darauf, den Bereich auszuweiten, der in einem flexiblen Bezug auf die aktuellen Markt- und Umweltbedingungen besteht. Das Unternehmen soll nicht durch fremde oder alte Positionen in einer realistischen Einschätzung getrübt sein. Eine Trübung liegt immer dann vor, wenn an Stelle eines auf die aktuelle Situation gerichteten realistischen Kulturmusters ein althergebrachtes, nicht mehr taugliches oder ein von anderen entliehenes, unpassendes Muster angelegt wird.

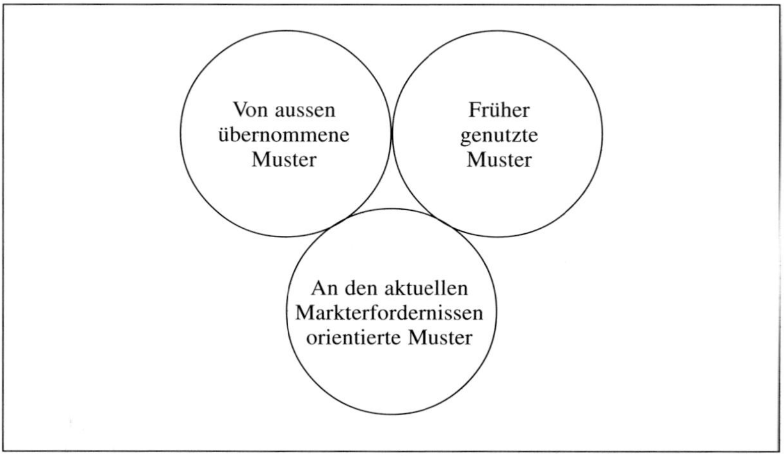

Abbildung 17: Die Herkunftsstruktur der Organisationskultur

Der Wiener Unternehmensberater Hans-Georg Hauser (1991) hat sich ebenfalls mit dem Thema der Erfassung einer »Organisationspersönlichkeit« befasst. Er empfiehlt auch hier *Enttrübungsarbeit,* um die Überlagerung eines Systemzustandes durch einen anderen zu lösen. Wo vielleicht jetzt noch ein altes Muster herrscht, muss ein den aktuellen Erfordernissen genügendes hin. Für Enttrübungsarbeit ist erst einmal die Herkunft eines Kulturmusters die Grundlage. Wo kommt ein Bestandteil der Kultur her: von anderen Modellen übernommen, in früheren Zeiten selbst kreiert und entschieden oder in Bezug auf die aktuelle Realität entwickelt? Dies ist gerade in Zeiten schneller Organisationsveränderungen ein entscheidender Punkt.

> Ein mittelständisches Unternehmen hat eine Zeit lang einen jungen dynamischen Personalmanager, der immer auf dem Laufenden war, was aktuelle Angebote der Unternehmensberater waren. Er führte eine neue Methode nach der anderen ein. Die Mitarbeiter nannten ihn bald den Amerikaner, weil er so viele englische Begriffe einbrachte. Das Unternehmen selbst blieb relativ immun gegenüber den »fremden« Impulsen.

Ein altes Kulturmerkmal einer Organisation muss, wenn es für die aktuellen Erfordernisse ungeeignet ist, ersetzt werden. Dafür muss es wieder an seinen ursprünglichen Platz zurückverlegt werden und damit die aktuelle Problemlösung möglich machen. Es braucht eine angemessene Würdigung und einen angemessenen Platz. Dies ist gerade in der Organisationsentwicklung sehr wichtig, da sich der Organisationsentwickler immer als »Agent der Veränderung« und damit als Feind des Bestehenden entpuppt. Er provoziert so den Widerstand derer, die ihren bisherigen Beitrag gewürdigt wissen wollen. »War denn bisher alles falsch, was wir gemacht haben?« ist dann oft die Frage. Das bisherige Vorgehen war dann oft nicht falsch, passt aber nicht mehr. Entsprechend ist in der Organisationsentwicklung Trauerarbeit zu leisten und sich bewusst und offiziell von einer vorherigen Linie auch zu verabschieden. Unternehmensleitungen bekommen dies nicht immer von allen Bezugsgruppen gedankt, wenn man beispielsweise an den Weg der Hoechst AG als Chemiefabrik hin zu Aventis als Lifescience-Unternehmen denkt. Gerade für langjährige Mitarbeiter ist der Abschied von einer vorhandenen Unternehmensidentität ein Trauerprozess. Dennoch ist es eine Illusion, dass ein Abschied vom Bisherigen nicht notwendig ist und man ihn schleichend hinbekommt.

Die Entwicklung: Das »Drehbuch« der Organisation

Neben der Herkunftsstruktur der Unternehmenskultur gibt es in Unternehmen häufig verfestigte, rigide, gerade in Krisenzeiten auftretende Muster. Darin lässt sich eine Art *»Skript der Organisation«* sehen. Dies ist ein »Lebensplan«, ein Drehbuch für Erfolg oder Misserfolg sowie Lebensdauer des Unternehmen und betrifft vor allem »Überlebensprogramme« in Firmen. »Unternehmen sind sterblich«, sagt eine wichtige Erkenntnis in diesem Zusammenhang.

Manchmal haben Unternehmensgründer das Skript »geschrieben«. Viele große Namen deutscher Gründerunternehmen existieren heute nicht mehr. Auch die Entstehung moderner High Tech-Unternehmen wie Microsoft oder Apple lässt »Legendäres« entstehen.

Entsprechend den Konjunkturzyklen macht ein Unternehmen auch schwere Phasen durch. Fast jede Firma hat Zeiten erlebt, meist Konjunkturkrisen, in denen es um ihr Überleben ging. Sie hat in diesen Zeiten Verhaltensstrategien entwickelt, um das Überleben zu sichern. In seiner entwicklungspsychologischen Komponente kann man die Gedanken des Skriptkonzeptes auf eine Firma übertragen. Eine Firma hat einen Zeitpunkt, zu dem sie ins Leben gerufen wurde. Trotz aller modernen Hoch-Glanz-Broschüren eines Unternehmens, die meist eher etwas über die Kultur der Werbeagentur, als des beworbenen Unternehmens aussagen, ist zu fragen:

- Wie ist die Firma entstanden?
- Welches Leitmotto hatten die Firmengründer?
- Wann sind andere Firmen dazugekommen?
- Bekam man beispielsweise eine neue Muttergesellschaft und welche informellen Leitsätze brachte die mit?

Es geht darum, die wesentlichen Leitgedanken für die langfristige Entwicklung eines Unternehmens herauszufinden. Beispielsweise kann ein Unternehmen immer wieder das Ende des Lebenszyklus seiner Produkte verschlafen. Ein anderes Unternehmen wartet mit Entscheidungen regelmäßig darauf, bis die Konkurrenz etwas unternimmt. Zu einem

Organisationsskript werden dabei gerade die Erfahrungen, die mit der Lösung schwieriger Situationen in Verbindung gebracht werden. Es ist dabei nicht einfach, die »wahren« Problemlöser zu identifizieren, da hier sehr viele Faktoren zusammenkommen. Aber hierüber bilden sich Vorstellungen. Hat man beispielsweise eine Krise dadurch bewältigt, dass man »radikal durchgegriffen« und Personal freigesetzt hat? Oder sitzt man ein Problem einfach aus? Für Banken ist es beispielweise auch nicht untypisch, in Krisenzeiten einfach abzuwarten, zeitweise keine riskanten Geschäfte einzugehen und zu warten, bis die Konjunktur wieder besser läuft. Auch bezüglich des »heilsamen« Führungsstils gibt es Vorstellungen. Hat man eher einzelnen »Machern« das Ruder überlassen oder hat man einen Ausweg gesucht, dass alle im Führungsgremium »näher zusammengerückt« sind und ein Team gebildet haben? Dies ergibt unterschiedliche Organisationsskripte. Oft sind solche Skriptbestandteile auch in der Corporate Identity enthalten, die in vielen Firmen als Leitbild niedergeschrieben ist. Ein wichtiger Punkt ist hier aber die Diskrepanz, die zwischen der tatsächlich gelebten Unternehmenskultur und der offiziell proklamierten Unternehmensidentität (Corporate Identity) besteht.

Zur Unternehmenskultur gehören insbesondere die Anweisungen, die dazu dienen, bestimmte Defizite des Unternehmens und seiner inneren Struktur zu kompensieren. Manche Unternehmen haben eine sehr defizitäre Haltung ihrem eigenen Überleben oder ihrer Marktposition gegenüber. Wenn nicht immer mit äußerster Intensität gearbeitet wird, glaubt man nicht ans eigene Überleben. Dies lässt ein *Kompensationsskript* entstehen. Ein wesentlicher Bestandteil des Kompensationsskripts sind die *Antreiber*, die in einem Unternehmen gefördert werden. Sie bestimmen insbesondere die Reaktion in Stress-Situationen:

- Werden Projekte sehr schnell abgewickelt und beendet, so als wäre für nichts Zeit und Raum vorhanden? Hauptsache, man hat sie vom Hals ohne Rücksicht auf die Qualität (Beeil-Dich-Antreiber)
- Wird auf Menschliches, Gefühle und Schwächen durchmarschartig keine Rücksicht genommen? Wird eine Richtung ergriffen, ohne nach links oder rechts zu schauen? (Sei-Stark-Antreiber)
- Werden Projekte bis ins letzte Detail und in Beziehung zu allen möglichen Bezugspunkten und Verästelungen durchdacht, geplant und überprüft? (Sei-Perfekt-Antreiber)
- Wird sehr viel begeistert angefangen, um es auf der Strecke wieder

aufzugeben und trotz hoher Anstrengung nicht zum Ergebnis zu kommen? (Streng-dich-an-Antreiber)

- Versucht man es allen, die mit dem Unternehmen zu tun haben, permanent Recht zu machen und vergisst dabei die eigenen Interessen? (Machs-recht-Antreiber)

Je nach der Unternehmenskultur machen die Karriere, die einen bestimmten Antreiber zeigen. Dies hängt aber auch von der Situation eines Unternehmens ab. In Umstrukturierungszeiten sind möglicherweise eher »Sei-stark-Antreiber« gefordert, die als durchsetzungsfähiger gelten, da Gefühle eher nicht zugelassen werden. Dies bleibt aber im einzelnen Unternehmen zu prüfen. Auch hier ist wieder auf die Differenzierung in unterschiedlichen Unternehmensteilen hinzuweisen. So sind im Vertriebsbereich oft andere »Tugenden« gefragt als in zentralen Fachabteilungen.

Das Wirklichkeitsverständnis: Der kollektive Bezugsrahmen der Unternehmenskultur

Als vierter konzeptioneller Baustein zur Beschreibung der Unternehmenskultur eignet sich das Modell des *Bezugsrahmens*. Dies ist eine Art gemeinsam getragene Brille im Unternehmen, eine Sichtweise, die wie ein Filter vor der Realität wirkt. Der Altmeister der Transaktionsanalyse, Leonhard Schlegel beschreibt den Bezugsrahmen als »die Bedingungen, unter denen jemand seine Erfahrungen nach Sinn, Bedeutung und Wert auslegt«. (Schlegel, 1988). Dies hat viel Ähnlichkeit damit, wie Organisationskultur funktioniert. Der Bezugsrahmen enthält viele Spezifikationen für das Unternehmen:

- Wie müssen Führungskräfte sein?
- Wie ist der Kunde/Mandant/Klient/Patient der Organisation?
- Wie ordnet man die Umwelt ein?
- Wie sieht man den Markt?
- Welche Bedeutung haben Mitarbeiter für das Unternehmen?
- Welchen gesellschaftlichen Beitrag liefert das Unternehmen?

Das Konzept Bezugsrahmen ist ursprünglich ein Konzept zur Betrachtung der psychischen Organisation einer Person. Dennoch bietet es sich auch für die Erfassung von Gemeinsamkeiten mehrerer Personen an. So gibt es zum Beispiel auch den gemeinsam geteilten Bezugsrahmen in Familien. Entsprechend kann man dies auch für die Vorgänge in Unternehmen durchdenken. Der gemeinsam geteilte Bezugsrahmen im Unternehmen ist Teil der Unternehmenskultur. Für den Human-Ressources-Fachmann Bernd Schmid (1986, 75) ist der Bezugsrahmen »ein Metaprogramm«. Auf die Organisation übertragen ergibt sich der Bezugsrahmen der Organisation als das Metaprogramm, das die Herkunftsstruktur der Unternehmenskulturmerkmale integriert und organisiert. Für die, die Führungssysteme gestalten, gilt: »Die Auseinandersetzung mit den eigenen Ideen, die Bewusstmachung des eigenen Wirklichkeitsverständnisses und die Fähigkeit, diesem Wirklichkeitsverständnis von einem Metastandpunkt betrachtend und experimentierend gegenüberzutreten, sind eine wichtige Lernaufgabe für den professionellen Kommunikator.« (Schmid, 1986, 76). Zu den professionellen Kommunikatoren gehören auch die Führungskräfte. Diese übernehmen oft unreflektiert ein überkommenes Metaprogramm der Organisation. Es gibt Organisationen, die das Metaprogramm haben, alles zu integrieren. Etwas Neues wird eingeführt, aber das Alte wird dennoch beibehalten und weitergelebt. Dies entsteht oft im wohlverstandenen Interesse sanfter Übergänge. Es kann aber eine unüberschaubare Vielfalt von Vorgehensweisen zur Folge haben.

Insgesamt gehört die Unternehmenskultur zu den »weichen« oder »Soft-Daten« der Organisation. Darin ist für viele schon der Aspekt »erst in zweiter Linie interessant« gemeint. Festzuhalten bleibt allerdings, dass die Unternehmenskultur die Faktoren enthält, die einerseits die Energie für ein Unternehmen geben, die aber auch am hartnäckigsten sind, wenn man sie verändern will. Deshalb macht es Sinn, sie zu beschreiben und auf sie Einfluss zu nehmen.

2.3. Systemdynamiken

Über die Beschreibungen des Ist-Zustandes einer Unternehmenskultur hinaus gibt es Dynamiken, die Organisationen kennzeichnen. Ein Systemmuster zeichnet sich dadurch aus, dass es nur auftritt, wenn mehrere Kraftfelder eines Systems in einem bestimmten Kontext zusammenkommen. In Organisationen zeigt sich dies oft an folgendem Phänomen: Im Einzelkontakt mit Personen wird jeweils ein ganz bestimmtes

Ergebnis erzielt: Wird das gleiche Thema mit den gleichen Leuten in der Gruppe besprochen, kommt man zu keinem oder einem ganz anderen Ergebnis. Erst wenn mehrere in einem bestimmten Kontext zusammenkommen tritt das Systemmuster auf.

> Der Vorstand eines großen Unternehmens produzierte in den Treffen innerhalb der Firma immer wieder ein sehr zähes, zeitraubendes und unbefriedigendes Kommunikationsmuster. Der Unterschied wurde erst bemerkt, als das Team einmal in einem anderen Umfeld bei einem Berater in dessen Haus zusammenkam. Es ermöglichte ihnen, in neuer, offener und effizienter Form zu kommunizieren. Der Wechsel des Umfeldes machte das Muster erst merkbar und ließ eine neue Perspektive erscheinen.

Aber es ist nicht das Umfeld allein. Oft müssen Menschen nur in bestimmten Rollen zusammentreffen, schon entsteht eine Stimmung, entsprechende Verhaltensweisen und Denkmodelle, die nur in diesem Kontext auftreten. Darin zeigen sich Systemmuster. Bei Systemdynamiken kommt noch eine bestimmte Bewegung hinzu.

Systemdynamiken sind Systemmuster, die eine bestimmte Interaktion zwischen den Kraftfeldern eines Systems in einem Zeitverlauf beinhalten und ein System insgesamt von einem Punkt A zu einem Punkt B führen. Systemdynamiken sind Charakteristika des Veränderungsprozesses von Systemen und Organisationen. Systemmuster und Systemdynamiken können Einschränkungen für die Unternehmensentwicklung bedeuten. Sie sind zunächst einmal diagnostische Konzepte. Eine gute Diagnose ist das A und O für gute Hypothesen darüber, welche Probleme in der Organisation zu lösen sind. Gute Hypothesen sind die Grundlage für zielführende Gestaltungsinterventionen. Lebende soziale Systeme haben bestimmte Eigenschaften. Diese Eigenschaften bieten Ansatzpunkte für die Gestaltung von Systemen. Häufig werden Ideen über Systeme aus den Theorien der Einzelpersönlichkeit abgeleitet. Systeme sind allerdings auch eigene Wesen. Es gibt eine Reihe von Beschreibungen für Systemdynamiken. Sie lassen sich je nach Schwerpunkt der Dynamik unterscheiden in:

- Problemlösedynamiken,
- Kommunikationsdynamiken,
- Erfolgsdynamiken.

Problemlösedynamiken

Organisationen entwickeln in ihren systemischen Prozessen wiederkehrende Dynamiken, wie sie mit auftretenden Problemen umgehen. Eine erste Klasse von Systemdynamiken beschreiben, wie Problemlösung in Organisationen vor sich geht. Der amerikanische Organisationsforscher Peter Senge und seine Kollegen haben zu dieser Frage Ideen geliefert. Sie nennen die dynamischen Muster Systemarchetypen. Auch der Berater für Unternehmen und Organisationen Bernd Schmid aus Wiesloch bei Heidelberg hat sich mit Dynamiken in Organisationen befasst.

Es lassen sich sechs Modell-Dynamiken unterscheiden:

- Symptombetäubung,
- Strategie des »Mehr desselben«,
- Problemverschiebung,
- Ausbeutung der Gemeingüter,
- Widersacher wider Willen,
- Dilemma-Zirkel.

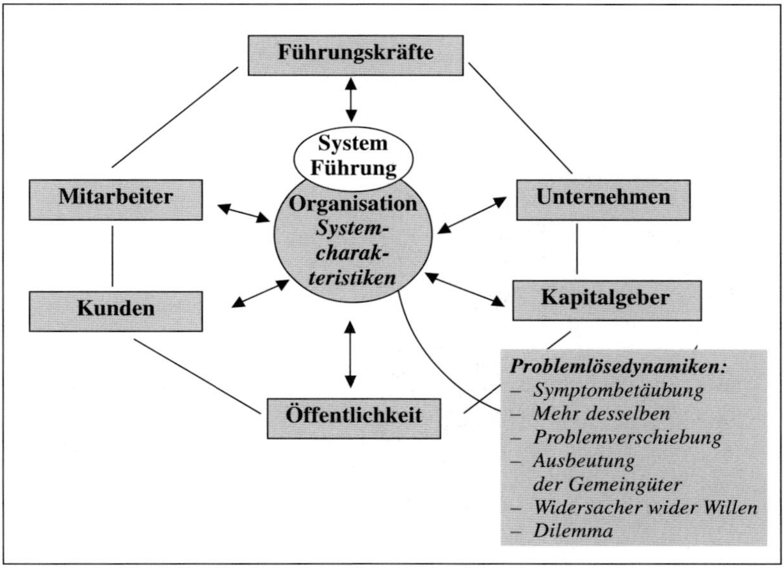

Abbildung 18: Problemlösedynamiken

Sie betreffen jeweils die Frage, was als Problemlösung in einer Organisation gerne eingesetzt wird.

> *Symptombetäubung*
>
> Für ein Problemsymptom wird eine schnelle Lösung in Angriff genommen, die das Problem kurzfristig besser werden lässt, um es dann sogar schlechter werden zu lassen.

Es sind oft die (vor-)schnellen Lösungen, die nicht selten zu Fehlkorrekturen führen. Nach dem Motto »Das Rad, das am lautesten quietscht, wird am meisten geschmiert.« Die, die am lautesten schreien, werden am besten bedient. Diese Dynamik gibt es in vielen Organisationen. Es wird nicht geschaut, wie die Ressourcen strategisch verteilt werden. Sondern man versucht, in erster Linie die Symptome aus der Welt zu schaffen. Wer am meisten Symptome behauptet, bekommt die meiste Zuwendung. Dies spielt beispielsweise bei der Zuteilung von Personal eine Rolle. In Organisationen ist das Personal oft sehr ungleich verteilt. Die, die am meisten jammern, erhalten das meiste Personal. Nicht selten entsteht durch Betäubung langfristig ein Suchtproblem. Dies trifft auch für die Symptombetäubung in Organisationen zu.

> In einem Produktionsbetrieb stellte man fest, dass ein Rad quietschte. Als man es mit Wasser schmierte, hörte das Quietschen auf. Nach einiger Zeit stellte man fest, dass das Rad wieder quietschte und außerdem auch noch Rost angesetzt hatte. Ähnlich ist es in Unternehmen. Um Kosten zu senken und den Gewinn zu steigern wird Personal abgebaut. Die eigentliche Zielrichtung ist, das Problemsymptom Rentabilität zu verändern. Vermutliches Resultat ist jedoch, dass die älteren Mitarbeiter, die höhere Löhne haben, in den Vorruhestand gehen. Die Rentabilität verbessert sich dann zwar, mittelfristig kommt es allerdings zu einem Verlust von Erfahrung. Die Entlassungen führen zu sinkender Arbeitsmoral und geringerer Motivation: Die Produktionskosten steigen wegen zunehmender Fehler und Überarbeitung der verbliebenen Mitarbeiter. Das Ergebnis ist sinkende Produktivität und Verlust des Rentabilitätsgewinns. Die Folgerung ist: Man muss weiteres Personal abbauen.

Zum Ausstieg aus dieser Dynamik geben Daniel Kim und seine Kollegen (1997) drei *Empfehlungen:*

1. Auf unbeabsichtigte Konsequenzen achten.
2. Die vorhandene Lösung seltener anwenden und die Anzahl der gleichzeitig angewendeten Lösungen verringern. Dies vermindert die Nebenwirkungen.
3. Sich wieder dem Grundproblem zuwenden und Lösungen aufgeben, die nur auf Symptome zielen.

Strategie des »Mehr desselben«

Eine Entwicklung wird in einer Richtung immer weiter gefördert. Jede Anforderung wird mit einer Verstärkung der bisherigen Lösungsrichtung beantwortet. Dies führt dazu, dass die Entwicklung ein Plateau erreicht oder wieder abnimmt.

Der Erfolg wird in den bestehenden Bahnen gesehen. Senge und seine Kollegen sehen hier mehr das Ergebnis und nennen diese Dynamik »Grenzen des Wachstums«. Die Mehr-desselben-Dynamik besteht im Beschleunigen des bisherigen Lösungsweges. Dieser Dynamik-Typ zeigt, wie durch die Versuche, die Beschränkungen des Lebens zu bekämpfen, die Auswirkungen dieser Beschränkungen häufig verstärkt werden.

> Am Beispiel des Qualitätsmanangements wird dies deutlich. Erste Erfolge (»die niedrig hängenden Früchte«) sind schnell sichtbar, aber der Grenzertrag lässt schnell nach. Sind die offensichtlichen Verbesserungsmöglichkeiten erschöpft, treten Grenzen auf. Die nächste Welle der Verbesserungen erfordert eine komplexe Koordination verschiedener Organisationsbereiche (Hardware, Software, Management, Verhalten). Diese Grenzen lassen sich nur durch eine völlig neue Orientierung der Lösungsanstrengungen überwinden.

Der Kommunikationsforscher Paul Watzlawik hatte schon darauf hingewiesen, dass gute Lösungen für Systemprobleme über das bisherige Denkschema hinausgehen müssen. Er empfiehlt Lösungen zweiter Ordnung, die jenseits der bisherigen Lösungslogik liegen.

Empfehlungen:
1. Nicht einfach mehr davon tun, was in der Vergangenheit getan wurde.
2. Darauf achten, dass auf jeden Verstärkungsprozess in der Regel mehrere Ausgleichsprozesse hin zum Alten erfolgen.
3. Sich neuen Lösungsfeldern zuwenden.

Problemverschiebung

Durch den eingeschlagenen Lösungsweg wird ein neues Problem erzeugt.
Daraus resultieren:
- Die Abhängigkeit von den kurzfristigen Lösung wächst.
- Die Bemühung um eine grundsätzliche Problemlösung wird schwächer.
- Das Problemsymptom wird abwechselnd besser und schlechter.

Oft wird ein Problem in einer Organisation nicht gelöst, sondern man sucht sich ein größeres Problem oder lässt dies zumindest entstehen. Dies trifft auf Unternehmen zu, die eigentlich noch eigene Hausaufgaben zu erledigen hätten, aber stattdessen nach Fusionspartnern Ausschau halten.

Beispiel Krisenheroismus:
In einer Organisation tritt ein gravierendes Problem auf. Ein eingesetzter Krisenmanager mit umfangreichen Handlungsspielräumen hat daraufhin eine schnelle Lösung eingeführt. Inzwischen haben andere jedoch eine grundsätzliche Veränderungsmöglichkeit entwickelt. Diese wird nicht realisiert, weil sie länger dauern würde und weniger heroisch wäre. Außerdem erzeugen heroische Lösungen eine Art Sucht. Sie haben eine hohe emotionale Intensität. Gerade Führungskräfte, die immer wieder eine hohe Reizintensität brauchen, sind hier anfällig. Es muss in bestimmter Regelmäßigkeit »hoch hergehen«. Man braucht dann solche Krisenlösungen auf Kosten grundsätzlicher, langfristiger Veränderungen.

Empfehlungen:
1. Zunächst noch einmal schauen, welches Symptom bekämpft werden sollte. Prüfen, wie haben sich die Lösungen ausgewirkt.
2. Funktionsübergreifende Teams bilden, die den Denk-Bezugsrahmen freilegen, der sich als eigentliche Problemursache erweist.

Ausbeutung der Gemeingüter

Die Gemeingüter in einer Organisation werden zunehmend beansprucht. Der Wert für jeden Nutzer nimmt aber immer mehr ab.

Gemeingüter gibt es in der Gesellschaft wie auch in Organisationen. Sie führen dazu, dass die Gesamtaktivität wächst, aber der wirkliche Output der einzelnen Aktivitäten sinkt.

> *Beispiel:* Die Ausbeutung der Gemeingüter fängt immer damit an, dass Einzelpersonen von der Nutzung einer gemeinsamen Ressource profitieren – zum Beispiel hat ohne Zweifel die Gesellschaft einen Nutzen von der Autobahn. Aber irgendwann ist ein Punkt erreicht, an dem der Grad der Aktivität die Kapazität des »Gemeingutes« übersteigt. Der Stau auf der Autobahn lässt den Verkehr zum Stillstand kommen und der Nutzen ist verschwunden. In vielen Fällen erscheint das Gemeingut zunächst unermesslich groß und unerschöpflich, aber es ist entweder nicht erneuerbar oder kann nur durch viel Zeit und Mühe wieder aufgefüllt werden.
> *Unternehmensbeispiel:* in einem Unternehmen griffen drei Vertriebsbereiche auf eine Support-Abteilung zu. Der Bereich A deklarierte seine Wünsche mit der Priorität A, um bevorzugt behandelt zu werden. Daraufhin deklarierten auch die Bereiche C und D ihre Anliegen mit A. Die Support-Abteilung wurde schließlich in ihrer Leistungsfähigkeit erschöpft.

Empfehlung:
1. Den kollektiven Preis des einzelnen Handelns deutlich machen.
2. Den Raubbau unterbinden.
3. Die gemeinsame Ressource auffüllen und ihre Beschränkungen aufheben.

4. Eine übergreifende »Gesetzgebung« für das gemeinsame Gut; man kann das Problem nicht allein lösen, weil der Einzelne nichts gegen den enormen Druck ausrichten kann, der auf eine weitere Erschöpfung der Ressource zielt.

> *Widersacher wider Willen*
>
> Die Leistung von zwei Parteien geht entweder zurück oder pendelt sich auf einem niedrigen Niveau ein, während Feindseligkeit oder Konkurrenz allmählich anwachsen.

Es gibt in der Organisationsentwicklung eine Geschichte für eine systemische Konstellation, bei der Gruppen von Menschen, die eigentlich partnerschaftlich zusammenarbeiten sollten und die sich diese Partnerschaft wünschten (oder dies zumindest behaupten) dennoch zunächst wie Gegner erschienen.

> Es gab einmal eine Form der Zusammenarbeit eines der größten Konsumgüterhersteller und des größten Einzelhandelsunternehmens der Welt. Procter & Gamble und Wal-Mart verfolgten beide das gleiche Ziel. Sie wollten gemeinsam Geschäfte machen und die Effektivität ihres Produktions-/Absatzsystems steigern. Mitte der Achtzigerjahre stellten beide fest, dass sich ihre Beziehungen verschlechtert hatten. Beide hatten den Eindruck, dass die andere Seite (wahrscheinlich absichtlich) eigennützig handelte und damit den anderen schädigte. Das hing zum Teil mit einem Verhaltensmuster zusammen, das sich seit etwa fünfzehn Jahren eingebürgert hatte. Hersteller (wie Procter) hatten in den Siebzigerjahren gelernt, mit aggressiven Marketingkampagnen und Preisnachlässen zu arbeiten, um ihren Marktanteil auszuweiten.
> Aber die Preiskampagnen führten zu zusätzlichen Kosten und Schwierigkeiten bei den Händlern (Wal-Mart). Sie kauften große Mengen des Produkts während der Niedrigpreisphase, und als die Kampagne vorbei war, verkauften sie zum regulären Preis weiter und verbesserten dadurch ihre Gewinnspanne. Dies riss natürlich tiefe Löcher in die Gewinne der Hersteller, weil der Händler eine wesentlich größere Produktmenge zu einem niedri-

geren Preis vom Hersteller bezog, als dieser beabsichtigt hatte. Noch schlimmer war, dass dieses Verhalten zu großen Schwankungen im Produktionsvolumen führte, was weitere Kosten verursachte, weil die Händler monatelang keine Produkte bestellten. Um bessere Ergebnisse zu erzielen, betrieben die Hersteller nun ihre Preiskampagnen noch stärker und machten die Händler für ihre Probleme verantwortlich, während die Händler ihre Lager noch weiter auffüllten und die Schuld auf die Hersteller schoben. (Strategie des »Mehr desselben»)
So ging es eine Zeit lang weiter. Solange beide Partner unabhängig voneinander handelten, berücksichtigten sie sehr aufmerksam ihre eigenen Bedürfnisse, aber nicht die des Partners. Die Lösung jedes Partners blockierte ungewollt den Erfolg der jeweils anderen Seite. Der eine Partner meint, dass er nur eine günstige Gelegenheit beim Schopf packte, aber der andere Partner hat das Gefühl, dass es sein Schopf ist, der hier gepackt wird, und mitsamt allem, was daran hängt, gebeutelt wird.
Später, als man merkte, was lief, war die erste Idee: Man muss den anderen davon überzeugen, dass die eigene Strategie der einzig richtige Wege ist, um bessere Ergebnisse zu erzielen. Die Partner hatten in diesem Stadium fast vergessen, warum sie ursprünglich zusammenarbeiten wollten. Beide waren in erster Linie darauf konzentriert, was der angebliche Partner getan hat, um die Zusammenarbeit zu behindern.
Im Fall von P&G und Wal-Mart kam die festgefahrene Situation in Bewegung, als sich beide Parteien an einen Tisch setzten und gezielt die Struktur erforschten, die sie gemeinsam geschaffen hatten. Als sie einmal am selben Tisch saßen, entdeckten sie, dass die Strategie des Partners von seinem Standpunkt aus völlig rational und einleuchtend war. Nachdem sie das einmal erkannt hatten, konnten sie anfangen, an einer neuen, gemeinsamen Strategie zu arbeiten. Beispielsweise verzichtete P&G auf das Marketinginstrument der Preiskampagne. Man setzte einen Dauerniedrigpreis fest. Wal-Mart brauchte sich nicht mehr strategisch einzudecken.
Die Gespräche erwiesen sich als wichtiger erster Schritt auf dem Weg zu einer gemeinsamen Vision und einem festen Bündnis. (Quelle: Kemeny, 1997, 168f.)

Das Kleingedruckte dazu: Wie jede Geschichte hat auch diese mehrere Dimensionen. Welche einem selbst am ehesten auffällt, sagt auch etwas über das eigene momentane innere Bild von Organisationsthemen aus. *In der Praxis finden Sie auch die verschiedensten Interpretationen für die Geschichte. Also prüfen Sie selbst Ihre Hypothese.* Einige mögliche Dimensionen und damit verbundene Hypothesen:

- Eine Seite war schuld. (Die Lagerhypothese)
- Eine Person muss doch Schuld gewesen sein. Die gilt es zu entlarven und aus dem Verkehr zu ziehen. (Die Person-Hypothese)
- In solchen Fällen kann man nichts machen. (Die Pessimismus-Hypothese)
- Jeder meint es immer gut, aber was kommt dabei heraus. (Die Motiv-Hypothese)
- Zunächst liegen immer Lösungen erster Ordnung nahe. (Mehr desselben wie vorher oder weniger desselben) (Die Macher-Hypothese)
- Dies geht aber nicht von einem auf den anderen Tag. (Die Zeit-Hypothese)
- Sogar großen Konzernen passiert das. (Die Erleichterungs-Hypothese)

Empfehlungen:

1. Nicht auf eine gut gemeinte Lösung nur für den eigenen Bereich drängen
2. verstehen lernen, was die Bedürfnisse des Partners sind, wie diesen Bedürfnissen unbewusst entgegengewirkt wird und wie eine gegenseitige Unterstützung aussehen kann.

> *Dilemma-Zirkel*
>
> In diesem Muster gibt es nur schlechte Lösungsalternativen. Egal, was man macht, man wählt eine verhängnisvolle Lösung.

In einem Unternehmen hatte man die Wahl: Entweder man geht mit einem neuen Produkt ein hohes Risiko und verschuldet sich mit einer Investition oder man läuft ohne das Produkt Gefahr, ganz vom Markt zu verschwinden.

Die Entwicklung dieser Systemdynamik geht auf Gedanken von Bernd Schmid zurück, der die Dilemma-Dynamik in der Entwicklung von Einzelpersonen feststellte (Schmid, 1984). In Systemen lassen sie sich in gleicher Weise finden. Oft sind die Alternativen, die im Dilemma-Zirkel eine Rolle spielen, in einer früheren anderen Situation entstanden. Der alte Bezugsrahmen wird aber beibehalten. Die Veränderung der Umfeldbedingungen werden vom Unternehmen oft nicht bemerkt. Das Alte wird einfach übertragen. Das Besondere beim Dilemma ist, dass eine echte Lösung gefühlsmäßig mit einer Phase der Verzweiflung verbunden ist. Dieses Gefühl ist gerade für viele Manager nur schwer zu ertragen. Diese Phase, die oft für ein Freiwerden für Lösungen notwendig ist, wird mit allen Mitteln zu vermeiden gesucht.

Empfehlungen:
1. Den Bezugsrahmen, das Denkmodell verändern.
2. Sich von der Vorstellung lösen, dass man bei verantwortlichem Handeln keinen Preis bezahlen muss.

Kommunikationsdynamiken

Neben den Problemlösedynamiken zeichnen sich Organisationssysteme auch durch bestimmte Kommunikationsdynamiken aus. Das sind dynamische Muster der Kommunikation, die den Erfolg bestimmter Kommunikationsinhalte bestimmen. Bernd Schmid hat Muster der Kommunikationsdynamik beschrieben.

In vielen Organisationen existieren so genannte »Treibsand-Kommunikationen« und »fiktive Systeme«. In den *Treibsand-Kommunikationssystemen* ist der typische Hergang, dass Informationen über kurz oder lang keine Relevanz mehr haben. Man erinnert sich nicht mehr daran. Eine neue Idee wird scheinbar interessiert aufgenommen. Aber die Information, die Idee, das Projekt oder die Vereinbarung versinken im Treibsand der Kommunikation. Es findet ein Abwertungsprozess statt, der auf der Existenz- oder der Bedeutungsebene Informationen abwertet. Oder man gibt ihr keine Bedeutung mehr. Anders ist dann doch wichtiger. Es kommt zwar zu Vereinbarungen, an die man sich aber im Nachhinein nicht mehr erinnert. Die emotionale Dynamik geht hier in Richtung des Vergessens und Vermeidens.

In *fiktiven Systemen* geschieht etwas anderes. Dort wird sehr intensiv, sogar begeistert über Vorgehensweisen und Lösungen nachgedacht und gemeinsam konzipiert. Das System bleibt aber immer auf der fiktiven Ebene. Es kommt nicht zu einer gemeinsamen Realisierungshandlung. Hier entsteht der Sprung, sobald Vereinbarungen getroffen werden sollen. Dann gibt es plötzlich genügend Gründe, eine Fortsetzung der Diskussion zu erreichen. Die emotionale Dynamik ist: Gut gedacht ist schon gewonnen. Handeln birgt zu viele Risiken. Also machen wir nichts.

An den Beispielen wird eines deutlich: Irgendjemand muss einen festen Punkt definieren, ein Kriterium oder eine Norm, von der aus auf ein System geschaut wird. Gemeinsam ist diesen Beispielen, dass bestimmte Aspekte, die für eine Lösung günstig wären, ausgeblendet werden, verdrängt werden, mutwillig oder fahrlässig außer Acht gelassen werden.

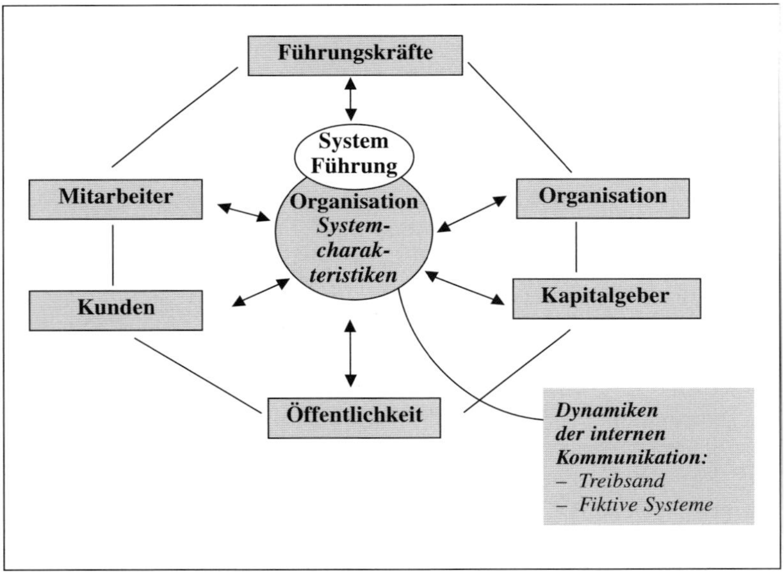

Abbildung 19: Kommunikationsdynamiken

Erfolgsdynamiken

Erfolgsdynamiken beschreiben die Art und Weise, wie eine Organisation mit dem Erfolgsfall umgeht. Insbesondere sind dabei die Dynamiken zu betrachten, die den Erfolgsfall oder die Wertung eines Ergebnisses als Erfolg verhindern. Eric Berne hat so genannte Skriptprozessmuster beschrieben. Dies sind Muster, die gute Beschreibungskategorien für Systemdynamiken in Organisationen geben:

- Erst-wenn-Dynamik,
- Beinahe-Dynamik,
- Nie-Dynamik,
- Immer-Dynamik,
- Danach-Dynamik,
- Open-end-Dynamik.

Die Überschriften beschreiben, wie das Organisationssystem sich gegenüber einer erfolgreichen Vollendung von Vorhaben verhält.

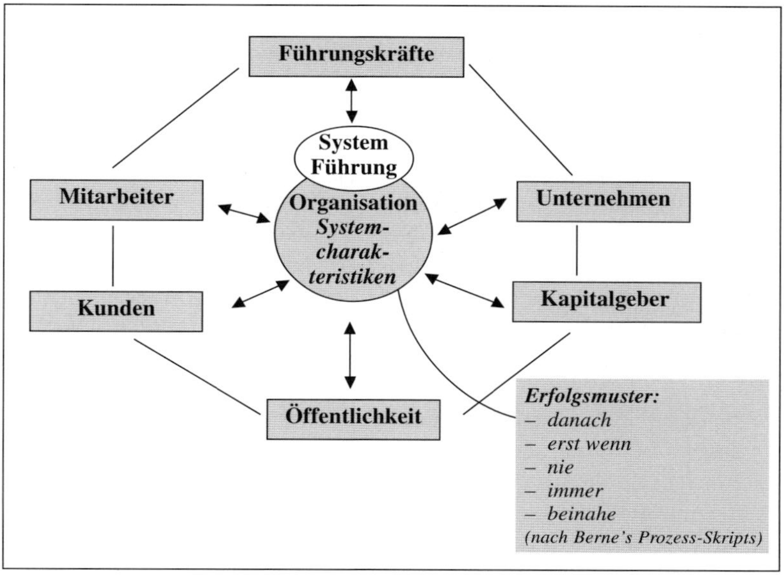

Abbildung 20: Erfolgsdynamiken

Systeme stellen diese Muster her. Das gemeinsame Zusammenwirken der Systemmitglieder produziert oft einen Nicht-Erfolg oder einen Misserfolg. Der Auftrag wird beispielsweise nicht bis zum vereinbarten Zeitpunkt für den Kunden fertig, weil im letzten Moment noch ein Fehler produziert wird. Oder es wird systemisch mit langer Planung ein regelrechter Fehlschlag produziert, weil man unflexibel ist. Was einmal angefangen wurde, kann nicht mehr zurück. Die Personen, die die Fehler machen, wechseln.

Man investiert und qualifiziert Leute in der Organisation, um sie irgendwann einmal einzusetzen, wenn man sie an einer Stelle braucht, setzt sie dann aber doch nicht ein und baut so eine neue Qualifikation auf, die dann ab einem fiktiven Zeitpunkt in der Zukunft eingesetzt werden soll (*Erst-wenn-Dynamik*). In der Erst-wenn-Dynamik gibt es keine Erfolgsfeiern. Es muss immer noch etwas Zusätzliches sein. Wenn eine Sache erreicht ist, kommt eine neue Hürde, die erst noch erreicht werden muss. *Beinahe-Dynamiken* finden sich Organisationen, in denen man kurz vor dem Erfolg abbricht. Es wird sehr viel Geld in eine Produktentwicklung investiert, dann wird sie doch nicht realisiert und ein anderer macht das Rennen.

Eine Entscheidung für eine neue Vertriebsstruktur steht an. Man setzt allerdings nicht zunächst eine Pilotmaßnahme ein, sondern bereitet solange die Sache bis ins letzte Detail vor, damit sie für die Ewigkeit bestehen kann (*Immer-Dynamik*).

Die *Danach-Dynamik* existiert in einer Organisation, wenn man, ohne beispielsweise veränderte Umweltbedingungen zu beachten, einfach vor sich hin wirtschaftet, aber im sicheren Bewusstsein, dass es irgendwann den großen Knall geben wird. Man lässt es sich gut gehen, obwohl man weiß, das eigentlich Anstrengungen erforderlich wären, um der Realität der Marktanforderungen gerecht zu werden. Und alle wissen, dass das Damokles-Schwert über ihnen schwebt.

In einem großen Unternehmen gab es eine stille Allianz zwischen der Unternehmensleitung, den Mitarbeitern und dem Betriebsrat, die Impulse von außerhalb des System, von der Konkurrenz und den Kunden, zu vernachlässigen. Man hatte sehr hohe Finanzanlagen, von denen man eine Zeit lang zehren konnte. Man erkannte schon die Zeichen der Zeit, dass Kosten sparen angesagt war. Aber dies löste man so, dass freiwerdende Stellen nur noch von innen besetzt wurden und keine Leute mehr vom Markt genommen wurden.

Open end ist in einer Zeit, in der sehr viele Unternehmen von einer Generation zu einer anderen übergeben werden, ein interessantes Muster. Oft weiß die vorherige Generation gar nicht mehr so genau, was zu tun wäre. Man hat keine Ideen. Der Zenit der Schöpfungskraft ist überschritten, aber man traut auch der nächsten Generation nichts zu. Oft werden Unternehmen in dieser Phase an die Konkurrenz verkauft und danach stillgelegt. Open end bedeutet, dass kein Thema, keine Ideen und damit keine Entwicklungsrichtung aus dem Unternehmen selber mehr vorhanden ist. Dies tritt häufiger bei überalterter Unternehmensleitung auf.

Für ein Unternehmen ist es eine wichtige Aufgabe, seine Systemdynamiken zu erkennen. Es gilt, die Dynamiken einer Organisation zu beachten. Sie sind nicht festgeschrieben, sondern bilden Einschränkungen für die Organisationsentwicklung. Auch hier gibt es keine Standardrezepte.

Wenn ein solches Phänomen entdeckt wird, stellen sich wieder verschiedene Fragen:

- Die erste ist die nach der Attribution, der Zuschreibung der Ursachen: Worauf wird eine bestimmte Entwicklung zurückgeführt? Systemdynamiken zu betrachten ist für Menschen ungewohnt. Der fundamentale Attributionsfehler (siehe Kap. 4.8.) hält davon ab. Gewohnheitsmuster stören hier oft eine unvoreingenommene Sicht. Beispielsweise sind viele Menschen daran gewöhnt, als Ursache für Entwicklungen einzelne Personen zu sehen.
- Die zweite ist die nach der Fokussierung. Welcher Aspekt wird betrachtet? Schaut man auf den Einzelnen, auf Beziehungen oder auf das Gesamtsystem? Welche Hypothesen werden für eine Entwicklung aufgestellt? Was kann einem System gut tun?

2.4. Führungsleitlinien: Ein Leitimpuls für alle Führungssysteme

Dass in der Führungsmannschaft endlich alle an einem Strang ziehen, ist ein Wunschtraum vieler Vorstände und Geschäftsführer. Gerade in angespannten Wirtschaftszeiten, in denen sich ein Management bewähren kann, sind dazu taugliche Instrumente gefragt. Die Führungskräfte sollen sich im Unternehmen orientieren können. Auf dem Plan interner Unternehmensstrategie steht dabei derzeit indirekte Beeinflussung des Leistungsverhalten der Menschen. Identifizierung mit dem Unternehmen ist das Ziel: Selbstständig handeln aber gleichzeitig im Interesse des Unternehmens. Oft ist die Charakterisierung des eigenen Unternehmens in einer niedergeschriebenen *Corporate Identity* der erste Schritt. Sich in Führungsdingen eine Identität zu geben, soll diesen Weg komplett machen. In Leitlinien oder Grundsätzen werden die unveränderlichen Kennzeichen der gewünschten Identität festgelegt. Das Ziel ist immer das Gleiche: Führungskräfte und Mitarbeiter sollen ein Leitsystem für ihr Zusammenwirken bekommen.

Die veränderte Führungsrolle

Führungsgrundsätze beschreiben die Führungsbeziehungen zwischen Vorgesetzten und Mitarbeitern. Neu ist die Sache nicht. Die Firma Krupp hat bereits 1872 ein »Generalregulativ« zur Führung erlassen. In den siebziger Jahren dieses Jahrhunderts wurde die Sache dann richtig modern. Insbesondere die Stichworte Delegation, Information, Motivation und Kontrolle fanden sich in allen internen Firmengrundsätzen zur Führung. Bei vielen stand allerdings eine antiquierte Delegationsidee Pate. Die war mehr von der Grundauffassung getragen, dass die Führungskraft Dinge abgibt, weil sie muss. Eigentlich wäre sie der beste Mitarbeiter in allem. Sie kann aber nicht alles selbst erledigen, ihr bleibt nur die Kontrolle. Das Misstrauen dem Mitarbeiter gegenüber war noch spürbar. Es war ein autoritäres Führungsmodell.

Neuere Führungsmodelle betonen den Partizipationsgedanken. Hier werden Mitarbeiter grundsätzlich für voll genommen. Damit geht aber eine Rollenveränderung für Vorgesetzte einher. Führungskraft zu sein ist keine Statusweihe mehr, sondern die Übertragung der Aufgabe, Mitarbeiter bei der Erfüllung ihrer Aufgabe zu unterstützen. Dies setzt Professionalität im Führen und Einsatz adäquater Führungstechniken voraus. Die Führungskraft trifft dabei außerdem auf ein verändertes Wertegefüge der Mitarbeiter. In der Hochkonjunktur der achtziger Jahre haben sich einige Werte verändert. Identifizierung mit dem Inhalt der Arbeit und der Drang nach Selbstverwirklichung rückten in den Vordergrund. Zwar muss sich erst noch zeigen, ob dies nur eine Modeerscheinung ist oder ob das neue Wertegefüge auch konjunkturelle Talfahrten überleben kann. Momentan ist diese Orientierung jedoch vorhanden und Führungsinstrumente können daran nicht vorbei.

Ziele und Formen

Die Wirtschaftsprofessoren Wunderer und Klimecki haben Führungsgrundsätze untersucht. Er stellte fest, dass die Grundsätze in den meisten Fällen das Ziel haben, die Führungs- und Kollegenbeziehungen kooperativ zu regeln. Das Verhalten der Beteiligten stand überall im Mittelpunkt der Beschreibung. Zwei Ambitionen verbargen sich hinter der Idee der Führungsgrundsätze. Zum einen zeigte sich deutlich der Versuch, Einflussbeziehungen von Vorgesetzten zu legitimieren. Andererseits wollten viele Unternehmen mit Hilfe von Leitlinien ihre Führungsbeziehungen professionalisieren.

Ein weiteres Ergebnis war, dass sich sehr deutlich *zwei Typen von Führungsgrundsätzen* unterscheiden ließen: einmal die Form kurzer einprägsamer Texte mit hohem Appellcharakter und prägnanten Aussagen. Diese sind zum Teil sehr verhaltensnah formuliert. »Leistungen erkennen wir oft an. Positive Kritik ist die Erwartung an zukünftiges Verhalten.« Auf der anderen Seite steht ein zweiter Typus. Er besteht aus umfangreichen Rechte- und Pflichtenheften für Vorgesetzte und Mitarbeiter. Zum Beispiel galt in einen großem Industrieunternehmen: »Der Vorgesetzte überprüft, ob die Arbeit zielgerichtet mit der erforderlichen Intensität termin- und kostengerecht durchgeführt wird und die entsprechenden Vorschriften und Richtlinien eingehalten werden.« Damit wird schon ein anderer Ton angeschlagen.

Manche bestimmen sogar ausführlich wissenschaftlich, was Arbeit ist. Diese Form versucht mit bürokratischer Präzision Wege zur kooperativen Führung aufzuzeigen. Welches Bild über die Fähigkeiten von Führungskräften hindurchscheint, wenn ihnen nahezu jeder Schritt ihres Handelns vorgeschrieben wird, machen sich die Autoren solcher Mammutwerke nicht deutlich. Inzwischen hat man einiges dazugelernt. Vor allem weiß man mehr darüber, wie man schriftliche Leitbilder in Firmen zu mehr Geltung bringt als früher. Führungsleitlinien passen sich der veränderten Zeit an.

Akzeptanz und Wirkung

Führungsgrundsätze stoßen nach Wunderers Ergebnissen allgemein auf hohe Akzeptanz. Dies ist unabhängig von der Interessengruppenzugehörigkeit. Auch bei Betriebsräten werden Führungsgrundsätze akzeptiert. Dies ist auch kein Wunder, da für den Betriebsrat eine Festschreibung der Art der Beziehung zwischen Vorgesetzten und Mitarbeitern in Konfliktsituationen eine gute Berufungsgrundlage sein kann. Von der allgemeinen Akzeptanz hebt sich deutlich die in der Regel sehr schmale Erarbeitungsgrundlage ab. Sie beschränkt sich meist auf die Geschäftsleitung, einige Fachabteilungsleiter und den Personalleiter.

Fast generell zeigte sich ein Widerspruch: Einerseits sollen Führungsgrundsätze verbindlich sein. Andererseits wird die Form der Verbindlichkeit sehr weich gewählt. In der Regel werden weder eine Institution noch Maßnahmen eingerichtet, die die Einhaltung der Führungsgrundsätze sichern. Man scheint eher auf eine selbst organisierte Kontrolle zu hoffen.

Für die Fassungen der siebziger und achtziger Jahre gilt, dass ihre Wirksamkeit bedeutend geringer erlebt wurde als von den Initiatoren erwartet. Die gewünschte Vereinheitlichung der Führungskultur und die Professionalisierung wurden nicht im erhofften Maße sichtbar. Daraus kann man schließen, dass entweder die Wirkung zu schwach war oder dass die Erwartungen zu hoch waren. Beide Richtungen werden wohl einen Teil erklären. Aber insbesondere die Gestaltung und Implementierung der Führungsleitlinien sind für die Wirkung entscheidend. Denn heute ist man ein Stück weiter, was die Erfolgsbedingungen von »weichen« Organisationsentwicklungsmaßnahmen anbelangt. Und zu dieser Kategorie zählen Führungsleitlinien. Sie versuchen die Führungskultur innerhalb der Unternehmenskultur zu verändern.

Eine Pflicht der Unternehmensleitung

Welche Punkte sollte ein Unternehmen bei der Erstellung von Führungsleitlinien beachten? Hat das Unternehmen sich ein Unternehmensleitbild in einer Corporate Identity (C.I.) gegeben, sollten die Führungsleitlinien direkt darauf bezogen werden. Damit die Interpretation der C.I. firmenauthentisch ist, kommt eine weitere Bedingung hinzu.

Die Unternehmensleitung muss den Prozess der Führungsleitlinien initiieren. Sie sollte Eckdaten vorgeben, beispielsweise fünf Merkmale, die Führungskräfte in der Firma haben sollten. Da steht dann drin, dass eine Führungskraft des eigenen Hauses sich durch bestimmte Merkmale auszeichnet. Ein breites Spektrum von Möglichkeiten tut sich auf. Dies kann von klassischen Eigenschaften wie Durchsetzungsvermögen oder Motivationskraft bis hin zu heute diskutierten Anforderungen wie der Fähigkeit, mit Komplexität angemessen umzugehen oder der Fähigkeit, Zukunftsszenarien vorausdenken zu können, reichen. Je nach Branchenkultur und Unternehmensidentität wird hier ein unterschiedliches Spektrum in Frage kommen. Ein externer Moderator kann den konkreten Findungsprozess dieser Eckdaten fördern. Dieser Einstieg erhöht die Wahrscheinlichkeit, dass die Unternehmensleitung selbst die Themen für zentral hält und leben kann, sonst tragen sie nicht zu einer Firmenidentität bei. Der weitere Weg der Leitlinienermittlung sollte den Raum der Eckdaten nicht verlassen. Weitere Vorteile der Eckdaten sind: Sie können gleichzeitig Grundlage des Beurteilungssystems, für Beförderungen und Einstellungen sein. Für die Führungsleitlinien behebt man außerdem ein Manko, das neunzig Prozent der vorliegenden Systeme beinhalten. Ihnen fehlt die Definition, wer und was eine Führungskraft im Unternehmen ist.

Es gibt unterschiedliche Wege, von den Merkmalen der Führungskräfte zu Führungsleitlinien zu kommen. Der erste ist die Entwicklung der Leitlinien durch die Führungspraktiker in einem Unternehmen. In den einzelnen Unternehmensteilen erarbeiten sie in Arbeitskreisen ihre spezielle Führungsphilosophie. Dies wird für das gesamte Unternehmen zusammengetragen. Die essenziellen Punkte aus allen Entwürfen bilden das Gerüst der neuen Grundsätze. Der zweite Weg ist der Spezialistenweg. Experten aus Personal, Bildungswesen und manchmal Marketing setzen sich zusammen und entwickeln Führungsgrundsätze. Aber auch wenn der Expertenweg eingeschlagen wird, sollten möglichst viele Unternehmensmitglieder den Leitlinienentwurf auf Praktikabilität prüfen. An konkreten Fällen der Praxis sollte geprüft werden: Geben die geplanten Leitlinien im Firmenalltag Orientierung und Lösungen oder nicht?

Identitätsinhalte – Nicht zu nah und nicht zu weit

Über die Inhalte ist damit bisher nichts ausgesagt. Es wäre vielleicht schön, wenn moderne Entwicklungstrends eingearbeitet sind. Dafür bieten erfahrungsgemäß die Spezialisten aus Bildungs- und PR-Abteilungen eher die Gewähr als die alten Führungshasen. Vorrang hat allerdings, dass die Geschäftsführung dazu steht und Leitlinien selbst lebt. Wenn dies in autoritären oder patriarchalischen Mustern geschieht, müsste man dies theoretisch in die Leitlinien schreiben. Das geschieht natürlich in der Praxis nicht. Aber sind Führungsleitlinien nur ein schmuckes Mäntelchen und darunter befindet sich ein völliges anderes Bild, sollte man sie lieber lassen. Mitarbeiter haben ein feines Gespür und nichts ist so schädlich für die Motivation in einer Firma wie offizielle Unehrlichkeit. In einigen Leitlinien geht man auch über die Führungsbeziehung hinaus und bringt Anregungen für die Organisationsebene.

> So verlangt ein großer Nahrungsmittelhersteller in seinen Führungsgrundsätzen schon zu Beginn der Achtzigerjahre: »Voraussetzung für eine wirksame Delegation von Aufgaben ist eine Organisation mit möglichst wenig hierarchischen Ebenen.«

Lean management ist also in Führungsleitlinien nicht neu. Leitlinien der Führung müssen die vorhandenen Trends in einem Unternehmen respektieren. Es ist wie mit der Corporate Identity. Weicht sie zu sehr von der gelebten Unternehmenskultur ab, erzeugt sie eher destruktive Spannung als dass sie zu positiver Entwicklung motiviert. Führungsleitlinien sollten nicht zu weit von der realen Führungskultur entfernt sein. Sonst klingen sie als Leitbild unrealistisch. Sie sollen andererseits aber auch konkrete Entwicklungsaufgaben der Führung im Unternehmen ansprechen.

Ist eine Unternehmensleitung dazu bereit, Führungsleitlinien in einem guten Prozess zu formulieren und zu leben, dann besitzt ein Unternehmen ein wirksameres Führungsinstrument als es Schulungsoffensiven zu irgendwelchen modischen Führungsstilen schaffen können. Führung bleibt nicht das Steckenpferd ambitionierter Bildungsabteilungen, die von Berufswegen immer etwas forscher und progressiver sein dürfen als andere. Führungsleitlinien sind wirksam, wenn sie in der praktischen Führungsarbeit weiterleben. Aber allein ihr Vorhandensein erzielt schon Wirkung. Sind sie in ein Unternehmen in einem guten Prozess eingeführt, dann haben sie eine gute Geschichte. Dies ist eine Basis für entsprechende Wirksamkeit.

Besser fragen als anordnen

Neuere Führungsleitlinien berücksichtigen in der Formulierung, dass die Zeiten der direkten Instruktionen vorbei sind. Führungsleitlinien sollten Fragen stellen. Die Führungskräfte sollten animiert werden, die Antworten zu geben, sich zu ver-»antworten«. Insofern bleiben Leitbilder lebendig. Dies tun sie, wenn sie auch aktuelle Erfordernisse des Unternehmens berücksichtigen und regelmäßig gepflegt und ergänzt werden.

> Ein großes Industrieunternehmen lässt seine Führungskräfte sich selbst fragen: »Gehört gegenseitige Verlässlichkeit zu Ihren Zielen? Wie gewinnen und behalten Sie das Vertrauen Ihrer Mitarbeiter? Gibt es zwischen Ihnen und Ihren Mitarbeitern regelmäßiges Feed-back?«

Führungsleitlinien oder -grundsätzen sollte es gelingen, an die Bilder, die Menschen vom Führen haben, anzuknüpfen. Sie sind effizient, wenn es gelingt, die für ein Unternehmen relevanten Fragen nach Beziehungsmustern zwischen Führenden und Geführten zu stellen. Wie halten sie es mit der gegenseitigen Akzeptanz? Wie ist es mit der eigenen Entwicklung? Wird Verantwortung entsprechend Macht und Können verteilt?

Führungsidentität entwickeln

Will man Identität verändern, lässt man sich auf einen längeren Prozess der Identitätsbildung ein. Identität besteht aus überdauernden Merkmalen. Die müssen aber erst durch stetiges Handeln belegt werden. Denn jeder Firmenangehörige bringt eine Vorstellung zur Führungsidentität mit. Führung ist eine der seltsamsten Funktionen, die es in Unternehmen gibt. Jeder hat davon seine eigenen Bilder. Diese sind mehr von eigener persönlicher Erfahrung geprägt als von allgemeiner. Denn jeder hat schon Erfahrung mit Menschenführung, als Kind, als Schüler, vielleicht als Vater oder als Ehepartner, bevor er ins Unternehmen kommt. Entsprechend führt man und lässt sich führen. Diese Muster sind unbewusst und relativ rigide. Man kann den Führungskräften Menschenführung nicht verschreiben. Die Patriarchen in Firmen haben zwar ausgedient, das Bild der Führungsbeziehung als einer Eltern – Kind oder Lehrer – Schüler – Beziehung ist geblieben. Führungsväter und Mitarbeiterkinder prägen die unbewusste Vorstellung der Beteiligten.

Früher ging man davon aus, dass eine neue Führungsphilosophie in einer Schulungsoffensive allen Führungskräften beigebracht wird. Darin war aber entweder schon die Abwertung enthalten, dass die Führungskräfte eine schlüssige Konzeption nicht so ohne weiteres begreifen, sondern dass sie Ihnen beigebracht werden muss. Oder die Leitlinien waren in sich unverständlich. Heute müssen zu dem Zeitpunkt, zu dem sie eingeführt werden, schon viele Führungskräfte und Mitarbeiter damit vertraut sind. Zur Einführung empfehlen sich Workshops, die einzelne Ausschnitte aus dem Leitbild behandeln. Günstig sind dabei Themen, die aktuelle Brisanz haben. Dies bietet die Gelegenheit, Jahr für Jahr die interessierenden Aspekte auf die Tagesordnung zu stellen und zu vertiefen. Es entsteht ein lebendiger Entwicklungsprozess im Unternehmen.

Die neuen Führungsgrundsätze streben nicht mehr an, eine Führungsverfassung für Firmen zu sein. Unternehmen sind keine Maschinen sondern lebende Systeme. Führungsleitlinien können zu einem lebendigen Werkzeug der inneren Unternehmensstrategie werden.

Checkliste für Führungsgrundsätze

1. Sind sie auf breiter Basis mit Führungskräften und Mitarbeitern entwickelt oder nur von Spezialisten?
2. Regeln sie Delegation oder Partizipation?
3. Ist die Unternehmensleitung bereit, sie wirklich zu leben?
4. Sind die relevanten Gruppen des Unternehmens bei der Erarbeitung beteiligt gewesen?
5. Sind die Leitlinien lebendig und auf Entwicklung angelegt oder ein für alle Mal festgeschrieben?
6. Regen sie an, Verantwortung zu übernehmen, initiativ zu sein?
7. Sind sie jedem Mitarbeiter zugänglich und erklärbar?

Systemisch führen bedeutet die Vernetztheit der Aktivitäten des Unternehmens zu akzeptieren. Es heißt weiterhin, von der Selbstorganisation aller Systeme auszugehen. In jeder Organisationseinheit eines Unternehmens konstruieren sich die Mitglieder eine gemeinsame Wirklichkeit, wie sie die Dinge sehen und an ihre Arbeit herangehen. Diese Komplexität gilt es heute zu akzeptieren. Systemqualifikation findet dann statt, wenn durch eine Intervention in den Unternehmensalltag möglichst viele Mitglieder angesprochen werden.

Führungsleitlinien geben Orientierungsdaten für alle Führungssysteme und Mitglieder eines Unternehmens. Insofern können sie einen systemischen Effekt haben. Früher sollten Führungsleitlinien eine Normenstruktur für das Unternehmen vorgeben: einen Katalog von Verhaltensregeln für die Unternehmensmitglieder. Führung ist allerdings etwas sehr Individuelles. Die Art, wie jemand führt, spiegelt die Persönlichkeit und die gelernten Professionsrollen eines Menschen wieder. Hat ein Mensch beispielsweise eine eher ordnungsorientierte, vielleicht sogar leicht zwanghafte Struktur, wird er anders führen als jemand, der ständig Veränderungen in seinem Verfügungsbereich anstrebt. Dazu kommen die Perspektiven, die gelernte Professionsrollen mit sich bringen. Ein Jurist lernt in anderen kognitiven Schemata denken als ein Börsenhändler. Führungsleitlinien schaffen im positiven Fall eine Überprüfung der gewohnten kognitiven Schemata. Sie geben einen Orientierungsrahmen für alle Führungskräfte in einem Unternehmen.

2.5. Feed-back für Führungskräfte

Feed-back als Entwicklungsmotor im Unternehmen

Führungskräfte klagen häufig, dass sie gar nicht wissen, wie ihre Mitarbeiter sie einschätzen. Gute Führungskräfte fragen ihre Mitarbeiter, wie sie die Zusammenarbeit mit ihnen sehen. Durch die Rückmeldung erhält die Führungskraft wichtige Informationen über ihr Verhalten. Feedback ist ein Entwicklungsmotor. Durch das Entstehen neuer Information im Feed-back-Prozess bewegen sich die Mitglieder einer Organisation. Information wurde von Gregory Bateson einmal definiert als ein Unterschied, der einen Unterschied macht. Feed-back erzeugt diesen relevanten Unterschied.

Feed-back der Mitarbeiter an die Führungskraft ist ein einfacher Kommunikationsprozess. Kommunikation über die Einschätzung der Arbeit des Gegenübers ist immer vorhanden. Wir können nicht »nicht kommunizieren«. Also findet Kommunikation im menschlichen Zusammensein ohnehin statt. Nur wissen wir heute, dass der wesentliche Anteil der Kommunikation im Empfänger einer Botschaft passiert. Wenn der nicht offen ist für eine Information, dann kann er sehr viel Energie dafür verwenden, dass die Botschaft bei ihm nicht ankommt.

Die Gründe dafür sind vielfältig. Führungskraft zu werden ist oft nicht die bewusste Entscheidung für einen intensiven Beziehungsprozess mit laufendem Feed-back. Auf der bewussten Ebene entscheiden sich die Menschen hier eher für mehr Status, mehr Macht oder mehr Geld. Dass beim Eintritt in die Führungsrolle in einer Organisation ein neuer Beruf beginnt, machen sich nur wenige klar. Genau hier ist für eine Führungskraft ein Bewusstmachen der Grundsatzentscheidung wichtig. Der Führende begibt sich in eine wesentliche Steuerungsrolle in einem sozialen System. Führen ist ein eigener Beruf. Wer ihn ausübt, hat dann in der Regel zwei Berufe. Ist dieses Faktum klar, kann der Einzelne sich auf die Notwendigkeiten und die Chancen dieser neuen Profession einlassen. Dazu gehört das regelmäßige Einladen des Feedbacks der Mitarbeiter.

Wege zum Feed-back

Generell stellt sich die Frage, ob ein Unternehmen einen solchen Feedback-Prozess formalisieren soll. Man institutionalisiert dann etwas, dass diejenigen, die ihre Arbeit gut machen, sowieso schon realisieren. Ein Grundfaktum der Leistungsmotivationsforschung ist, dass es Leute demotiviert, wenn sie etwas angewiesen bekommen, was sie bereits freiwillig initiiert haben.

Nach langen Jahren Erfahrung mit Beurteilungssystemen in Unternehmen ist außerdem die Vorstellung enttrübt, dass es ein objektives Beurteilen gibt. Beurteilung ist ein Produkt der Beziehung der Persönlichkeitsstrukturen von Führungskraft und Mitarbeiter zueinander. Am günstigsten wäre es, wenn man Leistungsfeed-back, das die Führungskraft von ihrem Mitarbeiter bekommt, nicht zu institutionalisieren brauchte. Menschen, die ihren Beruf Führungskraft Ernst nehmen, sorgen ohnehin für ein Feed-back. Dennoch gibt es einige Aspekte, die die Frage nach Feed-back in der Praxis hinausschieben oder verhindern. Zwar erscheint bei gravierendem Feed-back dies sowieso entweder in den Zahlen oder im Klima einer Organisationseinheit. Aber dann ist es in der Regel schon zu spät, weil die Beziehungsstrukturen schon rigide geworden sind. Jedoch kann die Persönlichkeitsstruktur einer Führungskraft zu einem Verzögern von Feed-back führen. Für manche Menschen wird Feed-back als eine große Bedrohung ihrer Persönlichkeit empfunden. Dies kann sehr unterschiedliche Ursachen haben. Es kann in einer Erwartung, sowieso nur Negatives zu hören, begründet sein. In diesen Fällen ist ein Feed-back für die Führungskraft oft ein sehr angenehmes Erlebnis.

In manchen Fällen haben Führungskräfte auch eine ganz realistische Erwartung, ein hartes Feed-back zu bekommen, da sie sehr wohl spüren, wie die Mitarbeiter über sie denken. Die Führungskräfte entwickeln starke Angst. Realistisch ist allerdings, dass nur das zu Tage kommt, was in der täglichen Praxis der Aufgabenerfüllung sowieso schon wirksam ist. Denn die Einstellung der Mitarbeiter gegenüber dem Führungsverhalten ihres Vorgesetzen hat unmittelbare Auswirkungen auf die Leistung. Diese sind oft nicht einfach zu messen, da die Verluste eher schleichend entstehen. Es gibt aus Sicht der Führungskraft hier in der Regel auch genügend äußere Gründe, die vom eigentlichen Dilemma der unzureichenden Führungsbeziehung ablenken. Der Weg aus dieser Problematik heraus ist die transparente Behandlung der Führungsbeziehung. Eine Möglichkeit wäre, wenn Führungskräfte gemeinsam mit ihren Mitarbeitern und einem Berater die Dimensionen entwickeln, die für ihre Zusammenarbeit wichtig sind.

In der Praxis erleben es viele Führungskräfte als hilfreich, wenn sie ein Instrument zur Hand haben, das Anregungen für Fragen im Feed-back-Gespräch liefert. Es stellt sich die Frage, ob es sich hierbei um ein Anliegen handelt, das die Führungskraft von ihrer Profession her eigentlich selbst lösen müsste. Für viele trifft dies bestimmt zu. Andererseits gibt es auch Menschen, die von ihren kognitiven Prozessen her dann sehr gut arbeiten, wenn sie Anregungen bekommen. Dies kann in einem gut entwickelten abstrakten Denkvermögen mit entsprechendem Konkretisierungsdefizit begründet liegen. Auch das Gegenteil kann hier zutreffen. Einem guten konkreten Denker mit vielen Beispielen fehlt die Fähigkeit konzeptionell und abstrakt zu denken. Beiden Typen der

Informationsverarbeitung, den abstrakten und den konkreten Denkern, helfen Anregungen. Anregungen sind keine Gesetzesvorschriften. Unternehmen sollten hier Unterstützung geben und keine starren Systeme zimmern. Das bedeutet, dass Unternehmenskulturen mit einem Hang zur Bürokratie hier besonders vorsichtig sein müssen. Sie sollten allenfalls Beispiele vorgeben.

Konkretisieren von Feed-back-Systemen

Es gibt für Feed-back-Systeme einige Wege, wie man vorgehen kann. Manche sind im Rahmen von Beurteilungssystemen installiert. So existieren verschiedene Fragebogen dazu. Manche Feed-back-Systeme nehmen die *Perspektive der Sicht als interner Kunde der Dienstleistung Führung* ein. Das zu Grunde liegende Führungsverständnis ist die Führungskraft als Dienstleister für die Leistungsbedingungen des Mitarbeiters. Hier geht es darum, wie sich das Verhalten der Führungskraft auf den Mitarbeiter auswirkt. Beispiele dazu:

- *»bietet seinen Mitarbeitern Gelegenheit, ihre Fähigkeiten und ihre Erfahrungen zu erweitern«,*
- *»strengt sich sehr an, dass seinen Mitarbeiter die Arbeit Spaß macht und sie zufrieden sind«,*
- *»zeigt Vertrauen in seine Mitarbeiter und vermittelt ihnen das Gefühl, dass sie wichtig sind«,*
- *»interessiert sich für seine Mitarbeiter, ist offen und aufmerksam für ihre Wünsche und Bedürfnisse«.*

Ein anderer Weg ist, den Mitarbeiter in die *Perspektive des Leistungsbeurteilers für das Unternehmen* gehen zu lassen. Der Mitarbeiter übernimmt hier eine Funktion, die auch der Vorgesetzte der Führungskraft einnehmen kann. Hier werden auch oft die Führungsleitlinien abgefragt.

- *»vermittelt eine positive Grundeinstellung und Identifikation mit den Zielen und Grundsätzen des Unternehmens«,*
- *»trifft Entscheidungen überzeugend und konsequent«.*

In diesen Versionen lässt sich ein Vergleich mit anderen Feed-back-Gebern wie dem Vorgesetzten der Führungskraft anstellen. Man kann analysieren, wo die Feed-backs gleich sind oder unterschiedlich. Dies bringt in der Praxis vor allem eine Reihe von Diskussionspunkten, warum der eine jetzt etwas anders sieht als der andere. Ein 360°-Feed-back von Mitarbeitern, Vorgesetzten, Kunden und Partnern im internen Geschäftsprozess macht dies möglich.

Deutlich ist, dass die Perspektive der Mitarbeiter als Kunden der Dienstleistung »Führung« eine andere ist als die der Unternehmensleitung an die Dienstleistung »Führung«. Darunter wird in der Regel Unterschiedliches verstanden. Der Mitarbeiter hat Interesse an der Gestaltung von Bedingungen, die seine Leistungserfüllung und seine Arbeitsbedingungen fördern. Die Unternehmensleitung hat dazu oft eine direktere Perspektive: Führung ist Handeln für das möglichst schnelle Umsetzen konkreter Unternehmensziele.

Einbetten in die personalpolitische Strategie

Immer wieder versuchen Personalverantwortliche die Führungsstrategie »aus einem Guss« herzustellen. An oberster Stelle stehe die Unternehmensstrategie, daraus folgten Führungsgrundsätze. Daraus resultiere ein konkretes Führungsverhalten. Dies werde überprüft mit einem Beurteilungssystem. In diesem Maschinenmodell des Führens werden wesentliche Kennzeichen sozialer Systeme natürlich nicht berücksichtigt. Die Versuchung, alles endlich einmal aus einem Guss herzustellen, haben vor allem Führungsstrategen mit einer Vorliebe für Systematik, die das »Menscheln« im Betrieb in eine kontrollierbare Ordnung bringt. Vor dieser Versuchung sei gewarnt. Einmal ist das menschliche Miteinander in einem Unternehmen so komplex, dass man die sozialen Beziehungen der Menschen untereinander nicht mit der Generalsteuerung in den Griff bekommen kann. Dieser Aspekt ist jedoch für ein Unternehmen noch zu verschmerzen. Aber der Effekt verpufft nicht nur, er schadet sogar. Die betroffenen Menschen fangen an, ihre Kreativität und Energie darauf zu richten, wie sie das System unterlaufen können. Dies ist ein sehr teurer Aspekt.

Manche Feed-back-Modelle sind so konzipiert, dass für jedes Kriterium neben der »Leistung«, die ein Mitarbeiter bei seiner Führungskraft wahrnimmt, auch noch die »Wichtigkeit« einzustufen ist, die dieser dem Punkt gibt. Diese multidimensionale Einstufung verlangt natürlich vom Mitarbeiter ein starkes Differenzierungsvermögen. Andererseits sind die beiden Dimensionen von der psychologischen Verarbeitung nicht unbedingt unabhängig voneinander. Wenn ein Punkt sehr wichtig ist, macht sich die persönliche Tendenz (zur Milde, zur Strenge, zur Mitte) einzustufen, stärker bemerkbar als bei einem weniger wichtigen.

Natürlich gibt es Verzerrungsprozesse beim Feed-back. Personenwahrnehmung unterliegt bestimmten Trübungen. Unternehmen versuchen diesen Prozess zunehmend zu institutionalisieren. Es geht jedoch um den wesentlichen Kern, dass Führungskräfte und Mitarbeiter Lust verspüren sich gegenseitig mit Feed-back zu unterstützen.

2.6. Führen mit Zielen

Ziele im menschlichen Leben

Viele Menschen setzen sich explizit Ziele im Leben. Ein Teil davon wird erreicht, ein Teil nicht. Zeitweise war das Ziele setzen ein Renner in Selbst- und Zeitmanagement-Modellen. Das Setzen von Zielen sollte dabei das Erlangen von Wohlbefinden im Leben erleichtern. Das menschliche Leben zeigt allerdings, dass es oft anders kommt, als angezielt. Außerdem setzt das bewusste Planen von Zielen eine hohe Kompetenz im Selbstmanagement voraus.

Aber es gibt noch eine weitere Zielebene im menschlichen Leben. Wenn man genauer hinsieht, bewegt sich das Leben von Menschen entlang bestimmter Meilensteine und Scheidewege. Diese sind meist mit Beziehungsveränderungen verbunden. Sie betreffen den privaten Bereich (Partnerschaft, Geburt, Trennung, Tod, ...), genauso wie den beruflichen Bereich (Arbeitsaufnahme, Stellenwechsel, Sich-selbstständig-machen, Angestellt-arbeiten, ...). Den Verlauf entlang von Meilensteinen und über Scheidewege kann man so auffassen, dass es sich um Wege hin zu Zielen handelt. Zum Teil sind sie bewusst, zum Teil unbewusst. Einige psychologische Theorien thematisieren dies. So hat der Wiener Psychoanalytiker Alfred Adler eine Art Lebensleitlinie angenommen, die ein Mensch wie eine Theaterrolle in seinem Leben verwirklicht. Auch der Begründer der Transaktionsanalyse, Eric Berne, hat ein Lebensdrehbuch (Skript) im Sinne eines unbewussten Lebensplans auf ein Ziel hin, angenommen. Ziele sind also, ob bewusst oder unbewusst ein Charakteristikum menschlichen Lebens.

Ziele kreieren

Wenn dem so ist, macht es Sinn, im Leben aktiv an Ziele heranzugehen. Wie kommt man aber zu passenden, konstruktiven Zielen im Leben eines Menschen, etwa an die Auswahl eines bestimmten Berufszieles? Denkt man ressourcenorientiert, so empfiehlt sich beim einzelnen Menschen, um Ziele zu ermitteln, die Punkte größter Lebendigkeit bei einem Menschen zu betrachten. In der Richtung, wo die meiste Energie ist, sollte man über Ziele nachdenken. Denn diese Quelle wird jemand auf dem Weg zu seinem Ziel brauchen. Punkte größter Lebendigkeit können sehr verschieden sein. Im Grunde weiß sie jeder Mensch. Oft sind sie jedoch überlagert durch Vorgaben, was jemand zu tun habe oder durch eigene Entscheidungen, wie man auf jeden Fall nicht sein will. Diese Blockierungen müssen erst aufgehoben sein. Hat man die Punkte größter Lebendigkeit eines Menschen gefunden, findet sich recht schnell, welcher Beitrag zum Leben sich daraus ableiten lässt.

Ziele in Organisationen

Organisationen werden häufig unter dem Blickwinkel der zielgerichteten Zusammenkunft einer Gruppe von Menschen gesehen. Sie haben also das Merkmal Ziele schon in der Definition (Fahrzeuge herstellen, Gesundheit fördern, Finanzdienstleistungen bereitstellen etc.). Dennoch muss das Ziel, das die Organisation verfolgt, nicht das Ziel des einzelnen Mitgliedes sein. Eine Organisation kann Produkte erstellen. Einem eintretenden Mitglied kann es um die Absicherung seines Lebensunterhaltes gehen. Dazu kann ein sehr erfolgreiches Herstellen von Produkten besonders verhelfen. Dies kann aber genauso gut durch einen durchschnittlichen Erfolg gewährleistet sein. In vielen Organisationen gibt es allerdings auch dank des Wohlstandes in unserer Gesellschaft Menschen, von denen eher hinter vorgehaltener Hand gesagt wird »der muss gar nicht mehr arbeiten, der hat genug Geld«. Die Ziele der Organisation und des Einzelnen haben also mehr oder weniger Kompatibilität. Um diese Kompatibilität herzustellen, ist eine Transparenz der Ziele notwendig. Dabei wird vorausgesetzt, dass die Organisation bereits Ziele hat, wenn sie dem einzelnen Mitglied begegnet. In den meisten Fällen ist das so. Denn in der Regel wird der Großteil der Mitarbeiter keinen Einfluss auf die Formulierung der Organisationsziele habe. Was wird produziert? In welcher Branche bewegt sich eine Firma? Dies bleibt beispielsweise in Wirtschaftsunternehmen einer kleinen Gruppe von Organisationsmitgliedern vorbehalten, die dazu von der Unternehmensform (Rechtsform) her legitimiert sind. In Aktiengesellschaften sind dies beispielsweise der Vorstand, der Aufsichtsrat und die Hauptversammlung in ihrer durch das Aktiengesetz vorgegeben Arbeitsteilung. Zusätzlich haben Arbeitnehmervertretungen bestimmte Mitbestimmungsrechte. In der überwiegenden Praxis spielt bei Wirtschaftsunternehmen die Geschäftsführung, der Vorstand, in der Regel die gewichtigste Rolle. Dies gilt insbesondere für die Ziele, die die Praxis des Unternehmens nach innen und nach außen bestimmen: die strategischen und operativen Ziele (einzelne Produkte, Art der Produktion, Einsatz der Produktionsfaktoren).

Als Rahmenbedingung wirkt im Zielprozess ökonomische Rationalität. Beispielsweise muss sich bei Investitionen der Einsatz des Kapitals in einer bestimmten Zeit entsprechend verzinsen. Dadurch entstehen bestimmte zeitliche Zielpunkte. Dies zieht eine Reihe von weiteren Zielprozessen nach sich. Ware muss bis zu einem bestimmten Zeitpunkt abgesetzt werden. Produktionsprozesse müssen bestimmte zeitliche Vorgaben erfüllen.

Insofern bleibt fest zu halten, dass das Thema Ziele im Führungsprozess auf dem Hintergrund verschiedener Zielprozesse zu sehen ist. Zielsetzungen machen im menschlichen Leben Sinn, da sowieso Ziele angestrebt werden. Aber nur wenn man das Vorhandensein bestimmter Ziele akzeptiert, wird ein Führen mit Zielen möglich sein:

- Lebensziele von Menschen,
- Organisationsziele,
- Ziele aus ökonomischen Notwendigkeiten heraus.

In Unternehmen versucht die Unternehmensleitung häufig mit Zielen Mitarbeiter zu motivieren. Aus der bisherigen Betrachtung heraus folgt, dass dies nur einen Sinn macht, wenn die Ziele des Unternehmens und die der Mitarbeiter kompatibel sind. Die Kompatibilität wird aber in vielen Fällen ein Verhandlungs- und Vereinbarungsprozess sein.

Führung durch Zielvereinbarung

Unternehmen setzen auf das Instrument der Ziele. Irgendwelche Ziele setzen ist erst einmal einfach. Ein explizites Zielvereinbarungssystem hat ganz unterschiedliche Motive. In einem Unternehmen geht es darum, die Menschen im Unternehmen klarer auf die Unternehmensziele zu orientieren. Im anderen Unternehmen ist der Zweck der Ziele, die Mitarbeiter zu mehr Leistung zu bringen.

Die Bestimmung der Ziele sollte aus der Frage heraus erfolgen: Wie entwickeln Mitarbeiter motivierende Ziele? Die eindeutige Antwort ist: Gute Ziele sprechen die wesentlichen Motivationsbereiche eines Menschen an.

- Gefühle

Ziele sind für einen Menschen wirksam, wenn er in seinen wesentlichen Persönlichkeitsanteilen »ja« zu den Zielen sagt. Ein zentraler Motivationsbereich sind die Gefühle, die ein Mensch mit seinen Zielen verbindet. Dabei können alle Gefühle motivierend sein. Dennoch ist die Motivationskraft einzelner Gefühle zu unterscheiden. Sie ist bei der Einführung von Zielen und dem Prozess ihrer Vereinbarung zu berücksichtigen. Das Gefühl von *Freude und Begeisterung* bei einem Ziel gibt die meiste Energie. Freude und Begeisterung entstehen dann, wenn Menschen persönliche Erfolge in der Arbeit erleben können. Sie investieren Leistung und erwarten dafür Anerkennung und Bestätigung. Freude und Begeisterung kann man nicht verordnen und auch nicht durch rhetorische Tricks bei Menschen hervorrufen. Begeisterung entsteht bei einer Arbeit, wenn ein Ziel auch für einen Menschen logisch nachvollziehbar ist und seinen Werten entspricht. Insofern wirken die verschiedenen Persönlichkeitsbereiche zusammen. *Angst* wird oft zur Motivation eingesetzt. »Wenn Du das nicht tust, dann …«. Dies kann einen Menschen kurzfristig zum Handeln bringen. Es reduziert jedoch die Initiative und den Einsatz des in Angst versetzten Menschen. Hinzu kommt, dass er Erholung vom Angststress benötigt und diesem in Zukunft auszuweichen versucht. Es schadet der professionellen Beziehung zwischen den Menschen in Unternehmen. Die heute in den meisten Arbeitsbereichen nötige Verantwortungsübernahme durch Mitarbeiter wird verhindert. Die Identifikation mit dem Unternehmen schwindet.

Ärger kann ebenfalls motivieren. Seine Zielrichtung ist in erster Linie auf die Änderung von Zuständen, in denen der sich Ärgernde befindet, gerichtet. Es gibt durchaus Situationen, in denen Mitarbeiter durch ihren Ärger zur Veränderung in eine effizienten Richtung gebracht werden. Die Richtung der Auswirkung ist bei diesem Gefühl genauso wenig voraussagbar wie bei der Angst. Grundsätzlich gilt: Geschieht Führung per Zielvereinbarung über Angst und Ärger kann man in den meisten Fällen kein effizientes Ergebnis erwarten. Kalkuliert man diese Gefühle bei der Führung mit ein, so ist in der individuellen Beziehung zwischen Führungskraft und Mitarbeiter sehr viel Einzelsteuerung nötig, um ein befriedigendes Ergebnis zu erhalten.

• Logik
Ziele müssen einer nachvollziehbaren Logik folgen, Sie müssen verstehbar sein in Verbindung mit der wahrgenommenen Realität eines Unternehmens stehen. Dies bedeutet, dass sie wesentliche Punkte der Arbeit betreffen. Oft tritt hier der Fehler der *Übergeneralisierung* auf. Auf Grund eines auffallenden Ereignisses wird eine generelle Vorgabe gemacht. Aus der wohlbegründeten Absicht, einen Fehler zu korrigieren, wird über das Ziel hinausgeschossen. Besonders Firmensysteme mit bürokratischer Tradition neigen dazu. Hier stimmen Aufwand und Ertrag nicht. Alle müssen sich nun mit einer neuen Vorgehensweise beschäftigen, meist um etwas abzusichern. Diese Situationen sind nicht zu verwechseln mit Situationen des kontinuierlichen Verbesserungsprozesses (KVP), bei denen bei Geschäftsprozessen Reibungsverluste vermindert werden. Wichtig ist hier auch die Unterscheidung der Ebenen *Vision und Ziel*. Die Vision kann sehr weit von der aktuellen Realisierung entfernt sein. Sie markiert die zurzeit denkbaren Endbereiche einer mehrjährigen Entwicklung. Entsprechend abstrakt können sie auch formuliert sein. »Wir wollen Marktführer werden.« Ziele sollten nachvollziehbar, konkret und erreichbar sein.

• Werte
Werte leiten Mitarbeiter indirekt. Sie sind stark durch die persönliche Geschichte und die beruflichen Erfahrungen bestimmt. Die beruflichen Erfahrungen richten sich vor allem auf das Wertesystem, das tatsächlich in einem Unternehmen gelebt wird. Für welche Verhaltensweisen wird ein Mitarbeiter belohnt (Lob, Geld, Beförderung), für welche bestraft

(Kritik, keine Unterstützung bei der Entwicklung). Hier ist insbesondere das Empfinden, gerecht behandelt zu werden, wichtig. Entsteht bei Mitarbeitern der Eindruck von Willkür, geht der eigene Leistungsbeitrag zunächst bei den Benachteiligten zurück.

Mitarbeiter können unternehmensspezifisch reagieren lernen, wenn sie lange einem Unternehmen angehören. Ein Leben in zwei Welten entsteht, wenn die Werte aus der persönlichen Geschichte nicht mit denen übereinstimmen, die im Unternehmen wirklich zählen. Das Engagement im beruflichen Leben ist dann meist sehr reduziert. Es wird das Nötigste getan. Das wahre Leben findet außerhalb der Firma statt.

Vereinbaren der Ziele

Wie vereinbaren Führungskraft und Mitarbeiter die Ziele so, dass sie motiviert sind, die Ziele zu erreichen? Beide müssen ein »Commitment« erreichen. Dies ist eine Übereinkunft, dass beide bereit sind, ihren Part bei der Zielerreichung zu tun. Beide übernehmen ihre Verantwortung. Ein guter Zielvereinbarungsprozess erspart Führungsarbeit auf dem Weg der Zielerreichung und Überraschungen bei der Zielkontrolle. Die Vereinbarung von Zielen ist ein Aushandlungsprozess. Werden Mitarbeiter als Professionelle für ihr Arbeitsfeld geachtet, so sollte man ihren Beitrag bei der Zielformulierung möglichst groß gestalten. Liegen nicht gerade wesentliche Veränderungen der geschäftspolitischen Orientierung eines Unternehmens vor, kann ein Mitarbeiter ermitteln, was in seinem Bereich möglich ist. Das folgende Beispiel zeigt, wie es nicht laufen sollte.

> In einer Zentralabteilung eines Industrieunternehmens wurde die Führung per Zielvereinbarung neu eingeführt. Die Mitarbeiter wurden gebeten, Ziele festzulegen und sie bei ihrer Führungskraft schriftlich einzureichen. Dies taten die Mitarbeiter. Die Führungskraft analysierte daraufhin die Ziele in der ersten Mitarbeiterbesprechung sehr kritisch, ob sie überhaupt als Ziele gelten können. Die Ziele der Mitarbeiter wurden verworfen. Das Engagement der Mitarbeiter ließ sehr schnell nach. Die Zielvereinbarungsgeschichte hatte schlecht angefangen. Es dauerte lange, bis dieser Beginn vergessen war.

Bei der Festlegung von Zielen ist ein kontinuierlicher Verbesserungsprozess des Tuns jedes Mitarbeiters zu unterstellen. Dennoch ist nicht generell davon auszugehen, dass dieses Potenzial wahrgenommen wird. Gewohnheitspositionen wirken dem oft entgegen. Die Führungskraft kann den Mitarbeiter dabei unterstützen, die Möglichkeiten zu sehen. Dazu muss sie Coaching-Elemente einsetzen. Führungskräfte hoffen manchmal, dass Führen mit Zielvereinbarung sie von der Führungsarbeit enthebt. Dies ist ein Irrtum, da gerade bei Zielprozessen die persönlichen Kompetenzen der Führungskraft sehr wesentlich sind. Führungskräfte müssen ihre Mitarbeiter im Zielprozess unterstützen. Die Form der Unterstützung sollten sie von der persönlichen und fachlichen Voraussetzungen des Mitarbeiter abhängig machen. Es sind Ziele im laufenden Geschäft und Innovationsziele zu unterscheiden. Innovationsziele liegen oft außerhalb der Gewohnheitswirklichkeit des Einzelnen. Führungskräfte und Mitarbeiter müssen also erst einmal ein Bewusstsein über das Phänomen Gewohnheitswirklichkeit bekommen. Sind die Führungskraft und der Mitarbeiter begeistert von einem Ziel, liegt eine gute Voraussetzung vor. Dennoch muss die Führungskraft prüfen, ob ein Mitarbeiter ein Ziel auch erreichen kann. Begeisterung alleine reicht nicht. Es müssen Umfeldbedingungen und die professionellen Fähigkeiten des Mitarbeiters hinzukommen. Manche Menschen begeistern sich sehr schnell für vieles, blenden dabei aber die Umsetzung aus.

Der Weg zum Ziel

Führen mit Zielvereinbarung erfordert von der Führungskraft Unterstützung des Mitarbeiters. Was schon für die Zielermittlung galt, trifft ebenso für die Zielerreichung zu. Eine auf die Einzelperson des Mitarbeiters ausgerichtete Haltung der Führungskraft macht hier Sinn. Eine Führungskraft, die sich während des Jahres nicht um die Zielerreichung der Mitarbeiter kümmert, kann nicht erwarten, dass die Ziele von dem Mitarbeiter ernst genommen werden. Der Zielprozess kann zum reinen Ritual verkümmern. Ist ein Mitarbeiter an Zielen nicht interessiert, liegen wahrscheinlich Befürchtungen vor, dass ihm ein Zielvereinbarungsprozess Nachteile bringt. Dies kann aus seiner Sicht realistisch sein, wenn seine Bezahlung an die Zielerfüllung gebunden ist. Wenn dies in einem Unternehmen vereinbart ist, gehört es zur Grundlage der System-Beziehung von Unternehmen, Mitarbeiter und Führungskraft. Gerade in der Einführungszeit eines neuen Instruments wie des Zielprozesses erfordert dies von den Führungskräften und dem Unternehmen eine intensive Information. Die Kontrolle der Ziele sollte entwicklungsorientiert erfolgen. Egal ob ein Ziel erreicht ist oder nicht, sollten darin die Chancen für Entwicklung gesehen werden. Dies enthebt die Führungskraft nicht der Klärung mit dem Mitarbeiter, wie es zur Festsetzung eines Zieles kam, das nicht erreicht wurde. Somit sind die einzelnen Phasen des Zielprozesses zu analysieren. Die Gefahr besteht hier in einer reinen Jury-Mentalität der Führungskraft. Dabei würde sich die Führungskraft nur in der Rolle des Notengebers sehen. Sie würde das Ziel des Mitarbeiters nicht auch als Teil des Gesamtzieles ihres Bereiches verstehen, sondern sich selbst davon distanzieren. Das Erreichen gemeinsamer Ziele muss auch Anliegen der Führungskraft bleiben. Sonst passiert das, was John Lennon beschreibt: *»Life is happening, while we make other plans.«*

2.7. Führen durch Personalentwicklung

Strategische Aufgaben der Personalentwicklung: Trends, Reaktionen, Konsequenzen

Personalentwicklung und Weiterbildung von Führungskräften wurde lange Zeit als *Schulung* verstanden. Von der Schulung bestimmter *Stile* erhoffte man sich, dass die Führungskräfte eine gewünschte Richtung einschlugen. »Kooperativer Führungsstil«, »kooperativ-koordinierender Führungsstil« und »situativer Führungsstil« sind nur einige Beispiele. Die Inhalte gaben zwar auch zu den jeweiligen Zeiten wichtige Impulse in der Führungslandschaft. In vielen Teilen des Weiterbildungsmarktes wurden die »Stil-Etiketten« jedoch wie *Moden* gehandhabt, denen die Führungskräfte nachhecheln mussten, weil sie in ihrer ernsthaften Suche nach Unterstützung dem ausgeliefert waren. Oft wurden die Stile auch von oben herab eingeführt, indem die Führungskräfte zum kooperativen Ansatz »zitiert« wurden. Es ging mehr um die Einführung eines neuen Tricks als um mehr Kooperation. Ein solcher Widerspruch verhindert eine gewünschte Entwicklung.

Hinzu kam die Illusion, die viele Seminare suggerieren, dass man mit Hilfe eines Seminars schnell Grundlegendes verändern könne. Show-Tendenzen im Seminargeschäft unterstützten dies leider. Trainer wurden zu Entert(r)ainern und erreichten kurzfristige Faszination. Die Teilnehmer waren beeindruckt und hatten ein gefühlsmäßiges Erlebnis. Der Transfer von anwendbarem Wissen in die Praxis blieb jedoch auf der Strecke, da das persönliche Erarbeiten und die Vorbereitung der Umsetzung fehlte.

Ein Teil der Führungskräfte zeigte die Reaktion, sie würde den geschulten Führungsstil sowieso schon einsetzen, auch wenn dies von außen anders aussah. Die Erklärung für diese Verwirrung liefert der wirklichkeitskonstruktive Ansatz. Jeder Mensch konstruiert sich seine eigene Wirklichkeit und bezieht daraus Sicherheit im Unternehmen und auch im Beruf. Einerseits will die Führungskraft aus Loyalität zum Unternehmen das tun, was das Unternehmen fordert, andererseits kann sie schlecht an der eigenen Persönlichkeit vorbei. Dies führte zum Teil zu einer solch selektiven Wahrnehmung, dass Führungskräfte, die sich nur im autoritären Auftreten sicher fühlten und sich auch so verhielten, ihren Stil dennoch kooperativ nannten. In der Konsequenz bildete sich bei einem Teil der Führungskräfte die Einstellung: Wenn man viel zu tun hat – dies trifft bei Managern fast immer zu -, kann man keine Zeit für ein Seminar opfern. Weiterbildung im Führungsbereich bringe für die Alltagspraxis nicht viel und sei deshalb nur dann zu nutzen, wenn das Tagesgeschäft Zeit übrig lasse. Zu dieser Gruppe zählten insbesondere diejenigen, die nicht so selbstmotiviert waren, dass sie aus der eigenständigen Beschäftigung mit Führungsthemen im Seminar etwas in die eigene Praxis umsetzen konnten.

Auch viele Unternehmen mussten schmerzlich (d.h. kostenintensiv) den *Unterschied zwischen der Aneignung von Fachwissen und der Bildung von Verhalten und Führungspersönlichkeit* erkennen: »Führungspersönlichkeit« bilden ist ein lebenslanger Prozess, in dem ein Mensch seine kommunikativen und motivationalen Möglichkeiten in der Zusammenarbeit mit anderen Menschen zunehmend realisiert.

Individuellen und systemischen Bedarf erfassen

Die Weiterbildungslandschaft im Führungsbereich hat sich auf Grund dieser Erfahrungen verändert. Der Einzelne und seine Arbeitsumgebung treten wieder mehr in den Vordergrund. Vom Gießkannenprinzip, nach dem über alle Führungskräfte ein bestimmter Stil ausgeschüttet wurde, hat sie sich wieder mehr zu einer Pflege der einzelnen Pflanze hin orientiert. Weiterentwicklung von Führungskräften heißt Persönlichkeitsentwicklung des Einzelnen. Es gibt keine Standardlösungen für Führungssituationen. In der heute immer komplexer werdenden Managersituation wird beispielsweise die Fähigkeit zum angemessenen Umgang mit dieser Komplexität die große Kunst. Es steckt zwar nicht in jedem Manager ein Schumpeterscher Unternehmer, dennoch wird die Fähigkeit zum verantwortlichen, schnellen und flexiblen Reagieren immer wichtiger.

Führungsweiterbildung ist das zeitweise Ankoppeln des Systems Weiterbildung an das System Führung. Für die Führungskräftebetreuung durch Personalentwicklung (PE) hat dies folgende Konsequenzen:

PE muss bereit und in der Lage sein, ein auf die einzelne Führungskraft und ihr Führungssystem zugeschnittenes Angebot zu machen. Weiterbildung kann nur dann wirksam werden, wenn sie die Realitäten des Funktionierens von Führungssystemen akzeptiert.

PE kann allein kein Erziehungsinstrument für Manager sein. Dies geschieht durch »harte« Daten (Zuständigkeiten) sowie durch »weiche« Daten wie die gelebte Unternehmenskultur. Sie kann jedoch die Bedingungen der einzelnen Führungskraft und ihres Systems verbessern, damit sie auf dem Hintergrund der Daten langfristig effizient für das Unternehmen tätig bleiben können. Personalentwickler und Weiterbildner müssen dazu aber auch zu den »harten« und »weichen« Daten Stellung beziehen können. Denn diese sind für die Umsetzung von Weiterbildung entscheidend, wie Gebert und Steinkamp (1990) in einer umfassenden Untersuchung in über einhundert Betrieben feststellen.

Personalentwicklung heißt Ansprechpartner für Führungskräfte sein, ohne selbst in den Verdacht zu kommen, eigene Machtambitionen zu haben. Andernfalls kann eine auch an der Entwicklung der professionellen Persönlichkeit orientierte Personalentwicklung nicht gelingen.

Sie muss darüber hinaus Anstöße geben. Die strategische Aufgabe der Weiterbildung ist es, über die Veränderung der Rahmenbedingungen des Führens auf dem Laufenden zu bleiben. Diese sind als Input kontinuierlich in die Führungsrealität einzustreuen. Eine Möglichkeit dazu wäre ein »Führungskräftebrief«, in dem regelmäßig (etwa halbjährlich) interessante Themen für Führungskräfte des Unternehmens angesprochen werden.

Die Führungskraft muss im Weiterbildungsprozess selbst mehr Verantwortung übernehmen. Es soll keinen Konsum von Führungswissen geben, sondern eine Aneignung durch aktive Auseinandersetzung damit. Der Personalentwickler und Weiterbildner bekommt dadurch die Verpflichtung, auf die Kosten und den Aufwand von Weiterbildung im Vorfeld hinzuweisen. Wer bereit ist, sich mit sich selbst auseinander zu setzen, dem wird Weiterbildung auch nützen.

Operative Aufgaben wahrnehmen: Diagnostik und Maßnahmen

Personalentwicklung von Führungskräften muss sich an der gewünschten Identität und Unternehmenskultur orientieren. Dort ist für viele Unternehmen insbesondere die individuelle Beziehung zum Kunden hervorgehoben. Das kommt der Führungskräfteweiterbildung entgegen. Denn auch sie kann nur gute und zufrieden stellende Produkte an ihre internen Kunden verkaufen, wenn sie individuell ausgerichtet ist. Der Personalentwickler trifft die Führungskraft in der Regel in einer Situation, in der sie nicht genau weiß, was sie an Weiterbildung machen soll oder in der sie sich nur an den ihr bekannten Ausschreibungen für Seminare orientiert.

Ein erfolgreiches Vorgehen beginnt daher mit einer differenzierten Erfassung des Weiterbildungsbedarfs. Je spezifischer Personalentwickler und Führungskraft gemeinsam herausfinden, was eine Führungskraft zu einem bestimmten Zeitpunkt an Ergänzung ihrer Führungskompetenz braucht, umso günstiger werden die Voraussetzungen für eine Entwicklung im Sinne des Unternehmensziels. Wenn es um Weiterbildung der Persönlichkeit geht, ist es sinnvoll, die einzelne Führungskraft zu coachen oder zu trainieren. Welche Facette der Führungspersönlichkeit weiterzuentwickeln ist, erfordert einen komplexen diagnostischen Prozess. Eigentlich müsste der Vorgesetzte der betreffenden Führungskraft dies feststellen. Aus der komplexen Natur der Sache heraus kann ihm in diesem Prozess die Personalentwicklung eine wesentliche diagnostische

Hilfestellung geben. Dies ist kostenmäßig absolut sinnvoll, da ein falsches Seminar oder eine falsche Maßnahme Ressourcenverschwendung sein kann. Hinzu kommt ein beunruhigendes Untersuchungsergebnis von Latham (1988). Er fand heraus, dass Vorgesetzte, wenn sie bei ihren Mitarbeitern Weiterbildungsbedarf diagnostizieren, einen Bedarf feststellen, der eigentlich ihr eigener ist.

Solange der Einzelne im Mittelpunkt steht, ist die günstigste Weiterbildungsmaßnahme für das individuelle Bedürfnis angesagt. Die Differenziertheit wird im Einzelfall deutlich: Beispielsweise liegen völlig unterschiedliche Situationen vor, wenn die Probleme einer Führungskraft im Bereich ihres Selbstbildes liegen oder wenn es einfach darum geht, aus mangelnder Erfahrung mit bestimmten Verhaltensweisen bei Mitarbeitern nicht adäquat umgehen zu können. Obwohl bei moderner Weiterbildung mit psychologischem Inhalt die Phase der Bedarfsspezifizierung beim Einzelnen auch schon wichtige Bildungsinhalte vermittelt, gibt es in den meisten Fällen danach eine »Maßnahme«. Dies kann praktisch im Einzeltraining, im Coaching, oder in Seminaren, die individuelle Anliegen aufgreifen, umgesetzt werden. Der Vollständigkeit halber muss erwähnt werden, dass es auch die Fälle geben kann, in denen eine Personalentwicklung Maßnahmen ablehnen muss. Dies ist beispielsweise der Fall, wenn eine Weiterbildung einen problematischen Zustand verschleiern bis verschlimmern würde, und eigentlich organisatorische oder zuständigkeitsbezogene Klarstellungen notwendig wären. Dies ist bei Anfragen an die Personalentwicklung in der Praxis nicht selten der Fall. Alibi- oder reine Legitimationsmaßnahmen (»Wir haben doch was getan«) sind absolut zu vermeiden.

Standardseminare oder Individualmaßnahmen?

Wenn kaum voraussagbar ist, ob und was aus Führungsseminaren mit einem bestimmten thematischen Schulungsinhalt (z.B. Moderation, Kommunikation etc.) gemacht wird, könnte man argumentieren, dass diese gar keinen Sinn mehr machen. Damit würde man allerdings das Kind mit dem Bade ausschütten. Denn jedes Führungskräfteseminar hat mindestens drei Aspekte:

- ein Thema kann geschult werden (Inhaltsaspekt),
- man trifft andere Führungskräfte (Kommunikationsaspekt),

- man tritt aus dem Betriebsalltag heraus und setzt sich mit einem anderen Thema auseinander (»Besinnungsaspekt«, Flexibilitätsaspekt).

Trotz aller arbeitsplatzspezifischer Weiterbildung bleiben gerade für Führungskräfte vom Arbeitsplatz unabhängige Fähigkeiten wichtig. Gebert und Steinkamp (1990) fanden in ihrer empirischen Studie, dass insbesondere das Potenzial des Mitarbeiters für neue Lösungen, die Innovativität, durch die Beschäftigung mit vom Arbeitsplatz unabhängigen, übergeordneten Fertigkeiten gefördert wird.

Standardseminare können als Zusammenfassungen von Individualmaßnahmen betrachtet werden. Wenn ein Gruppenbedarf vorhanden ist, lohnt sich ein Seminar. In der Regel werden dadurch auch Kosten gespart. Seminare können noch einen weiteren Aspekt haben: Sie sind unter Umständen ein Forum zum gemeinsamen Austausch und zur gemeinsamen Weiterentwicklung. Eine gegebenenfalls vermittelte Führungstechnik wie zum Beispiel Moderation von Gruppen wird eher zum Transportmittel als zum transportierten Inhalt. Denn was die einzelne Führungskraft aus dem Seminar für sich mitnimmt, entscheidet sie persönlich. Das klassische Seminar für Führungskräfte verändert dadurch etwas seine Ausrichtung. Voraussetzung ist aber die Bereitschaft der Führungskräfte, selbst etwas aus ihrem Seminar zu machen.

Führungskräfte »haus«-intern oder extern weiterbilden?

Ab einer bestimmten Teilnehmerzahl lohnt sich eine hausinterne Weiterbildungsmaßnahme gegenüber dem externen Seminar. Insofern liegt eine wirtschaftliche Richtschnur vor. Andererseits lässt sich aus der Natur der Sache gerade im sensiblen Persönlichkeitsbereich nicht jeder Lernprozess inhouse und vor bekannten Gesichtern leisten. Wenn eine Führungskraft sich in einem geschützten Raum, in Distanz vom Alltagsgeschäft auf einen Lernprozess einlassen soll oder der Kontakt zu Führungskräften aus anderen Firmen lernfördernd ist, kann man ein externes Führungsseminar empfehlen, sonst nicht. Dafür gibt es heute ein sehr umfangreiches und differenziertes Angebot auf dem Weiterbildungsmarkt. Bei persönlichkeitsbezogenen Seminaren kommt neben dem, was fachlich geboten wird, verstärkt die persönliche Wirkungsweise des Seminars und des Referenten hinzu. Insofern ist die Aufgabe der Weiterbildung hier, ein flexibles Angebot an Trainings und Trainern, die man selbst getestet hat, zur Verfügung zu halten. Interne Maßnahmen liegen besonders nahe, wenn der unternehmensspezifische Aspekt im Lernprozess nicht außer Acht gelassen werden darf (Führungsnachwuchs, marktorientierte Führung).

3. Über die Führungskraft das System Führung entwickeln

Sie können in diesem Kapitel etwas darüber erfahren, wie Sie mit der Entwicklung Ihrer eigenen Führungsrolle umgehen:

- *Was lassen Sie an Unterstützung an sich heran?*
- *Wie stehen Sie zu den modernen Methoden der Führungskräfteentwicklung?*
- *Nutzen Sie Supervision, Coaching und Praxisberatung für Führungskräfte?*
- *Welche Anforderungen muss Führungskräfteentwicklung erfüllen?*

Führungskräfte sind in den heute existierenden Führungssystemen oft ein wesentlicher Dreh- und Angelpunkt des Führungsgeschehens. In nahezu allen bestehenden Führungssystemen gibt es deklarierte Führungskräfte. Für alle Gruppen von Führungskräften stellen sich heute

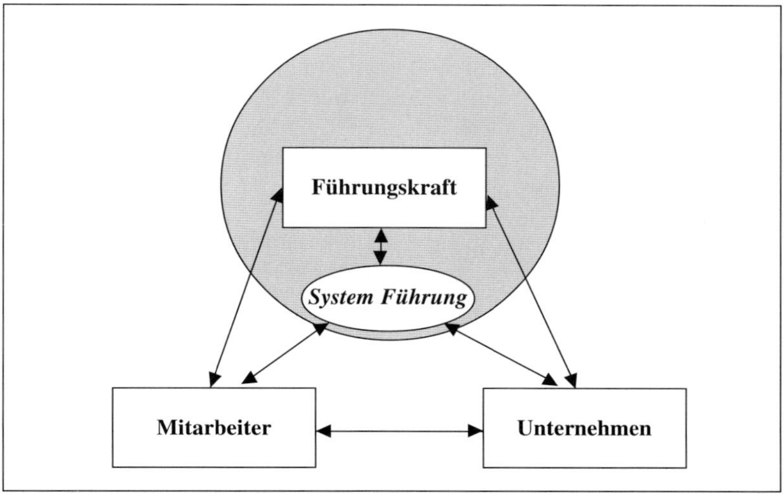

Abbildung 21: Die Führungskraft im System Führung

besondere Herausforderungen. Die Führungskräfte in der Unternehmensleitung sind von der ständigen Umgestaltung der Gesamtsysteme ganz besonders betroffen. Sie müssen die Dynamik managen und die Anforderungen der verschiedenen Stakeholder (Kapitaleigner, Öffentlichkeit, Kunden, Mitarbeiter) unter einen Hut bringen.

Aber auch die so genannten Middle-Manager, die in der Sandwich-Position zwischen ihren Vorgesetzten und ihren Mitarbeitern stecken, befinden sich in der Umgestaltung der Wirtschaft in einer Position, ständig Interessen vermitteln zu müssen. Untersuchungen zu Erfolg und Misserfolg von Unternehmensumgestaltungen haben eindeutig gezeigt, welche Bedingungen bei gut gelungenen Projekten bestehen:

- Es muss eine gute Kommunikationskultur geschaffen werden. Wenn Gespräche als Zeitverschwendung angesehen werden, scheitern Veränderungsprojekte in Organisationen.
- Das Middle-Management muss unterstützt werden.
- Die Mitarbeiter brauchen Unterstützungsangebote für praktische Fragen der Umgestaltung.

Diese Bedingungen bieten interessante Möglichkeiten, Führung zu gestalten. Führungsarbeit in Organisationen stellt an die persönliche und soziale Kompetenz der Menschen in Führungsrollen hohe Anforderungen. Die Zeiten von Befehl und Gehorsam sind durch die gesellschaftliche Entwicklung in der Demokratie längst überlebt – auch in Organisationen. Ob in Wirtschaftsunternehmen, in der Verwaltung oder in sozialen Institutionen, Führungskräfte benötigen heute eine ausgeprägte Fähigkeit im Einsatz ihrer eigenen Person. Das Ziel sollte daher sein, das Führungssystem gezielt über die einzelnen Führungskräfte zu befähigen, um damit den Herausforderungen der Organisationsentwicklung gerecht zu werden. Die Identität der Rolle Führungskraft wird neu definiert. Führungskraft ist ein eigener Beruf. Der Mensch ist Fachmann in seinem Gebiet, aber es kommt noch eine zusätzliche Profession hinzu. Dazu brauchen Manager die Möglichkeit zu individueller Entwicklung. Jetzt stellt sich mancher die Frage: Müssen Führungskräfte erst einmal auf die Couch, ehe sie im Unternehmen aktiv führen können? Nein, sicher nicht. Es gibt aber gute Instrumente zur Weiterentwicklung der Führungskraft.

3.1. Führungskräfte-Supervision, Coaching, Praxisberatung

Supervision für Führungskräfte ist eine Arbeitsform, in der Führungskräfte im Dialog mit einem Berater (Supervisor) Antworten zu Fragen ihrer aktuellen Praxis und ihrer Lebensgestaltung im Beruf entwickeln. Dazu vereinbaren Supervisor und Führungskraft ein Arbeitsbündnis für eine bestimmte Zeitdauer und einen bestimmten Zeitrhythmus.

Supervision nehmen Führungskräfte aus unterschiedlichen Gründen wahr. Sie kann der berufsbegleitenden Weiterbildung zum Thema Führung dienen. Sie wird aber auch manchmal in Krisensituationen nachgefragt.

Lange Zeit war der Begriff Supervision in der Wirtschaft »nicht anschlussfähig«, wie der Coach Wolfgang Looss (1991, 42) anfang der neunziger Jahre feststellte. Supervision roch zu sehr nach sozialem Bereich. Man sprach eher von Praxisberatung oder von Coaching. Coaching klang in Unternehmen zunächst attraktiver, weil mit der Sportassoziation der Leistungsgedanke verbunden wurde. Allerdings wird der Coaching-Begriff mittlerweile inflationär gebraucht für nahezu jede Begegnung, in der jemand in einer Firma einem anderen etwas beibringt, ob es Fachwissen, EDV-Anwendung oder Verhalten betrifft. Ein anderes Problem des Supervisionsbegriffs war dessen Gebrauch im angelsächsischen Sprachraum. Dort wird auch eine Vorgesetztenfunktion häufig so benannt.

Mittlerweile ist Supervision im Sinne der Beratung von Menschen in Unternehmen dennoch eingebürgert und nicht mehr verpönt. Insbesondere wird das Produkt »Supervision« mit entsprechender Qualifikation des Supervisors verbunden. Durch die zunehmende Akzeptanz von Supervision ist die Nutzung der gesamten Methodik und Qualität der persönlichkeitsbezogenen Beratung auch für Fragen der Berufsausfüllung möglich. Vor allem kann Supervision von Führungskräften auch in Gruppen stattfinden. Dies ermöglicht innerhalb der Supervision auch Intervision. In der Intervision findet ein gegenseitiger Austausch von Praxiserfahrungen unter den Führungskräften statt. Damit wird die Supervision durch den professionellen Berater ergänzt durch die kollegiale Beratung.

Coaching bleibt ein sinnvoller Begriff für die längerfristige personenzentrierte Einzelberatung von Menschen im Berufsleben. Sie ist damit zu eine Form von Supervision geworden. In der Sportmetapher wäre Coaching die langfristige Entwicklung eines Sportlers für eine bestimmte Position in einer Mannschaft. Auch Praxisberatung hat ihren Platz in der Supervision von Führungskräften. Sie ist die Beratung für eine einzelne aktuelle Problemlösung. Im Sportbeispiel geht es um die Vorbereitung eines Spielers auf das nächste Spiel. Im Unternehmensalltag ist dies beispielsweise die Vorbereitung eines schwierigen Mitarbeitergespräches. Supervision ist der methodische Oberbegriff. Er umfasst Coaching und Praxisberatung. Dies spiegelt auch die beiden Kerndimensionen von Supervisionsprozessen wieder:

- professionsbezogene Persönlichkeitsentwicklung und
- situationsspezifische Problemlösung.

Die Persönlichkeit wird für den professionellen Bereich erweitert und die Führungskraft erfährt eine Problemlösung für eine aktuelle Fragestellung.

3.2. Führungskräfte-Supervision systemisch gesehen

Systembegegnung

In der Führungskräftesupervision begegnet das System Führung einem Impuls von außen. Dies bedeutet, sein Entwicklungsstand wird in Frage gestellt. Supervision begegnet als System dem Führungssystem der Führungskraft. Führung ist systemisch gesehen ein Regelungsmechanismus im Gebilde Organisation. Führungsprozesse entstehen in nahezu allen Organisationen. Sie dienen dazu, der Organisationseinheit ein gutes Ergebnis bei ihrer Aufgabe auf dem Markt erstellen zu lassen und gleichzeitig das Miteinander ihrer Menschen zu regeln.

Die Supervision ist jedoch erst einmal ein eigenes System. Sie besitzt bestimmte Kulturmerkmale, Regeln und Kriterien. Der *Supervisor* ist ebenfalls in ein Beziehungssystem eingebunden. Er arbeitet einerseits mit der *Führungskraft*. Andererseits steht er in einer bestimmten Beziehung zum *Unternehmen*.

Die Effizienz der Supervision hängt sehr von den *Vereinbarungen* ab, die in diesem Beziehungssystem und deren Konsistenz untereinander gelten. Dabei ist beispielsweise die Diskretion ein zentrales Kriterium für die Führungskräftesupervision. Sowohl der interne, beim Unterneh-

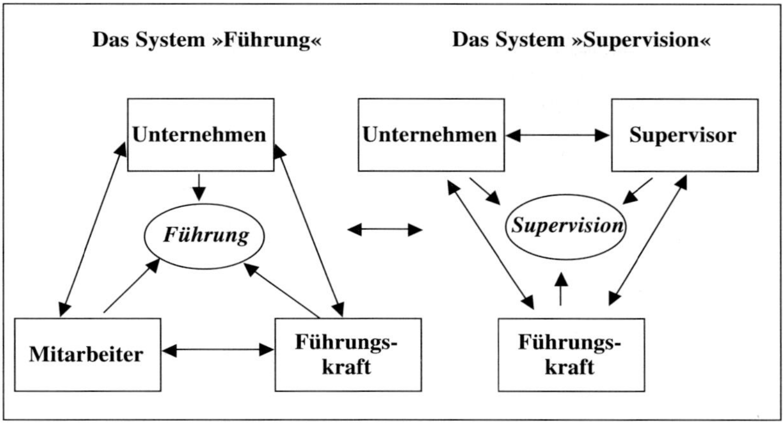

Abbildung 22: Die Systeme »Führung« und »Supervision«

men angestellte wie auch der externe Supervisor sind in einem zwar unterschiedlichen, aber vorhandenen Vertragsverhältnis und daraus resultierend in einer bestimmten Beziehung an das Unternehmen angekoppelt. In der Praxis ist nicht das eine oder andere Vertragsverhältnis generell vorzuziehen. Aber in jedem Fall benötigt der Supervisor eine angemessene professionelle Distanz zum Unternehmen. Genauso braucht er Interesse am Unternehmen und sogar eine Art Zuneigung zur Organisation seiner Klienten. Wer in Unternehmen Supervisioren, Coachs oder Praxisberater einsetzt, sollte auf diesen Aspekt achten.

Wichtig für die Beziehung zwischen Supervisionssystem und Führungssystem sind die expliziten und impliziten Rollenerwartungen an den Supervisor: Welche Rolle soll der Supervisor für das Unternehmen übernehmen? Oft ist der verdeckte Auftrag an den Berater, Aufgaben zu übernehmen, die eigentlich der Vorgesetzte der Führungskraft wahrnehmen müsste. Hier ist eine differenzierte Auftragsklärung zwischen den Beteiligten nötig. Beratung beginnt mit dem ersten Kontakt. Sie ist entsprechend zu werten. Wenn das Erstgespräch schon entscheidende Wirkung haben kann, ist es kein Vorgespräch. Für den Berater eröffnet sich hier allerdings eine Schwierigkeit in der *Systemannäherung*. Viele Führungskräfte müssen sich dazu von einem mechanistischen Beratungsbild verabschieden. Schon das Vor- oder Vorstellungsgespräch ist nicht

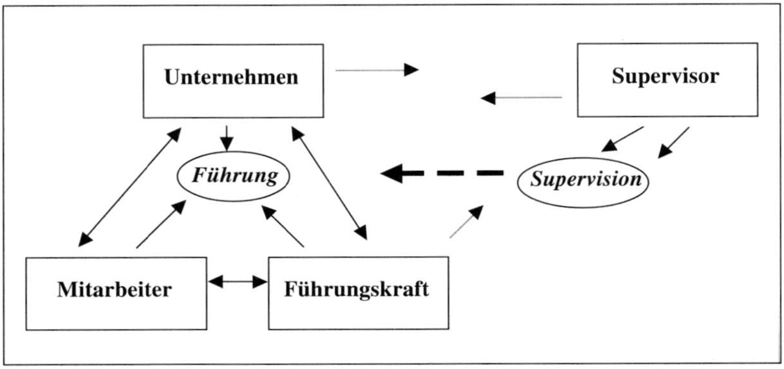

Abbildung 23: Systemannäherung

nur da, um festzustellen, ob man zusammenarbeiten will. Es ist schon eine Chance, Veränderungsimpulse aufzugreifen. Die Annäherungsphase ist dementsprechend eine zentrale Phase. Die Supervision kann in Form einer Praxisberatung mit einem erfolgreichen Erstgespräch enden, wenn die Führungskraft erkannt hat, welche Aufgabe sie selbst wahrnehmen muss. Ziel von Beratung ist Veränderung, nicht eine möglichst langdauernde Beratungsbeziehung zu installieren. Gerade durch diese Abklärung zeichnet sich der gute Berater aus, obwohl dies vielleicht manchen lukrativen Auftrag ausschließt. Außerdem ist bei Evaluationsstudien zum Beratungserfolg festgestellt worden, dass sehr viele Beratungen nur aus einem Gespräch bestehen und auch diese durchaus signifikante Veränderungen zur Folge hatten.

Systemankoppelung

Die Art Supervisionssystem, die ein Supervisor mit produziert, hat sehr viel mit seinem eigenen Bezug zu Organisationen und Unternehmen zu tun. Ein Berater, der lange Zeit selbst Mitglied einer Organisation war, hat es leichter, die Vorgänge in Organisationen nachzuvollziehen als einer, der nie in einer größeren Organisation tätig war oder im Extremfall in dem Bewusstsein lebt, eine abhängige Position in einer Organisation selbst nie aushalten zu können. Insofern macht es für Supervisoren von

Führungskräften größerer Unternehmen Sinn, selbst Erfahrung aus einer Organisation zu haben, ähnlich wie für therapeutische Arbeit eine erlebte Therapie seiner eigenen Persönlichkeit nützlich ist. Gleichzeitig sollte der Supervisor für Führungskräfte ein Grundwissen über klinische Störungen haben, damit er nicht aus Versehen klinische Arbeit macht und zum Therapeuten wird.

Dies macht auch die Anforderungen an die Kompetenz des Supervisors deutlich. Er muss persönliche Dynamiken erkennen und diese im berufsbezogenen Kontext bearbeiten können. Es verlangt vom Supervisor auch Managementwissen. So bedeutend die überfachliche Qualifikation in Supervisionsmethodik ist, genauso wichtig ist die Feldkenntnis, die bis hin zum Wissen über die Produktionsprozesse der Güter und Dienstleistungen reicht, mit denen die Supervidierten sich befassen. Eine *Ankoppelung* in Form eines Arbeitsbündnisses zwischen den Systemen Supervision und Führung kommt zu Stande, wenn es genügend Berührungspunkte gibt.

Die Führungssysteme haben sich durch die wirtschaftliche Entwicklung verändert. Der Druck zur laufenden Veränderung ist größer geworden. Die aktuelle Dynamik von Prozessen in Organisationen fördert den Druck, Veränderungen zu gestalten. Nicht jedes Führungsproblem kann bis zum nächsten turnusgemäß durchgeführten Führungsseminar warten.

Gleichzeitig hat sich das Systemangebot der Supervision verändert. Ein Stichwort hierzu ist die »Enttherapeutisierung« der Supervision. Supervision ist eine berufsbezogene und persönlichkeitsorientierte Beratung. Systemische Beratung ist als Kurzzeitverfahren entstanden. Das Vertrauen in die Selbstorganisationskräfte von lebenden Systemen ist ein wichtiges Rückgrat systemischen Denkens. Die systemische Arbeit ist so organisiert, dass sehr schnell die Selbstheilungsressourcen des Führungssystems greifen und das Führungsproblem nicht lange Zeit auf die Couch muss. Diese Tradition ist für die Supervision günstig. Manager müssen auch bezüglich der wichtigsten menschlichen Ressource, der Zeit, kalkulieren. Dies gilt auch für die Supervision.

Zur Supervision von Führungskräften gehört auch immer die Frage, wie die »Geschäftszahlen« im Verantwortungsbereich der Führungskraft sind. Berufbezogene persönliche Beratung muss die betriebswirtschaftliche Ebene miteinbeziehen, sonst wird der Kontext nicht gewürdigt. Je mehr Führungskräfte in den Genuss von Supervision kommen, umso weniger besteht die Angst, »auf die Couch gelegt« zu werden, wie es ein Manager einmal beschrieb. Die ganzheitliche Perspektive erleichtert das Ankoppeln an Führungssysteme. Supervision ist auf die Arbeits- und Beziehungsfähigkeit des Führungssystems gerichtet.

Die Führungskräftesupervision baut auf der Wirklichkeit auf, die sich die Führungskraft innerhalb des eigenen Führungssystems konstruiert. Das ist das Bild von der Realität, die dieser Mensch in der Führungsrolle sich macht. Und Veränderung kann nur so passieren, dass die Supervision diese Wirklichkeit und ihr Zustandekommen erst einmal beachtet. Denn diese Wirklichkeit ist für das Handeln der Führungskraft grundlegend. Veränderung ist, wenn sie nötig ist, erst der nächste Schritt. Damit ist eine Entscheidung für eine bestimmte Perspektive auf das System Führung getroffen. Sie unterscheidet sich zum Beispiel von der Supervision eines Teams, wenn es in erster Linie um die gemeinsame Betrachtung der Zusammenarbeit von Führungskraft und Mitarbeitern geht. Oder würde man beispielsweise mittels der Einführung von Führungsleitlinien Einfluss auf das System »Führung« nehmen wollen, wäre der Anknüpfungsfokus eher das Unternehmen selbst.

Durch die Systemkoppelung steht so die Supervision in einem Spannungsfeld aus:

- den praktischen Herausforderungen durch den Führungsprozess im Führungssystem,

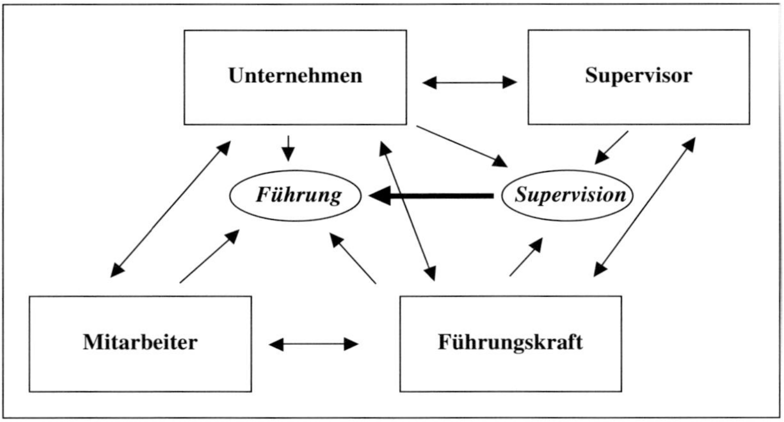

Abbildung 24: Systemankoppelung

- der angestrebten und tatsächlichen Führungskultur des Unternehmens,
- den persönlichen Herausforderungen der Menschen, die dem Unternehmen ihre Dienste wie beispielsweise die Dienstleistung Führung anbieten,
- dem Supervisionssystems und der Steuerung durch den Supervisor.

3.3. Supervisionsanlässe für Führungskräfte

Auch Führungskräfte legen als Supervisionskunden durch die Formulierung ihres Anliegens eine bestimmte Fokussierung nahe. Dies repräsentiert den Bezugsrahmen der Führungskraft, wie sie Probleme wahrnimmt, beschreibt und auf welche Ursachen sie sie zurückführt. Der *Bezugsrahmen* ist die Sicht der Welt, von anderen und von sich selbst, mit der ein Mensch an die Welt herangeht. Dieser Filter ist auch wirksam, wenn Menschen ein Problem in die Beratung einbringen. Die Einstiegsfragestellungen der Führungskräfte beziehen sich auf bestimmte Subsysteme des System Führung. Es findet dadurch eine Bedeutungszuordnung (»Framing«) auf bestimmte Subsysteme des Systems Führung dar. Subsysteme sind Teilperspektiven des Systems Führung. Für den Berater stellt sich die Aufgabe gegebenenfalls ein »Reframing« auf eine andere Perspektive zu veranlassen. Diese muss »lösungsfreundlicher« sein als die bisherige.

Die Beziehung »Führungskraft – Mitarbeiter«

Eine Ausgangsfrage betrifft Themen zum Umgang mit Mitarbeitern. Führungskräfte weisen selbst häufig der Beziehung der Führungskraft zum Mitarbeiter die wesentliche Bedeutung zu. Auf Grund dieser Fokussierung bilden häufig Fragen zum Umgang mit Einzelnen, in der Regel schwierigen Mitarbeitern, den Anfang. Das kann folgendermaßen klingen: »Was tue ich bei dem Mitarbeiter A., der im Team ein Problem darstellt und seine Kollegen demotiviert?«

Eine solche Frage fordert schon das Modell heraus, das der Supervisor von Entwicklung hat. Ein Entwicklungsmodell für Beratung darf nicht darauf begrenzt sein, das Nichtbewältigen einer aktuellen Lebensanforderung ausschließlich auf aus früheren Lebensphasen stammende Beschränkungen zurückzuführen. Es wäre vermessen anzunehmen, dass Kompetenz in der Lösung von komplexen Managementaufgaben zur Grundausstattung des »normal« entwickelten Menschen gehört. Dem Nicht-Können haftet also in den meisten Fällen überhaupt nichts Defizitäres an. Es ist nur ein Defizit in Bezug auf eine Herausforderung, der sich ein Mensch stellt. Es entsteht vielleicht nur durch die Rolle, die er zu übernehmen bereit ist.

Wählt man das Ziel auf der Persönlichkeitsebene, ist die Autonomie in Entscheidung und Handlung also keine Autonomie von irgendetwas, sondern eine Autonomie zu etwas hin. Man benötigt also eine lösungsorientierte, zielbezogene Deutung für die oft aus therapeutischen Erfahrungswelten entwickelten Konzepte und Modelle. So kann man beispielsweise den üblichen Fokus von der Frage, was wird abgewertet, zu der Betrachtung dessen lenken, was eine Führungskraft schon positiv wertet. In der Supervision ist zu explorieren, was noch anzuerkennen ist, um ein Ziel zu erreichen. Diese Bedeutungsrevision (»Reframing«) ist auch in Unternehmenssystemen oft ein Quantensprung. Denn eine defizitorientierte Betrachtungsweise ist in vielen Führungssystemen üblich.

Gerne werden vorhandene Probleme beschrieben. Man kann Schuldige herausfinden und die Sache scheint erledigt. Eric Berne hat verschiedene Formen entwickelt, wie Menschen ihre Zeit strukturieren. Er unterschied zwischen

- Rückzug,
- Ritualen,
- Zeitvertreib,
- Aktivitäten,
- »Spielchen«, die Menschen mit anderen treiben, und
- Zeitgestaltung, die von Nähe gekennzeichnet ist.

Auf der Zeitstrukturebene verbleiben die »Schuldigen-Such-Systeme« bei Zeitvertreib und »Spielchen«. Lösungsorientiert ist das »Schuldige suchen« jedoch nicht. Es erinnert eher an die Schluss-Szene des Films »Casablanca«, in der der Polizeipräfekt den Befehl erteilt, »Verhaften Sie die üblichen Verdächtigen«. Für die Supervision von Führungskräften in Organisationen kann die Zielrichtung dagegen nur die Perspektive einer situationsangemessenen Lösungsorientierung sein. In der

Führungssupervision wird die Ausgangsfrage wertgeschätzt. Die zentrale Aufgabe ist hier allerdings, diese Ausgangsfrage in die konstruktivste Richtung zu lenken. Meist ist es nämlich nicht der schwierige Mitarbeiter, der die Einschränkung liefert, obwohl der natürlich ins Auge fällt. Die am konstruktivsten zu verändernde Einschränkung liegt in der Führungskraft selbst. Damit hat man einen lösungsorientierten Fokus.

Die Beziehung »Führungskraft–Unternehmen«

Neben den auf die Mitarbeiterbeziehung orientierten Themenformulierungen können Fragestellungen der Beziehung zum Unternehmen in der Supervision problematisiert werden. Dies bezieht sich einmal auf die Lösung technischer Managementaufgaben wie die Planung und Erreichung bestimmter Verkaufs- und Bilanzziele. Die Beziehung zum Unternehmen betrifft aber auch besonders die Kommunikation mit dem eigenen Vorgesetzten und mit der Unternehmensleitung. Das hört sich im Einzelfall vielleicht einmal folgendermaßen an: »Wie gehe ich damit um, dass mein Vorgesetzter mir wenig Unterstützung gibt?«

Insbesondere ist hier die Beziehung zur Unternehmensleitung interessant, mit der sich Führungskräfte selbst in direkter Kommunikation begreifen. In der klassischen Organisationstheorie ist das anders vorgesehen. Dort gibt es Unternehmensziele. Für das »Herunterbrechen« der Unternehmensziele auf die jeweiligen Teile der Organisation sind die entsprechenden Manager der Führungsebenen zuständig. In den Köpfen vieler Unternehmensstrategen ist dieses hierarchische Maschinenmodell der Organisation noch weit verbreitet.

Psychologisch erleben sich Führungskräfte aller Ebenen einer Organisation jedoch auch in direkter Kommunikation mit der Unternehmensleitung. Dies veranschaulicht auch das Drei-Komponenten-Modell aus Mitarbeiter, Führungskraft und Unternehmen. Sie müssen täglich die Entscheidung der obersten Leitung für ihre Mitarbeiter kommunizieren. In einer Befragung von Managern zeigte sich, dass diese sich in einer Beziehung mit der Unternehmensleitung befinden. Insofern stellt ein Verkauf an ein anderes Unternehmen eine schwer wiegende Beziehungsveränderung dar. Aufgaben dieser Art gab es früher in dieser Ausprägung nicht, da nicht so viele schnelle, von den Unternehmensleitungen in die Wege geleitete Veränderungen stattfanden. Die Beziehung zum Unternehmen wird gerade dann besonderes strapaziert, wenn Entscheidungen über Fusionen, Betriebsstilllegungen sowie An- oder Verkauf von Unternehmensteilen stattfinden. Dann ist häufig die Transparenz der Information sehr eingeschränkt. Einzelne Vorgänge erinnern eher an feudale Herrschaftsstrukturen wie in der Geschichte, als der hessische Fürst zur Aufbesserung seiner Staatsfinanzen junge Männer als Soldaten an die Engländer verkauft hat.

Die Beziehung zum Unternehmen kann auch als Bezug zu abstrakten Größen wie beispielsweise zur erlebten Unternehmenskultur Entwicklungsthemen bringen. Dies ist ein Problem, wenn generell oder in einzelnen Bereichen die gewünschte Identität eines Unternehmens und die tatsächlich gelebte Unternehmenskultur sehr voneinander abweichen. Unternehmen treten Menschen mit einer bestimmten Ausdrucksqualität entgegen. Diese Ausdrucksqualität wird von vielen Menschen wie Kommunikation erlebt.

Es findet eine Kommunikation zwischen dem einzelnen Mitglied der Organisation und der imaginären *Organisationspersönlichkeit* statt (siehe Kapitel 2.2.). Organisationen formulieren bestimmte Einladungen an die Mitarbeiter, ihre Aufmerksamkeit in bestimmte Haltungen zu lenken. Taibi Kahler (1977, S.120) aus Little Rock, Arkansas, der auch den amerikanischen Präsidenten Bill Clinton beraten hat, beschäftigte sich insbesondere mit dynamischen Prozessaspekten von Beziehungskonstellationen. Er sieht darin »Prozesse der Zeitstrukturierung«, eine interessante Formulierung heute, wo Zeit zum Überlebensfaktor der Unternehmen wird. Wie gestaltet eine Führungskraft ihre Beziehung zum Unternehmen? Darin können tief verwurzelte Verhaltensmuster im professionellen Wirken einer Führungskraft zum Ausdruck kommen (siehe Kasten »Lebensrhythmen«).

In der Supervision kann die Auseinandersetzung mit den Reaktionen der Führungskraft auf diese Einladungen behandelt werden. Hinzu kommt, dass der Kommunikationsprozess mit der Unternehmenskultur in einem Sozialisationsprozess im Unternehmen langsam von einem Mitglied der Organisation internalisiert wird. Schleichend werden Bestandteile der Unternehmenskultur im Denken und Handeln von den Mitarbeitern übernommen. In der Supervision ist dieser Internalisierungsprozess häufig zu externalisieren und auf Brauchbarkeit zu überprüfen, um autonomer und auch für heutige aktuelle Herausforderungen fähiger zu werden. Wenn es um internalisierte Systemmuster geht, ist es nicht weit zu fragen, wie sich eine Führungskraft selbst steuert.

Lebensrhythmen

Lebensrhythmen zeigen sich in der Betrachtung größerer Lebenszeiträume, aber auch häufig in der Beobachtung kleiner Zeiträume.

1. *Niemals-Muster:* Dies trifft Menschen und Systeme, die umgeben sind von verlockenden Möglichkeiten, diese aber nicht genießen können. Sie fürchten die Dinge, die sie begehren.
   »Ich möchte so gern Führungskraft sein, aber die Verantwortung und der Ärger mit den Mitarbeitern halten mich ab.«
   »Ich möchte so gerne ein neues großes Auto haben, aber darf ich mir das überhaupt gönnen?«
   Dazu ein Bild aus der griechischen Sage: Tantalus steht bis zu den Knien in einem See und sieht herrliche Früchte über sich hängen. Trotzdem ist er verdammt, Durst und Hunger zu leiden, denn wenn er sich bückt, um zu trinken, schwindet das Wasser, und wenn er sich hochreckt, um nach Früchten zu greifen, schnellen die Äste hoch.
2. *Das Immer-Muster:* Für sie lautet der innere (von außen vermittelte) Satz: »Wenn es das ist, was du willst, so kannst du den Rest deines Lebens damit verbringen!«
   Menschen, die bei der Übernahme einer Verantwortung zuerst an eine »ewige« Gebundenheit denken.
   Bild aus der griechischen Sage: Arachne wagte es, Athene zum Wettkampf in der Kunst des Webens aufzufordern und wurde von dieser zur Strafe in eine Spinne verwandelt, als welche sie fortan gezwungen war, unaufhörlich ihr Netz zu knüpfen.
3. *Erst-wenn-Muster* (Bis-Muster, Bevor-nicht-Muster): Jemand darf sich erst etwas gönnen, wenn ein bestimmter Punkt erreicht ist (wenn die Ausbildung geschafft ist, … wenn er verheiratet ist, …wenn er ein Haus hat, … wenn die Kinder groß sind, … wenn er in Rente geht, ….wenn …)
   Bild aus der griechischen Sage: Herakles musste erst schwierige Aufgaben erfüllen – beispielsweise den Stall ausmisten, ehe er ein Halbgott werden durfte.

4. *Danach-Muster:* Diese Menschen erwarten, wenn es in ihrem Leben gut läuft, ein negatives Ereignis als Strafe.
   Bild aus der griechischen Sage: Damokles wollte einmal das Glück eines Herrschers von Syrien genießen. Es wurde ihm gewährt; er sah sich von allem nur möglichen Luxus umgeben, aber über seinem Haupt schwebte an einem dünnen Pferdehaar aufgehängt ein Schwert.
5. *Beinahe-Muster:* Diese Menschen erreichen nie genau das, was sie sich realistisch wünschen, sie bleiben immer ein Stück von ihrem Ziel entfernt.
   Bild aus der griechischen Sage: Sisyphos war in der Unterwelt aufgetragen worden, mit größter Anstrengung einen Felsbrocken einen Hügel heraufzuwälzen, aber jedes Mal wenn er den Gipfel beinahe erreicht hatte, rollte der Brocken wieder herunter.
6. *Unabgeschlossenes Muster:* Diese Menschen haben bis zu einem bestimmten Punkt in ihrem Leben ein klares Konzept, was ihnen wichtig ist und wo sie hinwollen. Diese Zuversicht ist in einem bestimmten Alter auf einmal weg und sie wissen nicht mehr, was sie wollen. Sie suchen nach Orientierung.
   Bild aus der griechischen Sage: Philemon und Baucis waren zwei alte fromme Leutchen. Sie hatten einmal die Götter, ohne sie zu kennen, freundlich aufgenommen, und wurden von ihnen nach ihrem Tod in Lorbeerbäume verwandelt. Da standen sie nun.

Quelle: Schlegel (1988, 158 ff.)

Die Beziehung der Führungskraft zu sich selbst

Auch die Beziehung der Führungskraft zu sich selbst weckt das Interesse an Supervision. Dann wird der Bezugsrahmen für die eigene Lebensorganisation neu hinterfragt. Ein Manager fragt sich: »Wie viel Energie bin ich in meiner jetzigen Lebensphase fähig und bereit, in meine berufliche Tätigkeit zu investieren?«

Eine andere Führungskraft ist gerade im besten Manageralter und wird durch die plötzliche Pflegebedürftigkeit ihrer Eltern mit einer vorher nicht da gewesenen Lebensherausforderung konfrontiert. Gerade die Lebensmitte stellt neue Herausforderungen, in denen Menschen Beratung gut tut. Der katholische Ordensbruder Anselm Grün hat die Tiefe der Fragestellungen der Lebensmitte herausgestellt. Menschen überprüfen ihr Leben noch einmal sehr grundsätzlich. Existenzielle und spirituelle Themen werden wichtiger. In dieser Zeit ist für Führungskräfte der Haupteinsatz im professionellen Bereich. Gleichzeitig treten erfahrungsgemäß Herausforderungen in anderen Lebensbereichen auf, die ebenso Lebensenergie benötigen. Der Beruf ist für viele ein zentrales Ausdrucksmittel der Persönlichkeit und bildet oft den Anknüpfungspunkt für die Entwicklung der Lebensgestaltung.

Viele Führungskräfte stecken heute in einem Dilemma: Einerseits die Verlockung eines recht guten Einkommens, auf der anderen Seite kaum zu bewältigende Aufgaben. Es sind Fragen, die von außen an die Führungskraft gestellt werden, wie Erziehung der Kinder oder Abschied von der vorhergehenden Generation. Gleichzeitig ist die Lebensmitte die Zeit, in der ein Mensch bestimmte Fragen an seine Lebensgestaltung stellt. Er überprüft den bisherigen Weg und erkennt, dass nicht mehr alles möglich ist. Entscheidungen bekommen eine größere Tragweite. Gerade Führungskräfte haben in dieser Lebensphase oft vom Materiellen her die Möglichkeit, ihr Leben noch einmal zu verändern und einige Risiken einzugehen. Nach außen zeigt sich die Überprüfungsphase durchaus auch schon einmal in reduziertem Engagement für die Firma. Erlaubt sich eine Führungskraft diese Überprüfungsphasen nicht, treten mentale und psychosomatische Probleme auf. Janet Halper (1994) sieht darin eine »stille Verzweiflung«, da das verbreitete Bild der Führungskraft problembehaftete Teile der Beziehung des Menschen zu sich selbst oft gänzlich ausspart.

3.4. Die Perspektiven der Supervision

In der Zeit des Arbeitsbündnisses mit dem Supervisor kann die Führungskraft Kompetenz in der Lösung einer Vielzahl von Führungsproblemen erwerben. Supervision ist ein Entwicklungsweg für Führungskräfte, der für die potenziell sehr unterschiedlichen Bezüge von Menschen in Führungsaufgaben Angebote macht. Sie begleitet die Führungskraft eine Zeit lang auf ihrem Weg und lässt sich an die aktuellen Erfordernisse der berufstätigen Menschen optimal anpassen.

Im Einzelfall nimmt der Supervisor eine bestimmte Perspektive auf. Es geht um die Frage: Worauf zielt die Supervision ab? Soll die Zusammenarbeit der Systemteilnehmer sich verändern? Soll jemand lernen, seine Rollen in der Organisation (Führungsrolle, Fachrolle) kompetenter auszufüllen? Oder ist der relevante Zielbereich die Persönlichkeit des Führenden?

Das Leben der Persönlichkeit im beruflichen Kontext zu betrachten wird durch eine Perspektiventrennung erleichtert:

- die Perspektive des Führungssystems,
- die Perspektive der Rollen und
- die Perspektive der Persönlichkeitsstruktur.

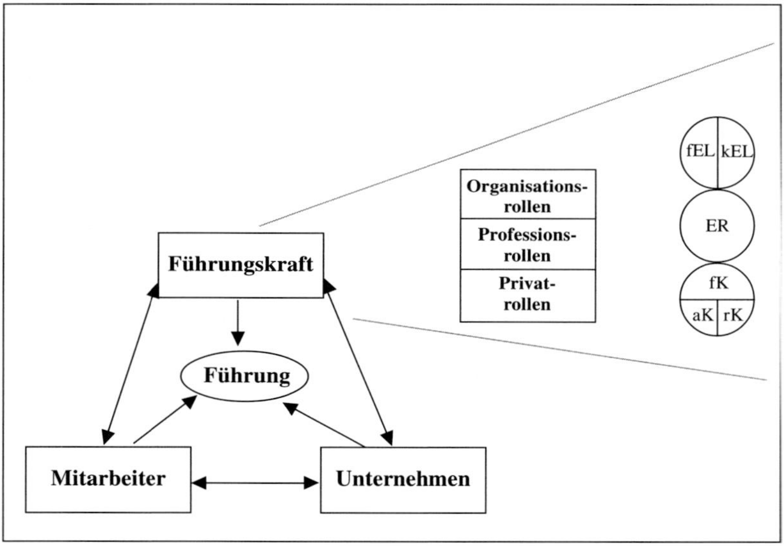

Abbildung 25: Führungssystem – Rollen – Persönlichkeit

In der Abbildung ist das Führungssystem in der Dreiecksform mit Führungskraft – Unternehmen – Mitarbeiter beschrieben. Die Rollen sind hier in die Organisationsrolle, die die spezifische Funktionsbeschreibung in einer Organisation wiedergibt, die Professionsrolle, die die erlernten Berufskompetenzen und die Privatrolle, die die Rollen in

Familie und Privatleben bezeichnet, differenziert. Als Persönlichkeitsmodell ist in der Abbildung das Sechs-Haltungen-Modell der Transaktionsanalyse mit der

- kritisch-»elterlichen« Haltung (kEl),
- fürsorglich-»elterlichen« Haltung (fEl),
- »Erwachsenen«-Haltung (Er),
- freies »Kind«-Haltung (fEl),
- angepasstes »Kind«-Haltung (aK) und
- rebellisches »Kind«-Haltung (rK)

aufgeführt. Dies sind sechs sehr unterschiedliche Kommunikationshaltungen, mit denen Menschen anderen gegenüber ihre Persönlichkeit ausdrücken. Zur Situationssteuerung der Supervision kann die Perspektive wie ein »Tiefen«-Fokus fungieren. Man kann in die Breite auf die Systembeziehungen schauen, etwas enger und tiefer auf die Rollenausfüllung und noch tiefer auf die Persönlichkeit. Tiefe ist dabei eine Metapher, die keine Wertung ist. Sie sagt aber etwas über die Einschränkung des Fokus aus, die der Supervisor bewusst entscheidet. Jede Perspektive umfasst bestimmte Aspekte und blendet andere aus.

Die Perspektive des Führungssystems

Das System kann in seinen vernetzten Beziehungen, genauso wie in dem gemeinsam geteilten Denkmuster, der so genannten Wirklichkeitskonstruktion im System, Thema sein. Entsprechend kann der Supervisor der Führungskraft für die Beziehungen beziehungsanalytische Fragen behandeln:

- Wie reagieren die einzelnen Mitglieder des Systems aufeinander?
- Welche Kommunikationen sind häufig?
- Welche Muster der Zeitstrukturierung sind häufig?
- Welche »Spielchen«, wie Eric Berne sie in »Spiele der Erwachsenen« beschrieben hat, werden im System gemeinsam inszeniert?

Dies kann um systemische Fragen ergänzt werden, beispielsweise danach wie der Vorgesetzte der Führungskraft reagiert, wenn die Führungskraft in einer bestimmten Weise mit ihren Mitarbeitern umgeht. Dies sind zirkuläre Fragen, weil sie die Reaktionen aufeinander wie in einem Zirkel rund herum in ihrem Ablauf eruieren.

Auf der wirklichkeitsanalytischen Ebene kann die Supervision klären, welche gemeinsamen Vorstellungen von Führung und Zusammenarbeit im System geteilt werden. Worum geht es überhaupt in der Organisation vor Ort, will man sich beispielsweise alles Äußere vom Hals halten oder gestaltet man Beziehungen nach außen offen? Die Systemmuster sind nicht selten einfache menschliche Impulse, bei denen sich die Systemmitglieder unterschwellig einig sind. Sie müssen nur oft unter einer Abwehrdecke von vielfältigen Sprach- und Kulturritualen in einem System freigelegt werden. Aber es ist zu prüfen, ob das System damit seinen von außen definierten Marktanforderungen und seinen inneren Anforderungen des »Miteinander-Arbeiten-Könnens« gerecht wird.

Die Perspektive der Rolle

Eine zweite Ebene ist die der Rolle, die Menschen in ihrer Führungstätigkeit wie auch in anderen Lebensbezügen einnehmen. Supervision dient der Entwicklung von Menschen. Insofern ist das Bild wichtig, das sich der Supervisor vom Menschen macht. Es drückt sich in seiner Persönlichkeitskonzeption aus. Das Persönlichkeitskonzept für die Supervision ist somit nicht unabhängig vom Kontext. Persönlichkeit sei hier verstanden als die Gesamtheit der Systeme aus Denken, Fühlen und Handeln einer Person. Dagegen beinhaltet der Persönlichkeitsteil in einer Rolle einen bestimmten Kontextbezug. »Eine Rolle ist ein kohärentes System von Einstellungen, Gefühlen, Verhaltensweisen, Wirklichkeitsvorstellungen und zugehörigen Beziehungen« (Schmid, 1994). Der Fokus der Rolle wird in Kapitel 3.5. vertieft.

Die Perspektive der Persönlichkeit

Ebenso kann man die Führungskraft in ihrer Persönlichkeit betrachten. Viele Führungskräfte scheitern daran, dass sie Persönlichkeiten begegnen, die ihnen fremd sind und mit denen sie aus ihrer eigenen Struktur heraus keine Umgangsweisen finden. Gerade dafür ist Persönlichkeitsbewusstsein ein zentrales Lernziel. In Abbildung 25 (S. 124) ist als ein Beispiel das transaktionsanalytische Funktionsmodell dargestellt. Es richtet das Auge auf die typischen Ausdrucksweisen einer Person in vielen Lebenskontexten. So kann beispielsweise die Blickrichtung in der Supervision einer Führungskraft lauten, wenn man die Verbreitung eines persönlichen Musters erkennen will. An dieser Stelle können auch andere Modelle hilfreich sein wie das Persönlichkeitsmodell des Enneagramm. Die Fokussierung auf die Persönlichkeit wird gerade in längerfristigen Entwicklungsprozessen günstig sein, wenn eine Führungskraft grundlegende Muster ihrer Persönlichkeit ändern will. Das Ziel kann auch sein, die Persönlichkeitsentwicklung im Lebensverlauf zu sehen:

- Welchen Gesamtentwicklungsweg geht eine Führungskraft?
- Wie ist die Berufslebensgestaltung in die Lebensgestaltung eingebettet?
- Wie sind die Fähigkeiten zum Umgang mit neuen Fragestellungen?
- Werden sie mit den vorhandenen Antworten ausreichend beantwortet?

Zum Teil können aber auch bisher unzureichend erledigte frühere Lebensthemen einer Person heute adäquate Antworten behindern. Auf dem Hintergrund Persönlichkeit werden Führungskräfte immer wieder mit zwei Herausforderungen an ihre eigene Persönlichkeit konfrontiert: Altes korrigieren und Neues entwickeln. Die Anforderungen kommen dabei sowohl von außen aus der Umwelt der Führungskraft als auch von ihr selbst.

3.5. Führungs-Supervision unter Nutzung der Rollenperspektive

Organisationsrollen, Professionsrollen, Privatrollen

Im Rollenmodell wird die Persönlichkeit betrachtet, wie sie sich in einem bestimmten Kontext äußert. In einer Berufsrolle reagieren viele Menschen faktisch anders als im privaten Umfeld. Außerdem sind die Rollenerwartungen dort auch jeweils sehr unterschiedlich. Dieser Unterschied ist eine sehr günstige Fokussierung in Supervisionen und soll daher ausführlicher betrachtet werden. In der Führungsrolle zeigt der Mensch in der Organisation den Ausschnitt seiner Persönlichkeit, der auf den Wirklichkeitsbezug »Führen in der Organisation« gerichtet ist.

Die praktischen Fragen, die einer Führungskraft begegnen, sind in der Regel nicht zufällig. Sie treffen auf die notwendigen Lernfelder einer Führungskraft. Denn sie entstehen durch die Ausprägungen der Persönlichkeit, die ein Mensch in der Führungsrolle zeigt. Nach außen offenbart ein Mensch seine Interpretation der Führungsrolle, wie ein Musiker ein Musikstück interpretiert. Dies lebt er in seinen Beziehungen im Führungssystem Mitarbeitern und dem Unternehmen gegenüber. Insofern ist das Leben der Führungsrolle die zentrale Zielebene der Supervision. Ein Persönlichkeitsmodell für das Leben von Menschen in Wirtschaft und Organisationen sollte die verschiedenen Bezüge von Menschen zu ihrem Leben aufzeigen. Das Drei-Welten-Modell von Schmid (1994) schlägt als Denkansatz vor zu betrachten, wie sich eine Persönlichkeit in drei Feldern ausdrückt, in der Privatwelt, der Organisationswelt und der Professionswelt.

Die Persönlichkeit zeigt sich dementsprechend in Organisationsrollen, Professionsrollen und Privatrollen. Die Rolle ist auf einen bestimmten Kontext (privat, Berufsgruppe, spezielles Unternehmen) gerichtet. Dieses Rollenkonzept ist deshalb sehr interessant, weil es das Handeln der Menschen in einem bestimmten Kontext von innen heraus aufzeigt. Fühlt sich jemand eher in seiner Berufsqualifikation als Fachmann angesprochen oder in seiner Organisationsbezeichnung als Vorgesetzter mit einem bestimmten Titel? Gerade für Führungskräfte erwächst hieraus oft die Schwierigkeit, den besten Bezug zu finden.

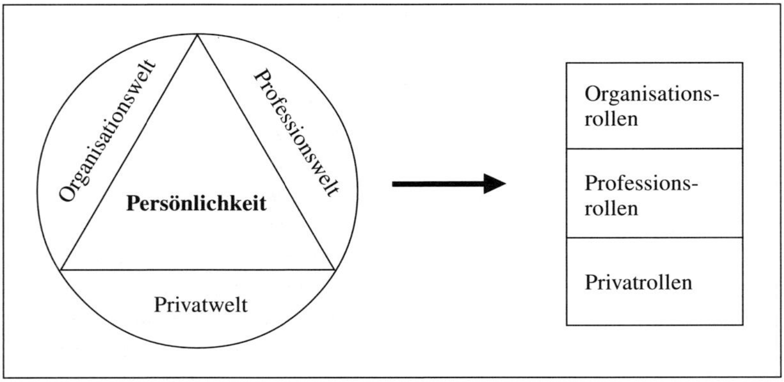

Abbildung 26: Rollen im Organisationskontext

Organisations-rollen	**Abteilungsleiter**
Professions-rollen	**Führungsrolle**
	Wertpapierspezialist
Privat-rollen	**Vater**

Abbildung 27: Beispiele für Rollen

> Ein Beispiel ist eine Führungskraft einer Firma, der eine Abteilung mit Mitarbeitern leitet und Vater ist. Als Abteilungsleiter füllt er eine Organisationsrolle aus. Diese Rolle ist in ihrer Ausgestaltung sehr von der einzelnen Organisation abhängig. Führungskraft sein ist eine Professionsrolle. Ist er in einer Bank tätig und Wertpapierspezialist, hat er eine weitere Professionsrolle. Die Vaterrolle ist eine Privatrolle.

In der Organisationsrolle ist das enthalten, was sich aus der spezifischen, oft formalisierten Rollenbeschreibung zum Beispiel eines Abteilungsleiters in einem Unternehmen ergibt. Die Professionsrolle »Führungskraft« hat eine andere Betonung. Kompetenz im Bereich der Professionsrolle lässt sich in unterschiedlichen Organisationen und Organisationskontexten anwenden. Führen als Wahrnehmen einer Profession, eines eigenen Berufes, hat zumindest zwei besondere Anforderungen zur Folge:

- den professionellen Einsatz der Führungsinstrumente und
- die professionelle Entwicklung der eigenen Persönlichkeit.

Dass Vater, Mutter, Ehemann, Ehefrau, Geliebter oder Geliebte Privatrollen sind, erscheint offensichtlich. Die Erfahrung zeigt jedoch, dass vielen Vorgesetzten in Unternehmen ein bewusster, unvermischter Einsatz von Privat- und Professions- bzw. Organisationsrolle schwer fällt. Gesellschaftliche und wirtschaftliche Veränderungen fordern hier ebenfalls Tribut. So hatte gerade in deutschen Unternehmen der patriarchalische Führungsstil eine große Tradition. Der patriarchalische Führungsstil beruhte jedoch auf der Übertragung einer Privatrolle (der strenge, in Notsituationen aber auch gewährende Vater) in die Professionsrolle.

In einem Unternehmen wurde die Rollenüberlagerung bewusst eingesetzt. Dort wurden Frauen insbesondere in Krisenbereichen als Führungskräfte eingesetzt, um dort »mit ihrer weicheren Art« die Konflikte besser zu kurieren.

In der Supervision von Führungskräften in rigideren Systemen wie Verwaltungen, Behörden oder Banken, wo es oft üblich ist, als Lehrling in das Unternehmen einzutreten und ein ganzes Berufsleben in der Organisation zu verbringen, ist die Konstruktion der Unterscheidung zwischen Organisations- und Professionsrolle eine wichtige Erfahrung. Oft treten Menschen sehr jung in diese Organisationen ein und bleiben dort sehr lange. Ihr Anfangsbild, das sie vielleicht in ihrer Ausbildung gegeben haben, werden sie bei manchen nie mehr los. Für viele bleibt dann der Jüngere weiterhin der, den man an Sohnesstatt adoptiert hatte. Problematisch wird dies insbesondere, wenn der »Sohn« dann Vorgesetzter des »Vaters« wird. Die heute gängigen Umstrukturierungssituationen in Unternehmen bringen in diese Übertragung der Privatrollen in das Professionsleben hohe Unsicherheit.

> In einem öffentlichen Unternehmen hatten gerade langjährige Mitarbeiter Probleme in der Unterscheidung der Organisationsrolle und der Professionsrolle. Dies korrespondierte mit dem Ruf nach mehr Regelungen für die Organisationsrolle. Die Firma sollte dann für die Vorgesetztenposition in der Organisation Leitlinien vorgeben. Für manche Führungskräfte war dies die Art, sich um die Entwicklung der professionellen Fähigkeiten als Führungskraft, einen Aspekt der Professionsrolle »Führen«, zu bringen.

Ebenso wird häufig unreflektiert ein elterliches Verhaltensmuster, das man in der eigenen Familie selbst erlebt hat oder für richtig befunden hat, auf die Vorgesetztenfunktion übertragen. Gerade in Stress-Situationen, die im heutigen Managementalltag normal sind, versuchen Menschen die Muster ihres primären sozialen Systems, des Familiensystems auf die aktuellen Anforderungen zu übertragen. Dies vernachlässigt die Kontextunterschiede von Organisationen gegenüber Familien. Innerhalb der Professionsrollen kann es sehr verschiedene geben, die jeweils einen anderen Wirklichkeitsbezug beinhalten. Fast jede Führungskraft ist auch Fachkraft. Menschen werden oft Führungskräfte, weil sie in einer fachlichen Professionsrolle erfolgreich waren. Kommt die Führungsrolle hinzu, sind oft »Rückfälle« in die vertrautere Fachrolle festzustellen. Der Ansbacher Managementberater Erich Hartmann (1997) hat in diesem Zusammenhang vorgeschlagen, eine Leitrolle zu identifizieren, die die Komplexität reduzieren hilft.

Rollenperspektive und Veränderungsrichtung

Die Veränderungsrichtung in der Führungskräfte-Supervision hängt entscheidend von der Rollendiagnose ab, die der Supervisor aus seiner Perspektive für das Handeln der Führungskraft vornimmt. In Umbruchsituationen von Unternehmen werden die Mitarbeiter und insbesondere die Führungskräfte stark beansprucht. Es verändert sich viel. Es gibt Mehrarbeit und Verluste. In dieser Phase klagen sie häufig über die Zustände. Die Richtung der Entwicklung für die Führungskraft hängt davon ab, welcher Rolle man das Klagen zuschreibt. Wie ist das Klagen einzuordnen?

- *Variante 1:*

Es hört sich tatsächlich sehr nervig an. Warum wird geklagt? Hier spielt einer das Spielchen »Ist es nicht schrecklich?«, was in immer wiederkehrenden Klagen und in Einladungen an andere, da mitzumachen besteht, begleitet von der Parole »man (ich) kann ja doch nichts ändern«. Dies wäre eine privat-persönliche Rollenzuschreibung. Bei dieser Attribution wäre die Veränderungsrichtung eher, das Kommunikationsmuster frühzeitig zu unterbrechen und den anderen mit seinen eigentlichen Manageraufgaben zu konfrontieren.

- *Variante 2:*

Das Klagen ist der Frust über tatsächlich ungeregelte Zustände. Die Mitarbeiter klagen auch darüber. Auch bei sachlicher Prüfung bleibt dies die Hypothese. Es liegt also ein Problem der Organisation vor. Die Klagen sind dann wichtig für die Organisationsrolle des Vorgesetzten, wenn sie Veränderungen damit anregen. Das heißt das Klagen ist lösungsfördernd und muss seinen Platz haben. Aus der Rolle als verantwortlicher, professioneller Mitarbeiter ist abzuwägen, wie die Energie in Veränderungen umgemünzt werden kann. Eine mögliche Interventionsrichtung ist, den Klagen Raum zu geben und die Energie zu nutzen, um Veränderungsmöglichkeiten zu suchen.

- *Variante 3:*

Das Klagen hat mit der Professionsrolle zu tun. Wenn ein Mensch sensibel ist für Umweltsituationen, reagiert er emotional. Also ist Klagen ein gutes Zeichen. Es ist eine Führungskraft, die vorher im Unternehmen eher mit einem inneren Programm »Zeig keine Gefühle und sei stark« reagiert hatte. Für eine moderne Führungskraft gehört emotionales Bewusstheit und auch Äußerungsfähigkeit zum professionellen Leben dazu. Eine mögliche Intervention wäre, dem Klagen zuzuhören, auf der emotionalen Ebene zu bleiben und dies als Teil einer modernen Professionsrolle Führungs-»Mensch« wertzuschätzen.

Die Entscheidung für die Variante bestimmt die Veränderungsrichtung. Führungsentwicklung bedeutet dementsprechend aus der systemischen Perspektive Bewusstsein über die eigene Rolle und Kompetenz in der Rollenausfüllung. Dies heißt in der Führungskräftesupervision im einen Fall Auseinanderflechten von Rollenüberlagerung.

Im anderen Falle bedeutet es erst den Aufbau eines Bewusstseins für die professionelle Rolle im Gegensatz zur Organisationsrolle. Das Rollenmodell beruht auf einer alten »systemischen« Erfahrung: Menschen zeigen je nach Kontext unterschiedliches Verhalten, ja sie fühlen und denken sogar unterschiedlich. Gerade für Führungskräfte stellt sich dabei die Frage, wie sie in der Organisationsrolle, die ihnen gegeben wurde und der Professionsrolle, die sie gewählt haben, ihre Persönlichkeit kontextbezogen leben können. Die Supervision begleitet den individuellen Entwicklungsprozess der Persönlichkeit, indem sie auf den Einklang der Perspektiven achtet. Die Zentralperspektive des Lebens

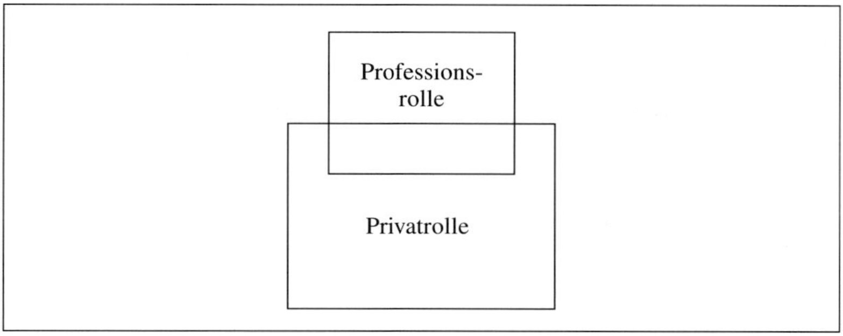

Abbildung 28: Rollenüberlagerung

der Führungsrolle ist in der Supervision immer wieder zu ergänzen um die Perspektive des Transfers und der Realisierung im System Führung sowie gleichzeitig um die Voraussetzungen und die Auswirkungen, die diese für die Persönlichkeitsstruktur bedeuten.

3.6. Wirksamkeit von Supervision

Die Wirksamkeit der Supervision hängt auf der Transferebene des Systems vom Zusammenwirken aller drei Kraftfelder, Führungskraft, Mitarbeiter und Unternehmen ab. Bezüglich der Wirkfaktoren in der Supervision von Führungskräften geben die vier Faktoren von dem Psychologieprofessor Klaus Grawe wichtige Hinweise:

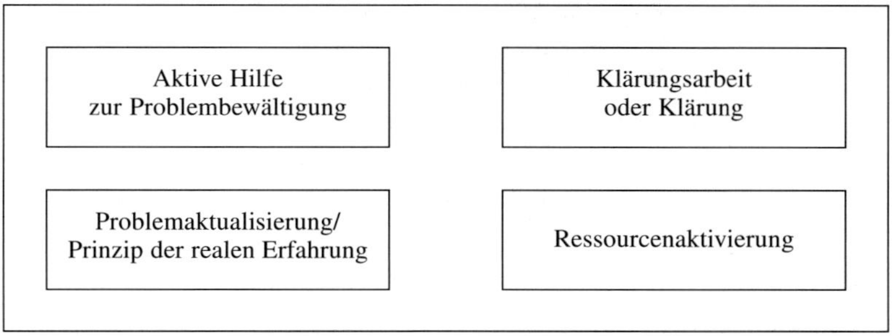

Abbildung 29: Wirkfaktoren

Supervision muss aktiv bei der Problembewältigung helfen. Es geht also in Lern- und Entwicklungsprozessen einer Führungskraft darum, dass vier Bedingungen zusammenkommen:

- Das *Problem* muss *aktualisiert* werden, in irgendeiner Weise inszeniert werden. Psychoanalytisch gesehen kommt es in der so genannten Übertragungsbeziehung zum Berater zum Vorschein. Der Kunde oder Klient der Beratung lebt seine persönliche Einschränkung auch in der Beziehung zum Berater. Er ist beispielsweise übermäßig ängstlich bei Verhaltensexperimenten. In anderen Methoden werden die Themen in Szene gesetzt, etwa in einem Rollenspiel. In der Verhaltensmodifikation wird an der konkreten Lernaufgabe auf Verhaltens- und Denkebene gearbeitet.
- Es muss eine *Klärung* erreicht werden. Für den Supervisionskunden muss die Sache, um die es ging, nach der Beratung klarer sein als vorher. Sie brauchen entweder ein verändertes Denkmuster oder ein besseres Gefühl der Stimmigkeit. Klärung kann hier auch die klare Konfrontation widersprüchlicher Positionen bedeuten, wenn vorher eher Durcheinander wahrgenommen wurde.
- Es muss eine *aktive Hilfe zur Problembewältigung* stattfinden. Der Kunde muss den Eindruck haben, dass auf Seiten des Beraters ein Interesse und ein Bemühen zur Hilfe vorhanden ist. Hilfe bedeutet nicht Rettung in dem Sinne, dass der Berater etwas tut, was eigentlich im Verantwortungs- und Fähigkeitsbereich des Kunden liegt.
- *Ressourcenaktivierung* muss erreicht werden. Das Lernen ist die Mobilmachung der Potenziale eines Menschen. Klaus Grawe (1994) hat die dargestellten Faktoren interessanterweise zwar aus den insgesamt vorliegenden Untersuchungen zur Wirksamkeit von Psychotherapie herausgefiltert. Dennoch gibt es die begründete Vermutung, dass die professionelle Persönlichkeitsentwicklung im Supervisionsprozess durch die gleichen Aspekte begünstigt ist, da es um Prozessaspekte auf dem Veränderungsweg geht. Für den Führungskräfte-Supervisor erscheinen diese Faktoren für die Auswahl seiner Methoden interessant, da sie einerseits eine sehr stark umsetzungsorientierte Komponente zum Ausdruck bringen und gleichzeitig eine hohe empirische Validität besitzen.

Die Führungskraft bestimmt in der Supervision selbst die Relevanz der Themen und damit ihren persönlichen Entwicklungsweg. Es stellt sich ein persönlicher Verlauf ein, der über die Vertragsdauer der Supervision anhand der praktischen Herausforderungen des Führungsalltages gesteuert wird.

Dabei verknüpft Supervision für Führungskräfte sowohl Beratung als auch Training in der Lösung der gerade anstehenden Probleme. Es wird die Problemlösekompetenz in unterschiedlichen Situationen trainiert.

Lernt eine Führungskraft über einen gewissen Zeitraum unter Beratung, die jeweils für sie relevanten Führungsprobleme zu lösen, erhält sie ein methodisches Rüstzeug für weitere Situationen. Die Sicherheit, die dadurch entsteht, macht den Weg frei, dass Führungsentwicklung als persönliche Entwicklung erlebt wird.

3.7. Supervision als marktwirtschaftliche Institution

Supervision und Transaktionskosten

Unter welchen Bedingungen kann sich Supervision für Führungskräfte längerfristig als Angebot und Kulturimpuls in Organisationen etablieren? Es reicht nicht, wenn ein Verfahren interessant ist (»nice to have«). In marktwirtschaftlichen Ökonomien gilt: Institutionen entwickeln sich, wenn sie helfen Transaktionskosten zu sparen. *Transaktionskosten* sind Kosten, die um die Transaktionen in Geschäftsprozessen herum als Reibungsverluste, Risikokosten oder Qualitätsverluste entstehen. Institutionen halten sich solange, wie sie diese Funktion erfüllen. In dieser Situation muss eine neue Institution, wie sie auch die Supervision von Führungskräften ist, einen Return on Investment versprechen. Sie muss andere Transaktionskosten entscheidend vermindern.

Supervision und die Qualität des Führungssystems

Als erstes leistet Supervision eine Qualitätssicherung für das Führungssystem. Supervision war ursprünglich ein Verfahren, das die Qualität der Dienstleistung in sozialen Berufen erhalten und verbessern sollte. In der Dienstleistung Führung von Mitarbeitern stellt sich die Herausforderung der Qualitätssicherung heute zunehmend, da die Anforderungen an Führung größer geworden sind. Zur Qualität trägt dabei die Bewusstheit und das Befinden der in den Berufen Tätigen bei. Diese Ergänzung des Qualitätsbegriffs wird heute in Wirtschaftsunternehmen zunehmend gesehen, da die Spielräume auf der technischen und Hard-Fact-Ebene oft ausgereizt sind oder zumindest nicht ohne Fortschritte im organisationskulturellen Bereich zu realisieren sind. Gerade in Umstrukturierungszeiten sind die Transaktionskosten hoch. Supervision von Führungskräften bringt diese notwendige Kultur der flexiblen und situationsbezogenen Problemlösung in ein Unternehmen ein.

Supervision zur Wegbegleitung

Ein weiterer Aspekt ist ihre Ergänzung zu Veränderungen im Managementinstrumentarium. Fortschritte im Controlling, welche die EDV möglich macht, haben zeitweise zu einer neuen Distanz im Führen geführt. Der Vorgesetzte kann in Distanz zum Mitarbeiter gehen und wie ein Jury-Mitglied über dessen Zielerfüllung urteilen. Management lässt sich aber nicht auf das Zahlenabfragen reduzieren. Die Umsetzung der Wegbegleitung, die eine Führungskraft mit Mitarbeitern von einem Ist-Zustand zu einem Soll-Zustand zu leisten hat, wird durch Supervision eine Zeit lang modellhaft gezeigt.

Supervision und ganzheitlich-methodische und persönliche Kompetenz

Ein dritter Aspekt liegt in der gesellschaftlichen Funktion von Führungskräften: Manager werden heute vielfach als die gestaltenden Faktoren nicht nur der Wirtschaft, sondern auch der Gesellschaft angesehen. Zudem müssen sie gesellschaftliche Veränderungen in die Wirtschaft übersetzen. Führungskräfte bekommen sehr schnell die Dynamik wirtschaftlicher Veränderungen zu spüren. Ihre Aufgabe ist es, darauf angemessen zu reagieren. Die aktuellen Veränderungen betreffen vor allem den Prozessaspekt, die Art wie sich Entwicklungen heute vollziehen. Die Geschwindigkeit von Entwicklungen in Gesellschaft und Wirtschaft hat sich beschleunigt. Früher unvereinbare Elemente treten heute gleichzeitig auf wie wirtschaftliche Aufschwungdynamik bei zunehmender Gefährdung der Arbeitsplätze. Zusätzlich bleiben Begrenzungen wirtschaftlicher Aktivität durch die Belastung der ökologischen Systeme. Dies ergibt unklare Zukunftsszenarien. Überhaupt lassen sich Trends weniger gut fortschreiben. Szenarien mit relativ gesicherter Auftrittswahrscheinlichkeit gibt es nur noch für kürzeste Dauer. Persönliche Erfahrungen aus früheren Situationen erscheinen weniger anwendbar. Altbewährtes Denken und Verhalten verliert seine Rolle als tragfähiges Konzept für eine gesunde Entwicklung. War es über einige Generationen günstig, Führungsqualität als Aufbau eines stabilen Bezugsrahmens mit festen Grundsätzen für relativ konstante Umfeldbedingungen zu verstehen, ist heute Flexibilität, ständige Gefasstheit auf Veränderungen für Manager gefordert. Insgesamt werden stetige Veränderungsprozesse immer mehr die Regel, nicht die Ausnahme. Gleichzeitig Kontinuität herzustellen wird die Herausforderung. Diese Umkehrung von Basisprozess und Zusatz wird gerade für Manager in Branchen zum Problem, deren Produkte durch Konstanz und Kontinuität ihren Wert bekamen (Öffentliche Verwaltung, Banken etc.). Auf diesem Hintergrund wird die ganzheitliche methodische und persönliche Kompetenz des Umgehens mit den heutigen wirtschaftlichen und gesellschaftlichen Veränderungen zum Markenzeichen guter Führungskräfte. Komplexitätsmanagement ist davon ein Stichwort. Einerseits systemangemessene, andererseits für den Einzelnen wesensgemäße Lösungen sind gefragt. Effizienz setzt hier einen längeren kontinuierlichen persönlichen Entwicklungsprozess voraus. Supervision wird von Führungskräften dazu als eine passende Dienstleistung erlebt.

3.8. Beispiel: Ein Praxisberatendes Qualifizierungs-System (PQS) für Führungskräfte

Zwischen 17.00 und 20.00 Uhr, wenn die meisten Geschäftsstellen geschlossen sind, treffen sich regelmäßig Führungskräfte im Bildungszentrum einer Regionalbank. Sie kommen zusammen, um in der Gruppe mit einem Berater (Supervisor) gemeinsam praktische Fälle ihrer Führungspraxis zu lösen. Problemlösung und Weiterbildung sind verknüpft.

Organisation der Praxisberatungsgruppen

Für die Firmierung der Supervision wurde der Begriff »Praxisberatung« gewählt, weil der Einstieg zu einem Zeitpunkt stattfand, als Supervision in Unternehmen noch zu fremd klang. Die Rahmenbedingungen der Praxisberatungsgruppen sind:

- Gruppengröße: 4–5,
- Dauer: 2–2,5 Stunden,
- Kollegen vergleichbare Hierarchiestufe die nicht direkt zusammenarbeiten,
- Regelmäßiger Turnus mit zehn bis zwölf Terminen im Jahr,
- Professionelle Leitung.

Die Themen in der Praxisberatung

Die aktuellen Situationen und Probleme des Führungsalltages stellen die Themen. Dies betrifft alle Komponenten der Organisationsbeziehungen, die eine Führungskraft hat. Es ist einmal das Umgehen mit Mitarbeitern, die Beziehung zum Unternehmen oder auch die Beziehung der Führungskraft zu sich selbst.

Die Themen sind so unterschiedlich wie der Führungsalltag. Sie sind außerdem durch die aktuellen Veränderungen im Unternehmen geprägt. Denn in den Banken tut sich einiges: Fusionen von Organisationseinheiten, Umstrukturierungen, neue Vertriebssysteme. Dies spiegelt sich in den Anforderungen an die Führung im Alltag wieder. Unternehmensstrategische Entscheidungen geben eine Richtung an. Für die konkrete Umsetzung sind die Führungskräfte vor Ort gefordert. Im Vertriebsbereich, in dem dauernder Kundenkontakt die Regel ist, führt dies zur Doppelaufgabe: das Geschäft aufrechterhalten, damit der Cash Flow des Unternehmens gesichert ist, außerdem Veränderungen realisieren, um die Zukunft zu sichern. Auch in diesem Projekt, an dem vorwiegend Vertriebsführungskräfte teilnahmen, war klar: Die Art, wie in einer Organisationseinheit geführt wird, hat direkten Einfluss auf die Art, mit der sie die Beziehung zu ihren Kunden gestaltet. Führungsbeziehung und Geschäftsbeziehung sind ein System. Die gleichen Menschen beeinflussen beide Prozesse.

Doch das waren nur die äußeren Faktoren. Im Kopf der Führungskräfte muss sich heute viel tun. Der Einzelne muss sich verändern. Sonst kann er seine Anforderungen nur schwer bewältigen. Banken zählen zu den behördenähnlichsten Unternehmen. Die Rolle als Manager ist für viele neu. Managen bedeutet Dinge in die Hand nehmen und praktische Lösungen erarbeiten. Wesentliche Veränderungen der Rolle der Führungskräfte zeigen sich in erster Linie für die Vertriebsführungskräfte.

Gerade in Banken konnten Führungskräfte lange Zeit Verwalter von Vorschriften aus Organisationshandbüchern sein. Viele haben das früher beklagt. Heute wird der Zeit zum Teil nachgeweint, weil die Veränderung so schnell erfolgt, dass die Organisationshandbücher nicht nachkommen. Restrukturierungsprozesse können nicht warten, bis jede Kleinigkeit der Organisation geregelt ist. Dies ist die erste Erfahrung von Umstrukturierungsprozessen. Praxisberatung macht hier ein konkretes Unterstützungsangebot. Die Praxis ist heute gefordert. Nur lernende Organisationen überleben. Und es kommt darauf an, das Richtige zu lernen.

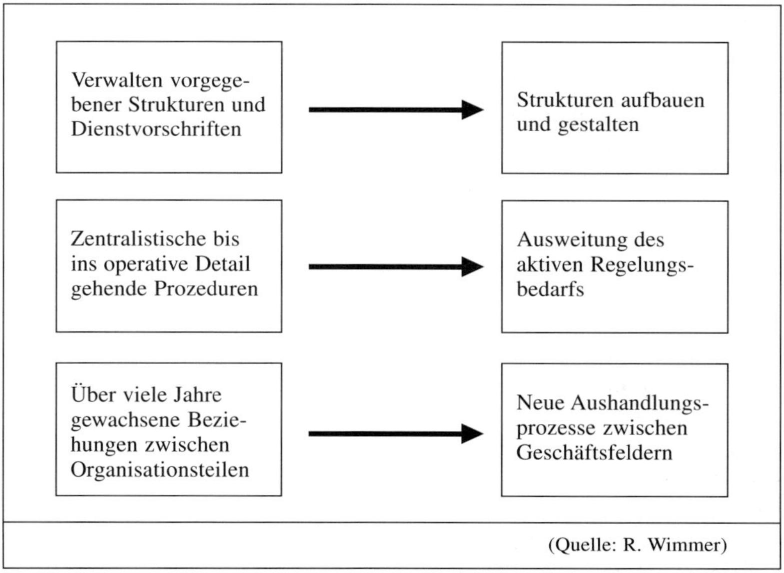

Abbildung 30: Veränderung der Anforderungen an Führung

Praxisberatung als Supervision der einzelnen Führungskraft

Der Supervisor tritt in der Praxisberatung beim einzelnen Praxisfall mit dem jeweiligen einzelnen Führungssystem des Fallgebers in Kontakt. Das System »Führungssupervision« koppelt an das System Führung an. Der Supervisor begibt sich mit dem Unternehmen und der einzelnen Führungskraft in eine bestimmte Beziehung. Die Entscheidung, über die Führungskraft das einzelne Führungssystem zu erschließen, ist auch eine ökonomische Entscheidung. Teamsupervision, bei der das ganze Team inklusive Führungskraft beraten wird, entwickelt ein anderes Beziehungssystem. Es ist ein aufwändigeres, aber ebenfalls denkbares Verfahren zur Entwicklung eines Führungssystems. Zwei weitere Gründe sprechen für die Vorgehensweise der Führungskräftesupervision. Gerade in Unternehmenskulturen, die traditionell aus eher patriarchalischen Strukturen erwachsen sind, ist der Schritt, gemeinsam in die Teamsupervision zu gehen, für Führungskräfte nicht so nahe liegend. Die Supervision für Führungskräfte ermöglicht außerdem ein Eingehen auf die aktuell anliegenden Themen, die in einem sehr breiten Fächer von Weiterbildungsthemen (»normale« Führungsthemen, Managementthemen, Reorganisation, persönlicher Umgang mit der Führungsrolle) bestehen.

Der Supervisor benötigt einerseits Feldkenntnis über den Rahmen und die Bedingungen des jeweiligen Führungssystems vor Ort. Sonst wird er kaum spezifische Lösungen unterstützen können. Andererseits benötigt er die Fähigkeit, immer innerlich die nötige professionelle Distanz zum einzelnen Fallthema zu behalten. Wichtig ist weiterhin die Diskretion der Arbeit in den Gruppen sowie eine klare Abgrenzung gegenüber Sozialberatung. Inhalt der Supervision ist Führungsweiterbildung und Lösung von Führungsproblemen.

Methodische Instrumente

In der Praxisberatung entwickeln die Führungskräfte in kleinen Gruppen ihre Führungskompetenz mit Hilfe des gesamten Methodeninventars, das Praxisberatung, Coaching und Supervision heute zur Verfügung stellen. Diese Form der Weiterbildung vermittelt Führungsfertigkeiten, versorgt zusätzlich mit dem neuesten Managementwissen und lehrt es anzuwenden. Mit einem professionellem Supervisor wird Persönlichkeitsentwicklung in der Führungsrolle möglich. Außerdem bietet dieses Qualifizierungssystem den Führungskräften die Möglichkeit einer Unterstützung bei der aktuellen Problemlösung. Dies schafft wiederum Wissen in der Organisation. Aus der Personenqualifizierung wird so auch Systemqualifizierung.

Bei der methodischen Steuerung der Gruppen spielen der systemische Ansatz und die Transaktionsanalyse eine entscheidende Rolle in der Arbeit. Die systemische Komponente zeigte sich beispielsweise in der Orientierung, dass Führung in einer Organisationseinheit ein gemeinsam getragenes »Gut« ist. Die systemischen Interventionen fördern in einer Organisationseinheit eine Kultur der Zusammenarbeit, die unter den Rahmenbedingungen, die eine Führungskraft gibt, selbstständiges und initiatives Arbeiten aller in einem Führungssystem ermöglichen.

Die Transaktionsanalyse gibt über ihr Persönlichkeits-, Kommunikations- und Veränderungskonzept ein breites Interventionsrepertoire vor. Sie eignet sich insbesondere in turbulenten Umstrukturierungszeiten zur Aktivierung der Menschen hin zu lösungsorientiertem Vorgehen.

Diese methodische Basis wird ergänzt durch Wissenstransfer. In der Praxisberatung bedeutet Führen weiterentwickeln, sich auch mit Wissensthemen im Bereich Führung auseinander zu setzen. So bekommen die Teilnehmer regelmäßig Unterlagen »Trends und Perspektiven zu Führung und Management«, in dem in der Fachwelt aktuell diskutierte Themen aus Führung und Management beschrieben sind. Der Teilnehmer kann in einer Mappe seine bearbeiteten Praxisfälle und die erhaltenen Wissensbeiträge sammeln. So behält er seinen individuellen Lernprozessverlauf im Auge.

Da die Praxisberatung in der Regel im Bildungszentrum stattfindet, bildet die methodische Vorgehensweise »Tournee« hier eine wertvolle Ergänzung. Dabei werden die Sitzungen der Praxisberatungsgruppe von Zeit zu Zeit in den einzelnen Organisationseinheiten der Teilnehmer durchgeführt.

Resonanz der teilnehmenden Führungskräfte

Eine anonyme Befragung von Teilnehmern der Praxisberatungsgruppen für die Arbeit eines Jahres ergab Ergebnisse zum Nutzen und zum Erleben dieses methodischen Ansatzes.

Auf die Frage, inwieweit die Teilnehmer die Themen und Problemstellungen, die ihnen wichtig waren, in der Praxisberatung besprechen konnten, gaben 76,5 Prozent die maximale Wertung mit vollkommen ausreichend. Dass die Praxisberatung für den Teilnehmer selbst bei den entscheidenden Herausforderungen im Jahr hilfreich war, beantworteten 94,1 Prozent mit ja.

Danach konnten die Teilnehmer auf zwei offene Fragen antworten. Die erste war inhaltlich orientiert und betraf den Nutzen bezüglich der Themen, die sie mitbrachten. Bei der zweiten Frage ging es um die Art des Arbeitens der Praxisberatung.

Wie zeigte sich der Nutzen bezüglich der Themen, die die Teilnehmer einbrachten?

Hier ergaben sich verschiedenartige Nutzen. Dies beginnt mit der *Verbesserung der Zusammenarbeit* mit den Mitarbeitern:

- Anregungen für das Verhalten gegenüber Mitarbeitern,
- heikle Themen mit Mitarbeitern anpacken.

Für ebenso wichtig wurde die persönliche Entwicklung in Bezug auf das *Selbstmanagement* angesehen:

- souveräneres Auftreten,
- neue Gesichtspunkte in scheinbar verfahrenen Situationen,
- Gewinnung neuer Perspektiven bei Vorgehensweisen,
- Verminderung von Selbststress,
- Steigerung der Selbstachtung,
- Verdeutlichung der eigenen Rollenkompetenz,
- Zielgerichtes Vorgehen,
- Selbstkritik.

Ein Großteil der Führungskräfte hob die *Lösungsorientierung* hervor:

- Erarbeitung von Lösungen für konkrete Themen,
- Entwicklung verschiedener Lösungsstrategien unter Berücksichtigung der eigenen Probleme sowie der Probleme der Mitarbeiter,
- Lösungsvorschläge, die zur Anwendung kommen.

Somit zeigt sich insgesamt, dass der Nutzen nicht nur in dem inhaltlichen Einzelthema, sondern in der »Kultur« des Erarbeitens gesehen wird. Dieser Prozessaspekt der Methode wurde in der nächsten Frage noch spezifischer erörtert.

Was war an der Arbeitsweise der Praxisberatung besonders wichtig?

Fast alle heben die *Art der Zusammenarbeit in den Gruppen* hervor. Es fallen Stichworte wie:
- vertrauensvolle, offene und ehrliche Zusammenarbeit,
- Diskretion,
- optimale Teilnehmerzahl,
- homogene Gruppe,
- kommunikativer, kritischer Austausch.

Ein wichtiger Punkt war die Steuerung der Arbeit der Gruppen
- vorrangige Behandlung besonders dringlicher Probleme,
- Frage nach aktuellen Fragestellungen,
- sofortiges Aufgreifen der Brennpunkte,
- Vereinbarung mit den Teilnehmern.

Das selbstständige und gemeinsame Erarbeiten von Lösungen wurde ebenfalls betont:
- Finden von Problemlösungen,
- selbstständiges Erarbeiten von Lösungen,
- Kombination von eigenen Themen, fremden Themen und Theorie,
- Unterstützung bei Entscheidungen,
- Anregungen, Hilfestellung für weitere Vorgehensweise.

Ein Statement eines Teilnehmers dazu: »... (es) ist wichtig für mich, dass es sich nicht um theoretische Fragestellungen/Probleme handelt, sondern um tatsächliche, bei denen man auch den weiteren Verlauf in der Realität verfolgen kann.«

Die inhaltlichen Themen für die Praxis wurden durch *Vorgabe einzelner Themenfelder* weiter differenziert, in dem die Befragten ihre Einschätzung zu den Anregungen bei verschiedenen Themen geben konnten.

Auf einer Fünferskala konnten die Teilnehmer dann einstufen, wieweit sie zu bestimmten vorgegebenen Themen Anregungen bekamen. Da die vom einzelnen Teilnehmer eingebrachten Fälle in den Praxisberatungs-Gruppen sehr unterschiedlich waren, ergab sich hier ein recht heterogenes Bild. Was für den einen ein sehr wichtiges Thema war, berührte den anderen nicht so sehr. Im Folgenden sind daher die Themen aufgelistet, bei denen über 70 Prozent der Teilnehmer »sehr viele« (Einstufung 5) oder »viele Anregungen« (Einstufung 4) mitnahmen. Im Bereich der *»Führungstechnik«* waren dies:

- Leistung von Mitarbeitern beobachten und beurteilen,
- Einzelgespräche mit Mitarbeitern führen,
- Gruppengespräche mit Mitarbeitern führen,
- Konflikte lösen,

Im Bereich *»Persönliche Entwicklung als Führungskraft«* ergaben sich sechs Dimensionen:

- die eigene Persönlichkeit respektieren,
- Persönlichkeit von Mitarbeitern respektieren,
- krisenhafte Erscheinungen besser meistern,
- Feed-back zu eigenem Verhalten bekommen,
- Umgang mit Veränderungsprozessen der Organisation,
- Rollenbewusstsein im Unternehmen als Manager und im Privatleben als Partner/Elternteil.

Aus der Perspektive der Systemqualifizierung interessierte die Frage, wieweit die Arbeit in der Praxisberatung auch in das Führungssystems hineingetragen werden kann.

In wieweit konnten Elemente der Praxisberatung auf die Organisationseinheiten der Teilnehmer übertragen werden?

Hier wurden folgende Effekte beschrieben:

- mehr Bereitschaft auch der Mitarbeiter zur Weiterbildung,
- direkteres Ansprechen von Konflikten,
- Belebung der Kommunikation,
- mehr kommunikative und kooperative Zusammenarbeit,
- Förderung des Teamgeistes,
- Entstehen eines Teamgefühls in der Organisationseinheit vor Ort,
- Stärkung »positiver« Einstellungen.

Dieses Thema wurde noch einmal auf die Arbeitsweise der Praxisberatungsgruppen hin spezifiziert.

Welche Punkte der Arbeitsweise der Praxisberatung lassen sich in den Führungsalltag übertragen?

Dies ergab folgende Übertragungsfelder:
- Erkennen, Definieren und Lösen von Problemen,
- Probleme und Konflikte gemeinsam erörtern,
- mit Mitarbeitern und Vorgesetzten zusammenarbeiten,
- Teambesprechungen führen,
- Gruppengespräche in kleinen Teams führen,
- regelmäßige Mitarbeiterbesprechung durchführen.

Weitere Ergebnisse

Die Befragung von Teilnehmern eines Qualifizierungssystems hat natürlich weitere Impulse. Einmal wird durch das Fragen lernpsychologisch der erlebte Prozess noch einmal vertieft. Zum anderen ergaben die Ergebnisse wichtige Hinweise für die Weiterarbeit. Vergleicht man die Ergebnisse der einzelnen Gruppen miteinander, so kann man deutlich eine geringere Themendurchdringung bei den »jüngeren« Gruppen (im 1. Jahr) als bei den schon länger in diesem Weiterbildungsprogramm befindlichen Teilnehmern feststellen. Die, die länger dabei sind, können sich interessanterweise aus den Praxisfällen Anregungen zu mehr Themen nehmen als die, die kürzer dabei sind. Andererseits waren die, die schon länger im Programm sind, auch in verantwortungsvolleren Positionen. Sie leiteten größere Einheiten, hatten mehr Mitarbeiter und demzufolge auch einen größeren Problemdruck. Erfahrenere Teilnehmer können sich offensichtlich mehr auf das Thema eines anderen einlassen, beschäftigen sich intensiver damit und profitieren dadurch davon. Bei den neuen Teilnehmern geht es noch mehr um die Grundverständigung und um so genannte Skills, die Grundfertigkeiten des Führens wie Delegieren, Informieren etc. Hier spielt auch der Informationsinput eine größere Rolle.

Resümee

Praxisberatende Qualifizierungs-Systeme (PQS) stellen heute eine interessante Ergänzung im Entwicklungsangebot für Führungskräfte dar. Die Teilnehmer geben dieser Form ein breites Spektrum an Bedeutungen. Trotz dieser individuellen Orientierung gibt es bestimmte Trends. Einer ist sicher das Prozesslernen. Es geht letztlich weniger um einzelne Inhalte als um die Art sich mit Herausforderungen im Führungsalltag zu beschäftigen. Dazu gibt die Praxisberatung offensichtlich Unterstützung.

4. Die Führungspersönlichkeit formen

Sie erfahren in diesem Kapitel wieder etwas über sich selbst:

- *Wie reagieren Sie auf das Dargestellte?*
- *Wie zeigt sich gerade in Ihrer persönlichen Reaktion das Ureigenste Ihrer Persönlichkeit?*
- *Welche Anteile Ihrer Persönlichkeit bekommen die meiste Energie?*
- *Welche Themen »jagen« Sie in Ihrem Leben?*

Das Berufsleben formt Persönlichkeit. Persönlichkeitsentwicklung ist daher ein ständiger Prozess in Organisationen. Es geht dabei in erster Linie um die Professionspersönlichkeit, also den Teil, der im beruflichen Wirken zum Ausdruck kommt. Dieser Persönlichkeitsanteil ist jedoch mit der Gesamtpersönlichkeit eng verwoben.

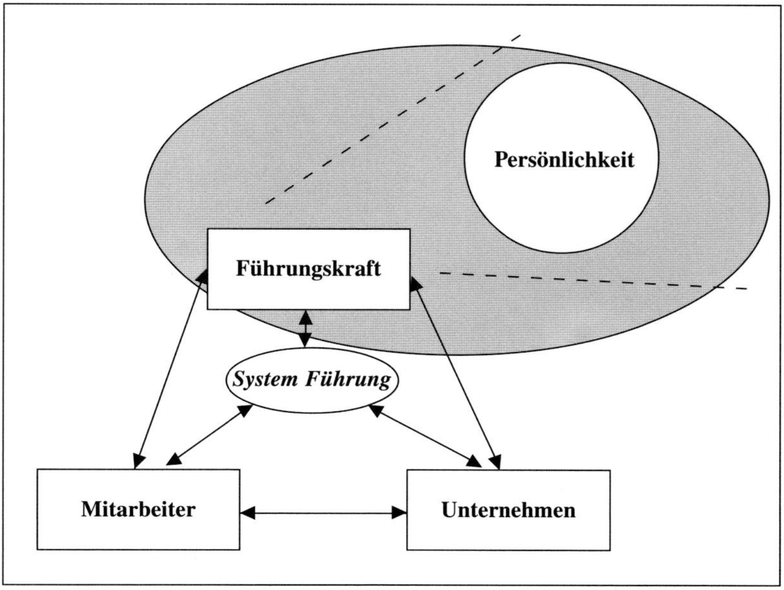

Abbildung 31: Die Führungspersönlichkeit im System Führung

4.1. Psychologie der Persönlichkeit

Persönlichkeitspsychologische Ansätze scheinen zunächst dem systemischen Denken zu widersprechen. Systemisches Denken sieht die Reaktionen von Menschen immer kontextbezogen. In einem bestimmten Kontext tritt ein bestimmtes Verhalten auf. Dennoch zeigen sich überdauernde Muster bei Menschen. Modelle der Persönlichkeit versuchen diese als individuelle Merkmale zu erklären, in denen Menschen unterschiedlich sind. Einer der Paten des systemischen Denkens, der legendäre Hypnosetherapeut Milton Erickson aus Phoenix, Arizona, sah im Persönlichkeitsmuster eines Menschen die Gewohnheitswirklichkeit, die ein Mensch sich angeeignet hat. In dieser Welt lebt er dann und er bestätigt sie sich laufend. So entsteht die Gewohnheit und bestätigt sich gleichzeitig. »Meilensteine« und »Klippen« im Leben erfordern aber, die Gewohnheitswirklichkeit erst einmal zu erkennen und dann Neues und Ungewohntes zu lernen. Ziel der Persönlichkeitsentwicklung ist es, über diese persönliche Gewohnheitswirklichkeit hinauszugehen. Gerade durch die erhöhte Veränderungsgeschwindigkeit wirtschaftlicher Entwicklung treffen Führungskräfte häufiger auf solche Klippen.

Das Ganze ist nicht Neues. Schon das Orakel von Delphi gab jedem Ratsuchenden zunächst einen Rat. In Stein gemeißelt stand die Aufforderung »Erkenne Dich selbst!« Wie aber kann ein Mensch sich selbst erkennen? In welchen Kategorien kann er suchen? Persönlichkeitsmodelle geben diese Hinweise. Sie weisen darauf hin, was Menschen längerfristig charakterisiert. Welche Strukturen oder Themen sind bei einem Menschen überdauernd? *Strukturen* meint dabei bestimmte Abgrenzungen zwischen Persönlichkeitsbereichen beispielsweise die Neigung zum Denken oder zum Fühlen oder gar zu direktem Verhalten. Auch die Entscheidung zwischen autonom entwickeltem oder von anderen imitiertem Verhalten ist eine Frage der Persönlichkeitsstruktur.

Menschen treffen in ihrem Leben immer wieder auf bestimmte *Themen*. Es sind inhaltlichen Fragestellungen, mit denen ein Mensch durch sein Leben geht. Welche Inhaltsthemen wiederholen sich bei einem Menschen? Geht es immer wieder um Angst, die beständig wie ein innerer Lebensgefährte wiederkehrt? Kommt immer wieder das Thema Helfen oder muss ein Mensch immer wieder über andere siegen, um sich bei sich selbst zu fühlen? Die Themen zeigen sich immer wieder im

Alltagsleben, aber vor allem an den unterschiedlichen Meilensteinen des Lebens wie Berufsentscheidungen, Beziehungsgestaltung, Umgang mit anderen Generationen.

4.2. Entwicklungspsychologischer Hintergrund

Warum verhalten Menschen sich im Erwachsenenalter so, wie sie es tun? Jeder Mensch hat bestimmte *Grundlebensbedürfnisse*, die er schon mit auf die Welt gebracht hat:
- das Bedürfnis nach Zuwendung (Gemeinschaftsgefühl, Kontakt, Anerkennung, Teamorientierung),
- das Bedürfnis nach Reizen (Stimulierung, Gefühlen, Überraschung, Sinn),
- das Bedürfnis nach Zeitstruktur (wiederkehrende Muster, Wechsel, Konstanz, innere und äußere Impulsgeber).

Wie der Einfluss der Grundlebensbedürfnisse auf das Verhalten eines Menschen ist, hängt von den Entwicklungen in den folgenden Lebensjahren ab. Jeder Mensch entwickelt in seinen ersten acht Lebensjahren in der Auseinandersetzung mit den Grundbedürfnissen und der Beziehungsumwelt, in der er groß wird, eine Vorstellung davon:
- wie die Welt ist,
- wie die anderen sind,
- wie er ist und
- was sein Leben ist.

Man kann dies in einem so genannten *unbewussten Lebensplan* fassen. Der amerikanische Forscher Eric Berne äußerte die Auffassung, dass dieser Lebensplan in den ersten acht Jahren geprägt wird. Der Lebensplan beschreibt das Leben wie eine Stück im Theater. Deshalb wird er auch Lebensskript genannt wie das Drehbuch für eine Darstellung im Theater. Dabei gibt es Darstellungen aus dem Drama, aus der Tragödie, aus der Komödie, aber auch Lebensgestaltungen ohne besondere Ausprägungen. Die Lebensausrichtung ergibt sich durch die Auseinandersetzung mit wichtigen Bezugspersonen und eigenen Erlebnissen als Kind. Der Lebensplan beinhaltet ein differenziertes Muster aus Botschaften von Bezugspersonen und eigenen frühen Entscheidungen.

Menschen sind in ihrem Verhalten sehr davon geprägt, welchen Plan sie vom Leben haben.

Menschen zeigen die Aspekte ihres Lebensplans dann in ihrer Lebensgestaltung. Im Nachhinein des Lebens kann man diesen Lebensplan eines Menschen, das heißt insbesondere die wiederkehrenden Themen und auch die Art des Endes, auf das ein Mensch hin gelebt hat, besser erkennen. Man erkennt, welche Geschichte sein Leben »erzählt« hat. Auch in der neueren Führungsforschung wird dem Thema besondere Aufmerksamkeit geschenkt. Man stellt die Frage, »welche Geschichten eine Führungskraft erzählt«. Was stellt sie dar? Besonders das Genre ist interessant. Ist es eine Tragödie, eine Komödie, ein Drama, ein Krimi, das Märchen, das auf ein Wunder wartet oder schlicht eine banale Geschichte? Auch die schon genannten Lebensrhythmen charakterisieren die Geschichten, die Menschen im Berufsleben erzählen und die auf ihrem Skript beruhen.

Die *Grundeinstellung* zu sich selbst und zu anderen innerhalb des unbewussten Lebensplans ist wegen ihrer Relevanz für das Kommunikationsverhalten eine Basisstruktur im unbewussten Lebensplan. Dabei sind vier verschiedene Grundpositionen zu unterscheiden:

Vier Grundpositionen

Ich finde mich selbst so in Ordnung, wie ich bin, und die anderen auch. *(Ich: + ; Du: +)*	Ich finde mich selbst nicht in Ordnung, die anderen Menschen sind aber grundsätzlich in Ordnung. *(Ich: – ; Du: +)*
Ich finde mich selbst so in Ordnung, wie ich bin, die anderen sind grundsätzlich nicht in Ordnung. *(Ich: + ; Du: –)*	Ich finde mich grundsätzlich nicht in Ordnung, von anderen Menschen denke ich das Gleiche. *(Ich: – ; Du: –)*

Dieses durch Thomas Harris' Buch »Ich bin o.k., Du bist o.k.« außerordentlich bekannt gewordene Viereck ist in seiner Konsequenz, nämlich dem Streben nach der +/+ Einstellung, eine der schwierigsten Lebensaufgaben. Gerade im Managementalltag gilt als Erfolgsmodell oft das +/– Modell, das unter dem Schlagwort »durchsetzungsfähig« große Beliebtheit besitzt. Je nach dem, welches Grundeinstellungsmuster jemand hat, wird seine Kommunikation und auch seine emotionale Gestimmtheit aussehen.

Menschen sind in ihrer Grundorientierung oft ganz gut einem Quadranten zuzuordnen. Dieses Muster zeigen sie insbesondere, wenn sie in Stress-Situationen sind. Ziel der Persönlichkeitsentwicklung ist an dieser Stelle, möglichst oft in der +/+ Einstellung zu sein. Diese ist die effektivste in der Kommunikation. Es empfiehlt sich nicht, in einen professionellen Kontakt mit einem anderen Menschen zu gehen, wenn man in einer der destruktiven Einstellungen (+/–, –/+, –/–) verfangen ist. Dann ist erst der Weg in die +/+ Einstellung zu wählen. Dabei helfen Zeit und Kontakt mit einer unabhängigen Person, die einem hilft, wieder auf den Boden der +/+ Grundeinstellung zu kommen. Denn jeder Mensch hat die auch zur Verfügung, weil er sie ursprünglich als Kind mit auf die Welt gebracht hat.

Führungskräfte sollten die Bestandteile ihres Lebensskriptes bewusst haben und auch ihre gerade in Stress-Situationen beliebteste Grundeinstellungen kennen, damit sie mit sich selbst und anderen effizient umgehen können.

4.3. Die Struktur der Persönlichkeit

Wie kann man nun die Struktur der Persönlichkeit eines erwachsenen Menschen erfassen? Ein Beispiel ist das Ich-Zustands-Modell der Transaktionsanalyse. Darin wird die Persönlichkeit als aus verschiedenen Subsystemen bestehend angesehen. Diese stehen in einem Dialog miteinander und entscheiden das, was ein Mensch fühlt und denkt und wie er sich verhält.

Die in der Entwicklung eines Menschen geformten Basisstrukturen zeigen sich in der Persönlichkeit eines Menschen. Nach der Transaktionsanalyse begreift man die Persönlichkeit eines Menschen als aus Teilpersönlichkeiten zusammengesetzt. Diese Teilpersönlichkeiten fußen auf den intern gespeicherten Abbildungen, die die von innen kommenden Impulse und die Reaktionen von außen gebracht haben. Sie stammen von früher, können aber stetig weiterentwickelt werden. Es ist für Manager oft verblüffend zu hören, dass wesentliche Reaktionen ihrer Persönlichkeit aus sehr frühen »Entscheidungen« resultieren, da sie sich doch selbst oft als rational, überlegend und strategisch erleben. Aber die Erfahrungen mit der Lebenswelt, die wir in den ersten Lebensphasen machen, sind so grundlegend für die inneren Strukturen, dass spätere Erfahrungen oft nur in deren Rahmen interpretiert und eingeordnet werden. Der »kleine Mensch« hat am Anfang so viel »Vertrauen«, dass er das, was er in den ersten Lebensjahren erfährt, für »die« Welt hält. Die Hauptsache ist, die Welt wird von geliebten Personen, meist den Eltern vermittelt. Änderungen sind später jederzeit möglich. Aber dazu ist eine intensive Arbeit an inneren Themen zum Beispiel im Coaching oder in der Supervision nötig.

Die Teilpersönlichkeiten eines Menschen setzen sich aus einzelnen Haltungen zusammen, die jeweils aus zusammenhängenden Mustern von Denken, Fühlen und Verhalten bestehen. Man unterscheidet drei Typen von Haltungen:

- eine Gruppe, die von äußeren Vorbildern und Modellen erworbenen Haltungen beinhaltet: das so genannte *Eltern-Ich.*
- eine Gruppe, die alle früher und von einem selbst entwickelten Haltungen beinhaltet: das so genannte *Kind-Ich.*
- eine Gruppe, die die in der Gegenwart und auf die aktuelle Realität bezogenen selbst entwickelten Haltungen beinhaltet: das so genannte *Erwachsenen-Ich.*

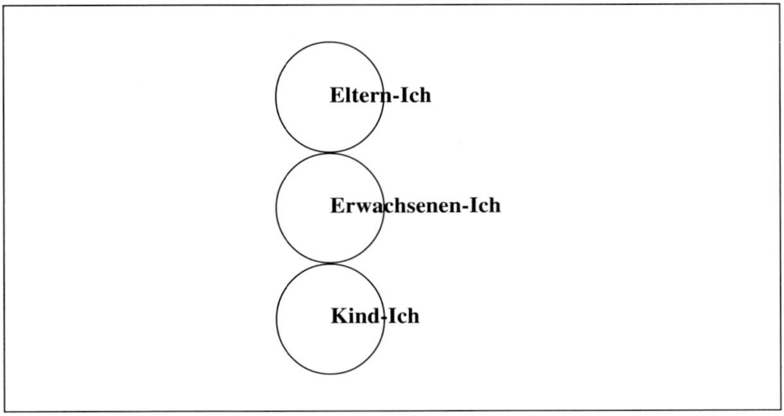

Abbildung 32: Die Ich-Zustände der Persönlichkeit

Wenn jemand sich in einer Situation genauso verhält, wie es der eigene Vater (die eigene Mutter, ein Lehrer, ein früherer Chef) getan hätte, befindet er sich im Eltern-Ich. Dort ist die Wahrnehmung dieser Modelle »abgespeichert«.

Wenn jemand sich so verhält, wie er es schon als Kind entschieden hat (z.B. nach einer einschränkenden Maxime wie: »In jeder Situation geht es um Selbstbehauptung. Also muss ich stets kämpfen«) handelt er aus dem Kind-Ich.

Wenn jemand eine aktuelle Situation analysiert und unter Einbeziehung seiner Erfahrungen eine den heutigen Anforderungen angemessene Verhaltensweise kreiert, verhält er sich aus dem Erwachsenen-Ich.

Strukturprobleme

Erstes Strukturproblem sind so genannte *Trübungen.* In diesem Falle überlagert ein Ich-Zustands-System ein anderes, z.B. das Eltern-Ich das Erwachsenen-Ich. Die Reaktion auf eine aktuelle Frage wird automatisch durch eine übernommene Antwort bestimmt. Dies könnte sich so bemerkbar machen, dass jemand denkt, realitätsangemessen eine Situation zu analysieren, tatsächlich aber aus einem Vorurteil heraus handelt. Die Haltung »Als Führungskraft muss man immer die Oberhand behalten. Dies haben mir alle Vorbilder gezeigt« wäre ein solches Beispiel.

Es gibt auch Trübungen aus dem Kind-Ich in das Erwachsenen-Ich. Ein Beispiel wäre, wenn jemand schon als Kind die Entscheidung gefällt hat, dass er »nur geduldet wird, wenn er stets und deutlich wie ein Musterschüler vorauseilenden Gehorsam übt«. Dies wird auch das Verhalten des Erwachsenen im Unternehmen bestimmen.

Die Beispiele zeigen, dass gerade zusammenhängende Doppeltrübungen (vom Eltern-Ich ins Erwachsenen-Ich und vom Kind-Ich ins Erwachsenen-Ich) nicht selten sind.

Als weiteres Strukturproblem kann der *Ausschluss von Ich-Zuständen* auftreten. Unter Ausschluss versteht man, dass Menschen bestimmte Ich-Zustände nur ausgesprochen selten leben. Ein Erwachsenen-Ich-Ausschluss läge vor, wenn jemand sich immer so verhält, wie er es von früher gewohnt ist. Entweder er kopiert Vorbilder oder er handelt so, wie er es selbst früher einmal als seine Haltung beschlossen hatte. Ein

Ausschluss des Kind-Ichs bedeutet, dass jemand keinen Zugang zu seinem eigenen Gefühl hat und stattdessen rational und allein nach äußeren Erwartungen reagiert.

Ein drittes Strukturproblem ist die *Verwirrung* innerhalb eines Ich-Zustandsystems. Hier stehen verschiedene Haltungen innerhalb eines Ich-Zustandsystems unversöhnlich im Konflikt miteinander. Dies kann sein, wenn man zwei Vorbildern nachhängt, die sich widersprechen (Eltern-Ich-Verwirrung). Der eigene Vater war eine wohl wollende »Führungskraft«. Die Vorbilder aus den ersten Organisationserfahrungen waren aber eher »tough« und auf Sieg und Durchsetzung orientiert.

Es können aber auch zwei selbst kreierte frühere Entscheidungen sein. »Ich habe am liebsten meine Ruhe« und »Ich werde nur akzeptiert, wenn ich mich ständig bemühe.« Falls diese im Widerstreit stehen, können sie Verwirrung stiften und einen Menschen in seinem Handeln, Denken und Fühlen beeinträchtigen. Sie führen zu innerem Stress. Tendenziell entwickelt ein Mensch das Kind-Ich-Subsystem der Persönlichkeit früher als das Erwachsenen-Ich. Manche Teile davon wie Grundbedürfnisse und gefühlsmäßige Reaktionen bringt er schon mit auf die Welt. Vieles entwickelt sich dann durch Lernprozesse in der Kindheit. Beides wirkt dabei zusammen, das Mitgebrachte und das Erlernte. Das Artikulieren von Grundbedürfnissen kann beispielsweise wieder verlernt werden. Etwas anderes, zum Beispiel »keine Gefühle zeigen« kann an seine Stelle treten. Allerdings ist dann ein innerer oder äußerer Preis damit verbunden. Ein innerer Preis wäre das Auftreten psychosomatischer Beschwerden, ein äußerer wäre das Ausbleiben von befriedigenden Kontakten zu anderen Menschen. Diese Grundmuster entstehen bei Menschen sehr früh. Manche halten diesen Prozess in den ersten acht Jahren eines Menschen für weitgehend abgeschlossen. Meist lässt dieses Grundprogramm noch sehr viele Möglichkeiten zu. Es sind allerdings auch gravierende Einschränkungen möglich, wenn die frühen Lebensbedingungen eines Menschen nicht sehr entwicklungsfreundlich waren. Dies zeigt sich später in sehr rigiden und destruktiven Verhaltensweisen. Auch dann sind noch Änderungen des inneren Programms möglich. Dies ist jedoch nicht die Aufgabe von Führungskräften. Es bedarf professioneller Hilfe im Coaching oder auch in der Psychotherapie.

4.4. »Jeder Jeck is anders«

Diese rheinische Lebensweisheit bedeutet, dass jeder Mensch seine Eigenart besitzt. Persönlichkeitspsychologische Modelle sind Erklärungen dafür, wie es kommt, dass man sich mit einem anderen auf einer Wellenlänge fühlt oder dass ein anderer einem grundsätzlich fremd vorkommt. Ein Beispiel für ein Modell, das die wiederkehrenden inhaltlichen Fragen eines Menschen beschreibt, ist das Enneagramm, zu Deutsch Neun-Typen-Modell. Es stellt neun verschiedene Skripttypen vor. Es hat eine lange Geschichte und soll ursprünglich schon bei den Babyloniern vor 2500 Jahren bekannt gewesen, dann in mündlicher Überlieferung über die Jahrhunderte weitergegeben worden sein. Nach Wanderung durch die Kontinente wurde es in den sechziger Jahren, einer Blütezeit psychologischer Ideen, von Jesuiten aus Südamerika nach Kalifornien gebracht. Erst zu dem Zeitpunkt begannen Menschen, darüber zu schreiben.

Das Interessante daran ist, dass sich die uralte mündliche Überlieferung sehr gut mit modernen Erkenntnissen der wissenschaftlichen Psychologie verträgt. Das Enneagramm (»Neun-Eck«) unterscheidet neun Persönlichkeitstypen, die unterschiedliche Aufmerksamkeitsmuster, innerpsychologische Dynamiken und Verhaltensweisen auszeichnen.

Jede Typisierung von Persönlichkeiten hat Vorteile und Nachteile. Ein Vorteil ist, dass sie andere besser verstehen lässt. Das wohlbegründete Anderssein der Mitmenschen wird verständlicher. Ebenso kann eine Persönlichkeitstheorie deutlicher machen, wie einzelne Punkte der eigenen Erfahrung miteinander zusammenhängen. Man erhält dadurch Anhaltspunkte für die eigene persönliche Entwicklungsrichtung. Aber Typologien wird oft Schablonen-Denken vorgeworfen. Wer will schon gerne in eine Schublade gehören? Hier bietet das Enneagramm durch seine neun Grundtypen allerdings eine relativ breite Basis. Im einzelnen Enneagramm-Typ muss man allerdings keine feste und rigide Einstufung sehen. Aus *systemischer Sicht* kann man darin durchaus auch ein Muster sehen, dass von einzelnen Menschen zeitweise in der Beziehung zur Welt und den anderen produziert wird.

Das Enneagramm wird in einem Kreis mit neun Punkten auf der Außenlinie dargestellt.

An dieser Stelle kann das Enneagramm nur in den Grundzügen dargestellt werden. Wer sich weiter gehend mit der Thematik beschäftigen will, kann in Deutschland bei Jürgen Gündel und Arleen Moore in Mannheim etwas über das Enneagramm lernen. Die folgende Übersicht fasst Gedanken unterschiedlicher Autoren zusammen. Nach einem Typ-Label, einer *Überschrift* für den einzelnen Persönlichkeitstyp, folgt das *Grundthema*, wie es der amerikanische Psychologe Ricardo Riso (1989) sieht. Was ist das »Motto« im Leben, das in unterschiedlichen Lebenssituationen wiederkehrt. Vom gleichen Autor stammt auch die *Benennung des wesentlichen Problembereiches*. Die aus dem kirchlichen Umfeld stammenden Richard Rohr und Andreas Ebert (1994) steuern Ideen zur *Falle* der einzelnen Wesensart bei. Die Falle ist der Bereich, in dem sich der jeweilige Persönlichkeitstyp verlieren kann. Das heißt, in bestimmten Stress-Situationen reduziert dieser Typ seine Wahrnehmung auf ein bestimmtes Thema. Er sieht alles nur noch aus dieser Perspektive. Außerdem ist die Arbeit der amerikanischen Psychologieprofessorin Helen Palmer berücksichtigt. Im Folgenden wird also jeder Enneagramm-Typ kurz in einigen Aspekten angedeutet:

- der *»Typenbezeichnung«,* einer Überschrift zum Persönlichkeitstyp bzw. -muster,

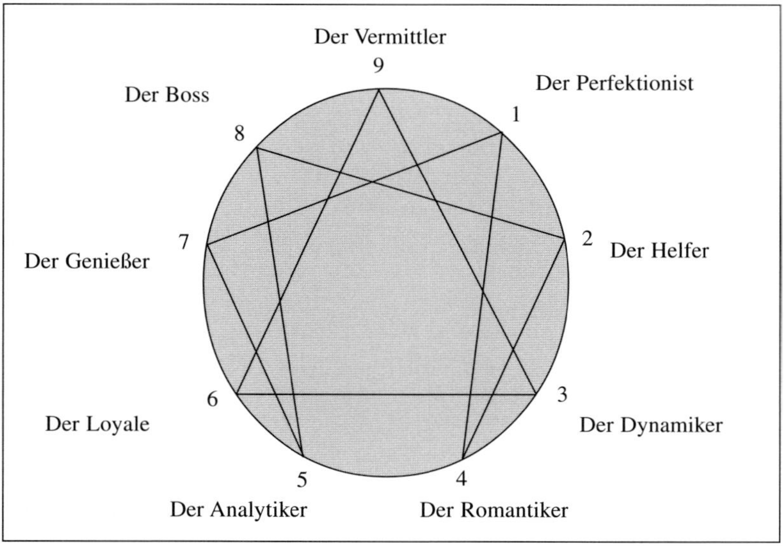

Abbildung 33: Die Enneagramm-Typen

- einer kurzen Charakterisierung der innerpsychologischen Triebfeder eines Typs,
- einer Beschreibung eines wesentlichen wiederkehrenden Themas,
- einer Beschreibung des thematischen *Spannungsfeldes,* das ein bestimmter Typ bewältigt,
- der *Stärken* eines Typs,
- dem Lebensaspekt, dem ein Typ zu sehr anzuhaften droht, hier *Falle* genannt.

Sie können anhand der folgenden Auflistung prüfen, wo Sie sich wiederfinden oder für sich Parallelen sehen.

Typ 1: der Reformer, der Perfektionist
- Er möchte gerecht sein, strebt nach Höherem und will die anderen bessern, möchte unangetastet über jeder Kritik stehen. Er will Dinge mehr als 100-prozentig erledigen.
- Sein Thema ist Perfektionsstreben, und er hat allem gegenüber eine kritische Grundhaltung.
- Entwickelte Einser können kritisch-scharfsinnig und moralische Helden sein.
- Stärken: Fähigkeit, sich realitätsbezogen mit der Umgebung auseinander zu setzen; gewissenhaft und lässt sich von ethischen Prinzipien leiten
- Die Falle ist Empfindlichkeit.

Typ 2: der Helfer, der Geber
- Er möchte geliebt werden, möchte seine Gefühle für andere zum Ausdruck bringen, will andere dazu bringen, auf ihn zu reagieren. Er glaubt zu wissen, was andere Menschen brauchen.
- Sein Thema ist Hilfsbereitschaft, aber auch Einengung anderer.
- Entwickelte Zweier sind wirklich kümmernde und unterstützende Personen.
- Die Stärken sind: grundsätzliche Offenheit, positive Einstellung gegenüber den Gefühlen anderer; aufmerksam, einfühlend, hilfsbereit und liebevoll.
- Es gibt Probleme mit Feindseligkeit und Identität. Die Falle ist Gefälligkeit und Schmeichelei.

Typ 3: der Dynamiker, der Macher

- Er sucht Bestätigung, möchte sich von anderen unterscheiden, Aufmerksamkeit und Bewunderung erlangen und andere beeinflussen. Er »tanzt« dafür gleichzeitig auf vielen Hochzeiten und kann sich auf unterschiedliche Menschen gut einstellen.
- Sein Thema ist Anpassungsfähigkeit an andere, aber auch Manipulation.
- Entwickelte Dreier können effektive Führer, gute »Verpacker«, kompetente Förderer anderer Menschen sein.
- Seine Stärken: Fähigkeit, sich anderen anzupassen; Charme.
- Es gibt Probleme mit Feindseligkeit und Narzissmus. Die Falle ist Eitelkeit.

Typ 4: der Besondere, der tragische Romantiker

- Er möchte sich selbst verstehen, sich im Schönen ausdrücken, sich zurückziehen, um seine Gefühle zu schützen, bevor er sich anderen zuwendet. Er möchte etwas Besonderes sein.
- Sein Thema ist emotionale Tiefe, aber auch stetige Suche.
- Entwickelte Vierer sind der Schönheit und dem leidenschaftlichen Leben verpflichtet.
- Seine Stärke ist intuitive Selbsterkenntnis. Durch seine Mitteilsamkeit und Offenheit eröffnet er anderen den Zugang zu ihrer Gefühlswelt.
- Es gibt Probleme mit der Identität; Probleme mit Feindseligkeit und Verzweiflung: Die Falle ist Schwermut.

Typ 5: der Beobachter, der Denker

- Er möchte seine Umgebung verstehen, Wissen ansammeln, alles interpretieren, um sich gegen die Bedrohungen aus der Umwelt zu schützen. Er zieht sich gerne zurück.
- Sein Thema ist Kenntnisreichtum, aber auch Distanz zu anderen.
- Entwickelte Fünfer können gut Entscheidungen treffen
- Seine Stärken sind starke Wahrnehmungsfähigkeit, umfassende Kenntnis über einen bestimmten Bereich seiner Umwelt. Er findet originelle und brillante Lösungen.
- Es gibt Probleme mit seinem Sicherheitsbedürfniss und Angstgefühlen, mit Distanziertheit und Paranoia. Die Falle ist Geiz.

Typ 6: der Loyale, der Advokat des Teufels

- Er möchte Sicherheit, will von anderen bestätigt werden, stellt die anderen auf die Probe, was ihre Einstellung ihm gegenüber anbelangt, kämpft gegen Angst und Unsicherheit.
- Sein Thema ist Loyalität, aber auch Rebellion.
- Entwickelte Sechser können großartige Mannschaftsspieler sein.
- Seine Stärken: Fähigkeit, mit anderen zusammenzuarbeiten: loyaler, treuer Freund.
- Es gibt Probleme mit Angst und Unsicherheit. Die Falle ist Feigheit.

Typ 7: der Genießer, der Vielseitige, der Epikureer

- Er möchte glücklich sein, Spaß haben und sich amüsieren, möchte viel zu tun haben, um der Angst zu entfliehen. Problemen weicht er gerne aus.
- Seine Themen sind Flexibilität und Oberflächlichkeit.
- Entwickelte Siebener können Dinge zusammenführen. Sie sind gute Theoretiker.
- Die Stärken sind: Vielfältigkeit und die ausgeprägte Fähigkeit, vieles hervorragend und hingebungsvoll zu tun. Er widmet sich erfolgreich seinen vielfältigen Aktivitäten.
- Es gibt Probleme mit Angst und Unsicherheit, mit Gelüsten und Aggressionen. Die Falle ist Oberflächlichkeit.

Typ 8: der Boss, der Führer

- Er möchte unabhängig sein und im eigenen Interesse handeln, die Umwelt beeinflussen und über andere herrschen.
- Sein Thema ist Kraft, aber auch unmoralische Durchsetzung.
- Entwickelte Achter sind vorzügliche Anführer, vor allem in der Rolle des Gegners, können sie kraftvolle Unterstützer für andere Menschen sein, wollen es sicher machen für ihre Freunde.
- Seine Stärke ist ein ungebrochenes Selbstwertgefühl. Er fühlt sich stärker als alle anderen. Sein Selbstvertrauen und seine Führungsqualitäten können andere begeistern und mitreißen
- Es gibt Probleme mit Aggression und Repression. Die Falle ist Rücksichtslosigkeit.

Typ 9: der Friedliebende, der Vermittler

- Er sucht das Einssein mit den anderen, möchte Konflikten und Spannungen sowie unangenehmen Dingen aus dem Weg gehen, will Frieden um jeden Preis.
- Seine Themen sind Vermittlung, aber auch Trägheit.
- Entwickelte Neuner eignen sich als Friedensschaffer, Berater, Verhandler. Sie leisten viel, wenn sie sich einmal entschieden haben
- Seine Stärken: Sie besitzen einen starken Optimismus und die Fähigkeit, sich mit anderen Menschen und Ideen zu identifizieren; sie wirken vertrauensvoll und schaffen eine harmonische Atmosphäre, in der sich jeder wohl fühlt.
- Es gibt Probleme mit Repression und Aggression, mit Bewusstsein und Individualität. Die Falle ist Trägheit und Bequemlichkeit.

Was haben Sie gefunden? Zu Beginn ist es oft so, dass man sich bei zwei bis drei Typen wiederfindet, bei anderen hat man überhaupt »nichts verloren«. Außerdem zweifeln bestimmte Typen wie die 6er sowieso alles erst einmal an. Es können wichtige Themen Ihres Lebens sein. Prüfen Sie es für sich!

Wie zeigen sich überdauernde Persönlichkeitsmerkmale in einzelnen Situationen? Im nächsten Teil finden Sie noch Anhaltspunkte für das Konfliktverhalten der einzelnen Persönlichkeiten.

4.5. Konfliktverhalten und Persönlichkeit

Man kann sich weiter prüfen, wie man reagiert, wenn man den intuitiv erschlossenen Persönlichkeitstyp in seinem Konfliktverhalten betrachtet. Helen Palmer (1996) hat sehr detailliert das Verhalten der unterschiedlichen Typen betrachtet:

Typ 1: die Perfektionisten

- werden wütend, wenn Prinzipien nicht eingehalten werden,
- fühlen sich sicher, wenn es Richtlinien gibt, wenn Dinge festgelegt sind,
- wollen andere zur Berichterstattung verpflichten,
- andere fühlen sich bei ihnen kontrolliert,
- es geht ihnen typischerweise um das Bedürfnis, Recht zu haben.

Typ 2: die Helfer

- können wütend werden, wenn sie das Gefühl haben, übersehen zu werden,
- reagieren auf scheinbare Respektlosigkeit gereizt,
- verschwinden, wenn starke Emotionen aufkommen.

Typ 3: die Macher

- identifizieren sich mit Aufgaben und Rollen,
- geraten in Wut, wenn Projekte unterbrochen werden,
- es geht ums Ziel, für den Weg dorthin haben sie nicht viel Sinn,
- sie können manipulativ vorgehen, dadurch unecht wirken,
- im Konflikt ist für andere die Betonung des gemeinsamen Zieles sehr wichtig.

Typ 4: die Besonderen

- geraten in Wut, wenn man ihnen Gewöhnliches aufzwingt,
- in ihrer Gegenwart fühlen sich andere unzulänglich, andere sind eine Zeit lang interessant und werden dann verstoßen: dadurch entstehen Konflikte,
- da vieles ein neuer aufregender Weg sein muss, fordern sie andere sehr,
- sie fordern andere dazu heraus, sich zwischen ihnen und Dritten zu entscheiden (wollen der Einzige und besondere sein),
- können bissig sein gegenüber direkten Konkurrenten.

Typ 5: die Beobachter

- zeigen oft keinen wirklichen Kontakt mit dem anderen und sind dadurch schwierig für die, die persönlichen Kontakt brauchen,
- andere bekommen das Gefühl, für den Beobachter zu arbeiten und nicht mit ihm,
- hören die Beiträge anderer, aber reagieren kaum,
- ziehen sich ins stille Kämmerlein zurück, neigen dann auch zu autoritär wirkendem Auftreten (schlichte Bekanntgabe einsam gefällter Entscheidungen, kein Gespräch),
- fühlen sich unbehaglich und werden wütend, wenn jemand wirklich in Kontakt mit ihnen kommen will,
- haben nur wenige Abwehrmechanismen gegen öffentliche Konfrontation.

Typ 6: die Loyalen

- durch ihre zweifelnde Haltung (»Hinterfragen«) provozieren sie Konflikte,
- werden wütend, wenn sie sich schnell entscheiden und schnell handeln sollen (unter Unsicherheit),
- ihr Hinterfragen wird von anderen oft als zu schnell kritisch und negativ empfunden,
- sie tun zu wenig für einen guten emotionalen Anfang, fallen mit der Tür ins Haus,
- sie wollen oft nicht über schwierige Fragen diskutieren, wenn gerade Begeisterung herrscht,
- sie haben eine ausgeprägte antiautoritäre Haltung: sie hassen es, gesagt zu bekommen, was sie tun sollen.

Typ 7: die Genießer

- neigen dazu, Konflikten aus dem Wege zu gehen,
- scheuen schwierige Klärungen,
- vermuten sehr schnell Kritik, die ihr Selbstbild ramponieren würde,
- machen wiederholt denselben Fehler,
- Konflikte entstehen auch durch übertriebene Pläne, die schlecht ausgeführt werden,
- geraten in Schwierigkeiten, wenn es ins praktische Detail geht,
- geraten in Wut, wenn man sie auf etwas festlegen will, das mit unangenehmen Gefühlen verbunden ist.

Typ 8: die Bosse

- werden aktiv, wenn sie sich bedroht fühlen,
- stellen sich gerne vor andere Leute,
- Zweideutigkeiten sind für sie ein Gräuel,
- drängen auf Klarheit und ruhen nicht, bis sie sie bekommen,
- kämpfen gerne,
- nehmen Leute ernst, die auch Stärke zeigen,
- sie können bis zum Äußersten gehen, um zu sehen, ob der andere die Konsequenzen zieht,
- können unlautere Mittel einsetzen (auch Rufmord),
- Kompromisse kommen ihnen wie Kapitulation vor.

Typ 9: die Vermittler

- zeigen zwei Konfliktphasen: zuerst lange keine klare eigene Position, dann sehr stur, wenn sie eine Position haben,
- werden zunächst wütend, wenn man sie zu einer eigenen Position drängt,
- werden in der zweiten Phase wütend, wenn sie sich bewegen sollen,
- setzen andere nicht ins Bild, was sie denken,
- können passiv-aggressiv (»Dienst nach Vorschrift«) sein.

4.6. Das Enneagramm und andere Psychologien

Mit den neun Typen hat das Enneagramm ein breit gefächertes System von Persönlichkeiten aufgezeigt. Der wesentliche Wert des Enneagramms ist der Erklärungsgehalt für das Verstehen eigener Reaktionen. Die Enneagramm-Verfechter glauben, dass auch jeder Typ noch seine »Flügel« hat. Dies ist das benachbarte Muster, das er auch in seinem Verhaltensspektrum besitzt. Der 2er beispielsweise hat entweder einen 1er-Flügel, kann also in seinem Helfen auch Ordnung und Perfektionismus anstreben, oder er hat einen 3er-Flügel. Die »Flügel« eines Persönlichkeitstyps stellen eine weitere Differenzierung her. Außerdem ist eine Unterscheidung bezüglich des Entwicklungsstandes der Themen einer Persönlichkeit (»eingeschränkt«, »durchschnittlich«, »integriert«) möglich. Das Enneagramm kann so Persönlichkeit recht differenziert beschreiben.

Die Linien zwischen den einzelnen Typen sollen außerdem noch etwas über Bewegungen der einzelnen Typen unter Stress und unter Entspannung aussagen. Beispielsweise bewegt sich ein 6er im Stress hin zu einem 3er und zeigt dessen Muster, während er unter Entspannung eher in Richtung des 9ers tendiert. Dies mag man als Hypothese für sich testen. Ob es immer stimmig ist, erscheint fraglich.

Ein anderer Zusammenhang ist interessanter. Es betrifft die Verknüpfung des Ich-Zustands-Modells der *Transaktionsanalyse* mit dem Enneagramm. Der Enneagramm-Typ ist als frühe Lebensentscheidung eines Menschen für sein Lebensthema dem Kind-Ich zuzurechnen. Im Eltern-Ich sind allerdings auch die wahrgenommenen Modelle der Eltern mit ihren Enneagramm-Typen »gespeichert«.

Diese sind für viele Menschen in ihrem Handeln und im inneren Dialog sehr relevante Instanzen. Insofern ist es sinnvoll, sich Gedanken zu machen, welchen Enneagramm-Typ die Eltern leben oder lebten. Wenn Sie also zu verschiedenen Enneagramm-Typen Affinität haben, sind das auch die Themen, die ihre Eltern im Leben beschäftigt haben. Diese melden sich im internen Dialog Ihrer Ich-Zustände. Eine wichtige Lebensaufgabe ist, das Thema der Eltern vom eigenen zu trennen.

C. G. Jung war der Psychologe des 20. Jahrhunderts, welcher sich mit dem breitesten Themenspektrum beschäftigt hat. Er hat sich mit westlicher Psychologie genauso wie mit psychologischen Ideen aus fernöstlichen Kulturen befasst. Jung hat ein Persönlichkeitsmodell entwickelt, das die Persönlichkeit eines Menschen auf drei Dimensionen darstellt.

Er unterschied zunächst zwischen *Denken* und *gefühlsmäßiger Bewertung*. Menschen, die denkerisch an Situationen herangehen, bilden logische Verknüpfungen und erstellen ein größeres Argumentationsgerüst. Entscheidungen benötigen beim Denker eine ausführliche Begründung über mehrere inhaltliche Argumente. Auf der anderer Seite stehen die gefühlsmäßigen Bewerter. Sie entscheiden nach ihrer inneren Goldwaage. Sie wissen sehr schnell, was sie wollen.

Die zweite Jung'sche Unterscheidungsdimension ist die zwischen *sinnlicher Wahrnehmung* und *Intuition*. Mit sinnlicher Wahrnehmung meint Jung das präzise Anschauen der Einzelheiten einer Situation. Ein

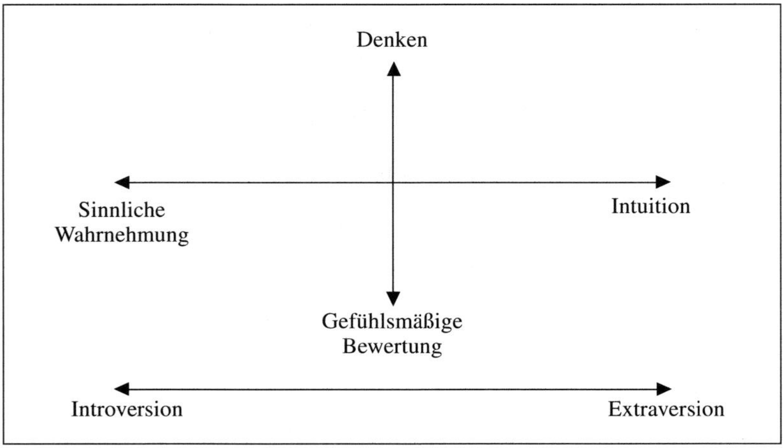

Abbildung 34: Die Persönlichkeitstypen nach C.G. Jung

Mensch, der diesen Persönlichkeitstyp hat, wird beim Betreten in einen Raum sehr genau die Details betrachten, die einzelnen Farben, die Gegenstände und die jeweiligen Ausmaße. Der Gegentyp, der Intuitive, nimmt ganzheitlich wahr. Ihn spricht die Gesamtatmosphäre des Raumes an. Er »sieht«, was sich dort entwickeln kann. Er weiß sofort: Ist dort eine Party angesagt oder eine Arbeitsbesprechung? Die dritte von C. G. Jung gefundene Dimension ist die Unterscheidung der Pole *Introversion* und *Extraversion.* Braucht ein Mensch häufig und immer wieder den Kontakt und das Auftreten bei und vor anderen? Oder ist er am liebsten allein und zieht sich aus dem Kontakt mit anderen am liebsten zurück. So lassen sich acht Typen des Enneagramms auf den Dimensionen Extraversion – Introversion, Denktypus – Fühltypus, Empfindungstypus (sinnliche Wahrnehmung)- Intuitionstypus vergleichen.

Ricardo Riso (1989) hat Bezüge zu den drei bekannten Polaritäten der Psychologie von C.G. Jung Bezüge hergestellt. Die Stärke des Enneagramms zeigt sich auch in der Vergleichbarkeit mit anderen gängigen Systemen der Persönlichkeitsdiagnostik. So lassen sich interessante Parallelen zur Typenlehre von C.G. Jung darstellen.

Enneagramm-Typ	Vergleich zur Typologie nach C.G. Jung
Typ 1: der Reformer, der Perfektionist	Extravertierter Denktyp
Typ 2: der Helfer, der Geber	Extravertierter Fühltyp
Typ 3: der Dynamiker, der Statusmensch	[keine Zuordnung]
Typ 4: der Künstler, der tragische Romantiker	Introvertierter Intuitionstyp
Typ 5: der Denker, der Beobachter	Introvertierter Denktyp
Typ 6: der Loyale, Advokat des Teufels	Introvertierter Fühltyp
Typ 7: der Vielseitige, der Epikureer	Extravertierter Empfindungstyp
Typ 8: der Führer, der Boss	Extravertierter Intuitionstyp
Typ 9: der Friedliebende, der Vermittler	Introvertierter Empfindungstyp

4.7. Die eigene Führungs»kraft« entwickeln mit Persönlichkeitspsychologie

Jede Persönlichkeit drückt sich in unterschiedlichen *Lebenswelten* aus. Menschen leben in den unterschiedlichen Lebenswelten bestimmte *Rollen* (Organisationswelt, Beruf, Privatwelt). Persönlichkeit »tönt« durch diese Rollen hindurch. Einer der Lebensbereiche ist die Welt der Organisation, in der sich Menschen vertraglich zusammengeschlossen haben, um bestimmte Ziele zu erreichen. Dort gibt es zum Beispiel die »Professionsrolle Führungskraft«. Menschen bringen ihre Persönlichkeit in diese Rolle ein. Welches der neun Muster eine Person mitbringt, hat großen Einfluss auf ihr professionelles Verhalten. Aber nicht nur die *Ausprägung* sondern auch der *Entwicklungsstand* der Persönlichkeit bestimmen die Rollenausfüllung.

Dabei gibt es keine Idealvoraussetzung für eine professionelle Tätigkeit. Je nach Aufgabenfeld und Situation einer Organisation sind unterschiedliche »Typen« gefragt. Die Arbeitsweise, die Kommunikation und auch die Beziehung zum Kunden oder zum Mitarbeiter werden durch das Persönlichkeitsmuster des Rollenträgers sehr stark mitgeprägt.

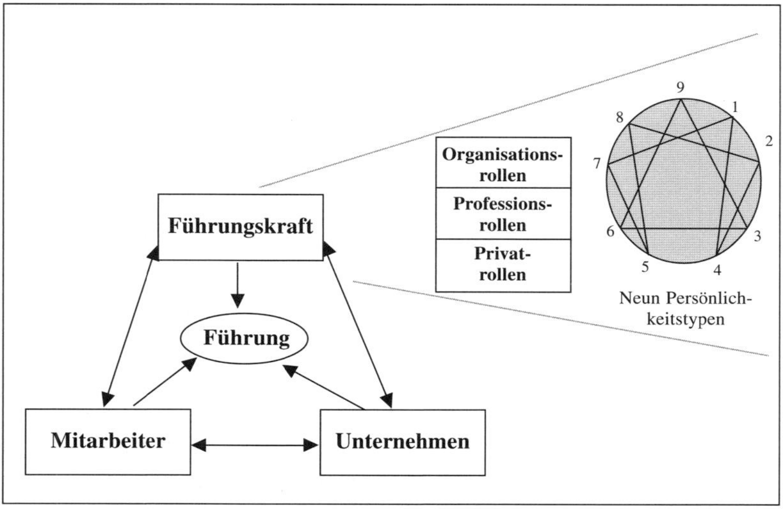

Abbildung 35: Führungssystem – Rollen – Persönlichkeit

Für die einzelne Führungskraft ist die Umgehensweise mit Herausforderungen des Manageralltages wie Problemen, Konflikten und Stress eine stetige Aufgabe. Das Enneagramm macht hier weitere Aussagen über das Verhalten der einzelnen Persönlichkeiten bei Stress (»die Stresslinie«) und bei sehr positiven Erlebnissen (»die Integrationslinie«). Beide haben eine wichtige Energieversorgungsfunktion. Die amerikanische Professorin Helen Palmer beschreibt dies sehr deutlich in ihrem Buch »Das Enneagramm in Liebe und Arbeit«.

Für Führungskräfte ist der Beziehungsaspekt des Persönlichkeitstyps sehr wichtig. Welche Menschen harmonieren wie miteinander, welche brauchen eher ein Verstehen ihrer Unterschiedlichkeit? Die Erfahrung zeigt, dass ein Mensch im Laufe seines Lebens immer wieder an Punkte gerät, an denen er neue Richtungen entwickeln, auch die Herangehensweise eines für ihn neuen Typs wählen und ausprobieren kann, oder den vertrauten beibehalten. Oft ist diese Entscheidung selbst in einzelnen Situationen möglich. Das Tröstliche der Enneagramm-Typologie ist hier, dass jede Reaktionsrichtung eine echte Alternative ist.

Beispielsweise kann sich ein Mensch im Berufsleben, der sich in einer Arbeitssituation provoziert fühlt, gegen eine endlich einmal anfällige Autorität zu rebellieren (Typ 6), auch dazu entscheiden, in eine Beobachterrolle zu gehen (Typ 5). Ziel der Persönlichkeitsentwicklung ist in der Regel zuerst Entwicklung innerhalb des eigenen Persönlichkeitstyps. Darauf aufbauend kann es um Flexibilität in der Auswahl des Persönlichkeitstyps gehen. Von den Enneagramm-Experten werden hier allerdings Integrationslinien, die Bewegung hin zu einem vorteilhaften Ergänzungsmuster, und Desintegrationslinien, die Bewegung hin zu einem weniger vorteilhaften Muster, das eher bisher schon problematische Seiten eines Menschen verstärkt, unterschieden. Die Zusammenhänge einzelner Persönlichkeitsmuster werden durch den Linienverlauf in der Abbildung 34 angedeutet. Daraus zwangsläufige Bewegungen abzuleiten, würde das gute Modell zu einem mechanistischen machen. Das hat es nicht verdient.

Der amerikanische Psychologe *George Kelly*, ein Urvater des systemischen Denkens, hatte schon in den Fünfzigerjahren, die Vorstellung entwickelt, dass jeder Mensch sich bestimmte Themenbereiche wählt, die für seine Person wichtig sind. Er sucht sich seine Lebensthemen aus und bewertet das, was ihm begegnet, auf zwei Polen, die die Extreme seines Themas ausmachen. Ist zum Beispiel die Dimension Abhängigkeit-Unabhängigkeit das Thema eines Menschen, wird er seine Lebensentscheidungen danach ausrichten, wie sein persönlicher Maßstab für Unabhängigkeit-Abhängigkeit dort gewährleistet ist.

Der Hamburger Kommunikatonsforscher *Friedemann Schulz von Thun* hat im Zusammenhang des polaren Denkens darauf hin gewiesen, dass Menschen leicht in die Extreme gehen. Er stellt dazu ein so genanntes Wertequadrat auf, in dem Menschen sich in den negativen Extremen von polaren Dimensionen verfangen. Angemessene Sparsamkeit wird zum Geiz. Großzügigkeit wird zur Verschwendung. Es gilt mittlere Positionen zu finden. Die Themen der Enneagramm-Typen sind »in der Mitte zu leben«.

Wie entstehen Persönlichkeitstypen? Menschen übernehmen zum einen von ihren Eltern Aspekte, die sie bei ihnen gut finden. Kinder wollen so sein wie ihre Eltern. Zum anderen entwickeln sie die Bereiche, die ihren Eltern offensichtlich fehlten oder diesen Leiden bereiteten. Dies macht sie anders als ihre Eltern waren. Die überdauernden Persönlichkeitsstile sind Antworten auf die Fragen, die ein Mensch in sich trägt oder durch sein soziales System empfängt. Spirituell betrachtet, könnten diese Fragen auch schon mit in das Leben hineingebracht worden sein.

Die Wirkung der Enneagramm-Typen zeigen sich in der Beziehung von Menschen. Benachbarte Typen sind für einander interessant. Dies liegt möglicherweise daran, dass sie sich mit dem gleichen Grundthema (z.B. der Angst oder der Polarität zwischen Denken und Handeln) auseinander setzen. Zum Beispiel liegt die Anziehungskraft des 7er-Typus für den 6er im Vertrauen des 7er in dem »göttlichen Plan« (»es läuft schon alles richtig«, »ich brauche mich nicht zu sorgen«, »es geht schon irgendwie gut«, »das Leben ist spannend«). Aber auch Typen der grundsätzlich anderen Herangehensweise sind interessant. Zum Beispiel kann für einen Gefühlstypen, ein eher mit Denken auf Situationen reagierender Mensch attraktiv sein.

4.8. Der fundamentale Attributionsfehler

Man sollte vorsichtig sein mit persönlichkeitsbezogenen Hypothesen über andere Menschen, sonst wird man Opfer des fundamentalen Attributionsfehlers. *Attribution* bedeutet in der Psychologie Ursachenzuschreibung: Welche Ursache wird einem Phänomen zugeordnet? Die meisten Menschen neigen dazu, die Wirkung von Persönlichkeitsfaktoren im Vergleich zur Situation zu überschätzen. Wenn einer etwas tut, wird dies eher auf die Person als auf die Umstände geschoben. Die Ursache wird im »der ist halt so« gesehen. Dies ist insbesondere deshalb problematisch, weil hier die Vorstellung herrscht: »Der bleibt auch so. Da kann man nichts machen.« Der fundamentale Attributionsfehler hat mehrere *Hintergründe:*

Der »Laie« hält Lebewesen eher für »Kausalzentren« (für den Ursprung von Wirkungen) als unbelebte Objekte in der Umgebung. In Untersuchungen zeigte sich: Selbst wenn Menschen unter eindeutigem Zwang ein bestimmtes Verhalten zeigen, wird spekuliert, ob sie das Verhalten nicht doch aus sich heraus, das heißt von ihrer Persönlichkeit her, zeigten.

Zum anderen kann ein Zusammenhang zwischen dem fundamentalen Attributionsfehler und dem »falschen Konsensus« bestehen. Der falsche Konsensus bedeutet folgendes: Für viele Menschen gilt, dass man das eigene Verhalten und die eigenen Ansichten für weit verbreitet, normgerecht und angemessen hält. Jedes Verhalten, dass sich vom eigenen Verhalten unterscheidet, erscheint selten und den Normen widersprechend zu sein. Daran wird eine weitere Überlegung angeknüpft. Ein vermeintlich selteneres und antinormatives Verhalten muss dann mit der Persönlichkeit des anderen zu tun haben.

Ein dritter Grund kann auch darin liegen, dass man im Kontakt mit dem anderen, wenn man sein Verhalten auf ein »Der ist halt so« zurückführt, selbst keine Anstrengungen für Änderungen in die Wege leiten muss.

Gerade Menschen, die eine hohe Barriere gegen Verhaltensänderungen haben, argumentieren gerne mit der Konstanz der Person.

4.9. Denken, Fühlen und Verhalten – Ziele der Persönlichkeitsentwicklung

Will man Veränderungen beim Menschen erzielen, die ihn in seiner Berufsausübung fördern, so geht es um die Veränderung der persönlichen Reaktionen eines Menschen. Dazu gehören Denken, Fühlen und Verhalten. Ganzheitliche Veränderung umfasst alle drei Bereiche. Alle drei

Bereiche haben wesentliche Konsequenzen für das professionelle Wirken eines Menschen und damit auch einer Führungskraft in einer Organisation. Coaching ist beispielsweise ein Dialog zwischen einer Führungskraft und einem Berater, in dem eine Entwicklung der professionellen Persönlichkeit der Führungskraft angestrebt ist. Die professionelle Persönlichkeit eines Menschen ist dabei der Ausdruck, den eine Person in seinem Berufsleben findet.

Das Denken

Insbesondere das Denken bezüglich einzelner Vorgänge in der Organisation ist ein wesentlicher Katalysator für die Reaktionen der Menschen in Organisationen. Im Coaching geht es häufig um die Veränderungen des Denk-Bezugsrahmens eines Menschen. Der Denk-Bezugsrahmen umfasst die Einstellungen, die ein Mensch zu einem Thema hat. Wie muss eine Führungskraft sein? Wie muss ein Mitarbeiter sein? Insgesamt geht es darum, wie ein Mensch sich auf ein bestimmtes Thema bezieht? Der Bezugsrahmen ist oft vorbewusst, nur teilweise bewusst. Man wird sich der eigenen Einstellung zu sich selbst, anderen und der Welt erst bei intensiver Eigenerforschung klar.

> In einem konkreten Fall sollte ein junger Abteilungsleiter eines Unternehmens eine Veränderung in seiner Abteilung durchführen. Er forderte die Mitarbeiter auf, Vorschläge für die Änderung der Ablauforganisation zu machen. In seinem Denken war der mündige Mitarbeiter ein wesentlicher Punkt. Um den bisherigen alten Abteilungsleiter hatte sich jedoch im Laufe eine Mannschaft gesammelt, die auf dessen Anweisungen wartete. Teilweise hatte er sich Leute ausgesucht, die nicht so »schwierig« waren. Das hieß für ihn, dass sie »nicht viel diskutierten«. Teilweise waren die Leute gegangen, die wegen ihrer Art (der Forderung, in Entscheidungen miteinbezogen zu werden) immer Probleme mit dem Vorgesetzten bekommen hatten. Auf die Initiative des Neuen kam nicht viel Resonanz der Mitarbeiter. Der junge Abteilungsleiter begann sein Modell des mündigen Mitarbeiters zu hinterfragen. Dies war gut so. Denn er lernte hinzu, dass auch das Mündige beim Mitarbeiter verschüttet werden kann. Es muss

dann erst freigelegt werden. So konnte er bei seinem positiven Menschenbild bleiben und noch etwas in seinen Denk-Bezugsrahmen aufnehmen.

Das Denken beeinflusst die Gefühle. Die Bewertung, die ein Mensch einer Situation gibt, ist ein Denkprozess und wirkt entscheidend auf die gefühlsmäßige Reaktion. Sehr viele sozialpsychologische Studien haben gezeigt, wie unterschiedlich Menschen in einer Situation empfinden, je nach dem, wie sie sie einschätzen. Entsprechend verhalten sie sich auch anders. In Leistungsbeurteilungsgesprächen wird die Tragweite oft klar. Schätzt eine Führungskraft eine gute oder schlechte Einzelleistung eines Mitarbeiters als Eintagsfliege oder als Signal für ein vorhandenes Potenzial ein, wird sie den Mitarbeiter hier ganz anders bewerten.

Gibt es überdauernde Muster, einen festgelegten Persönlichkeitskern? Der Bezugsrahmen einer Führungskraft hat sich in seiner beruflichen Sozialisation und schon lange davor entscheidend entwickelt. Die Erfahrungen aus den Unternehmenskulturen, in denen ein Mensch tätig war, haben dann großen Einfluss auf den Bezugsrahmen gegenüber Arbeits- und Berufsthemen.

Beispielsweise ergibt sich für viele Behördenangestellte heute eine notwendige Veränderung des Bezugsrahmens. Waren beim Einstieg in den Beruf Faktoren wie die Konstanz des Arbeitsplatzes, Spaß am nüchternen Umgehen mit Zahlen sowie das Warten auf den Untertanen, der von sich aus kommen musste, wesentliche Bestandteile des eigenen Bezugs zum Beruf, so sind heute Flexibilität, permanente Kommunikation mit unterschiedlichsten Menschen und aktives Zugehen auf den Bürger-Kunden wesentliche Aspekte der Berufsidentität.

Das Fühlen

Gefühl und Denken wird in der Umgangsprache häufig verwechselt. Jemand sagt »Ich hab das Gefühl, dass …«, und dann folgt eine Vermutung oder ein Gedanke. Diese umgangsprachliche Unschärfe hat aber auch beträchtliche Konsequenzen für das Reagieren im Berufsalltag.

Die Gefühlsreaktion wird häufig übergangen. Es ist keine Zeit vorhanden, einer Sache nachzuspüren. Das Gleiche gilt für die gefühlsmäßige Vorbereitung auf beispielsweise ein schwieriges Gespräch. Viel Denken und Verhalten wird eingesetzt, um ein Gefühl zu überlagern. Die Erfahrung zeigt, dass der Organismus sich nicht so einfach überlisten lässt. Das Gefühl kommt dann doch zum Ausdruck. Mimik, Gestik und Tonfall zeigen es an. Es hilft fünf *Grundgefühle* zu unterscheiden: Angst, Freude, Ärger, Trauer und Liebe. All diese Gefühle haben eine wichtige Funktion für Energie und soziale Beziehungen. Man kann in nahezu jeder interessanten, das heißt auch emotional bedeutsamen Situation, eines der Grundgefühle finden.

Trotz gut gemeinter Personalentwicklungsliteratur zeigt sich auch hier noch ein gravierender Unterschied zwischen Theorie und Praxis. Gefühle gelten bei vielen Managern immer noch als ein wohl zu dosierendes Gut. Das Poker-Face in der Verhandlung wird gerne bewundert. Durchsetzungsstärke wird in erster Linie noch in Härte im Verfechten der eigenen Position ohne Wenn und Aber gesehen. Frauen wird hier schon mehr Spielraum eingeräumt als Männern. Diese Unterschiedlichkeit von Frauen und Männern wird aber noch wenig als besondere Chance in der Zusammenarbeit gesehen, wenn man die Präsenz von Frauen in Geschäftsführungen und Vorständen heranzieht. Im Endeffekt ist der auf Gefühle angewandte Bezugsrahmen der Führungskraft ein entscheidender Faktor für das, was in einer Kleinkultur eines Unternehmensbereiches blühen darf und was nicht. Oft erlaubt sich ein Mensch im Berufsleben auch nur bestimmte Gefühle.

> In einer Abteilung eines Unternehmens galt Ärger als durchaus angebracht. Aber Freude über eigene Erfolge durfte man besser nicht zeigen, weil sonst Neid entstand.

Das Verhalten

Das Verhalten eines Menschen ist sehr von der Energie, die er aus seinen Gefühlsreaktionen bekommt, abhängig. Ebenso ist das Verhalten Resultat von Bewertungsprozessen, die der Denkebene angehören.

Menschen mit einer Präferenz im Verhaltensbereich fragen zuerst: Was kann ich tun? Diese Frage hört sich im Management meist vordergründig sehr gut an. Sie kann aber, wenn nicht gleichzeitig eine angemessene Analyse (Denken) und eine Klärung des Gefühls in einer Situation stattgefunden hat, in die Sackgasse des blinden Agierens führen.

Nun sind Menschen darin sehr unterschiedlich, ob sie zuerst mit Denken, mit Gefühlen oder mit Verhalten auf andere Menschen und Situationen reagieren. Es hilft einer Führungskraft, die primäre Bezugsebene eines Menschen bei sich selbst und bei wichtigen Mitarbeitern zu kennen. Die Integration von Denken, Gefühlen und Verhalten bleibt das Ziel der Persönlichkeitsentwicklung. Wie zeigt sich das Phänomen im Coaching? Mitarbeiter präsentieren eine zu lösende Frage im Coaching in ihrer präferierten Herangehensweise an die Welt. Ein eher zum Denken neigender Mensch möchte gerne eine Situation genauer analysieren. Ein Verhaltensorientierter wird nach einem Tipp für sein Handeln fragen. Da der Gefühlsbereich in der Wirtschaft immer noch als Tabu gilt, wird der gefühlsmäßig Herangehende eher über die Situation klagen. Er drückt in seinem nonverbalen Ausdruck die gefühlsmäßige Betroffenheit aus.

Das System der eigenen Persönlichkeit in Einklang zu bringen ist eine lebenslange Aufgabe. Der Musiker John Mellencamp beschreibt das erzielbare Ergebnis: »*I'm on my way. I'm not running any more.*«

5. Das Team in den Mittelpunkt stellen

Auch in diesem Kapitel können Sie als Leser wieder für sich prüfen, wie sich wesentliche Punkte des Teams für Sie gestalten:

- *Wie beurteilen Sie ein Team?*
- *Welche Institutionen sollte ein Team für Sie haben?*
- *Welche Normen sollten gelten?*
- *Wie viel Privates gehört in ein Team?*
- *Welche Typen passen in ein Team?*

Der Teambegriff gehört zu den am meisten strapazierten im Management. Kaum ein Führungskonzept existiert, welches nicht Teamarbeit als günstig darstellt. Über kaum ein Thema werden innerbetrieblich so viele Witze gemacht. Bei keinem Thema gibt es soviel Scheinheiligkeit. Ist Team ein Modethema? Sind nicht alle großen Leistungen in der Ge-

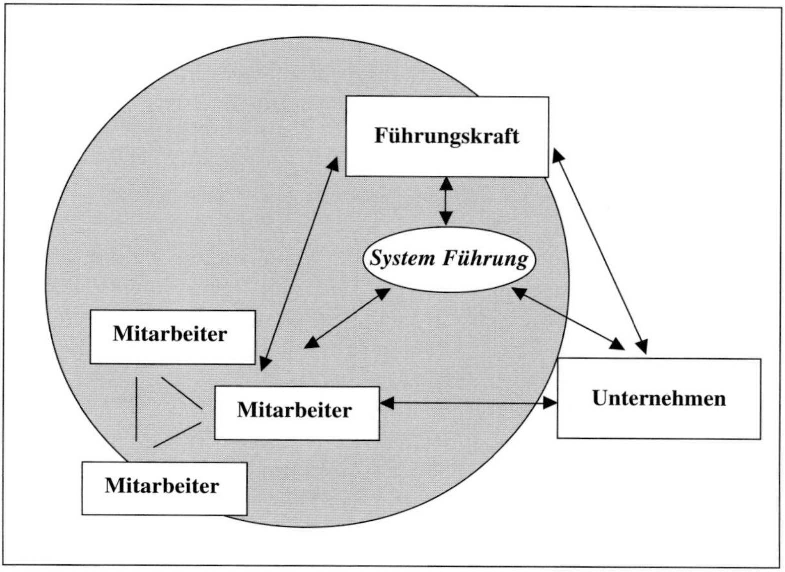

Abbildung 36: Das Team im System Führung

schichte von Einzelpersonen vollbracht worden? Oder haben Einzelne nur Früchte der Arbeit ihrer Teams für sich genommen? Worauf ist zu achten bei der Teamarbeit?

5.1. Arbeitsgruppen und Teams

Wenn mehrere zusammenarbeiten, sind sie noch lange kein Team. Der Übergang von der Zweierbeziehung in der Arbeit hin zur Mehrpersonenbeziehung macht die Beziehungsebene der Zusammenarbeit erheblich komplexer. Ein Team ist mehr als eine Anzahl von Einzelnen. Gerade in Organisationen liegt aus ihrer Definition heraus die Idee nahe, dass durch Teamarbeit Kompetenz, Verantwortung und Wissen auf mehr Schultern gelegt wird und dadurch die stetige Effizienz der Organisation leichter erhalten wird. Ein gutes Teamerlebnis vergisst ein Mensch im Arbeitsleben nicht. Aber für das Gegenteil trifft dies ebenso zu.

Hinter der Formulierung Team verbirgt sich häufig ein bestimmter Anspruch, den eine Arbeitsgruppe erfüllen soll. Gemeinsames Ziel, emotionales Zusammengehörigkeitsgefühl und ein »irgendwie gutes« Funktionieren werden neben anderen Punkten gerne genannt. Insofern wird der Teamgedanke als Ziel vorausgesetzt. Dies vernachlässigt, dass je nach Anforderung, die sich stellt, die optimale Zusammenarbeitsform erst bestimmt werden muss. Jeder kennt die ineffiziente Situation aus Gruppen, in denen mindestens fünf Personen an einem Text basteln, der veröffentlicht werden soll und in dem sich jeder mit seinem Geschmack wiederfinden will.

Je nach Situation einer Arbeitsgruppe kann eine sehr unterschiedliche Form der Zusammenarbeit effizient sein. Diese kann zeitweise näher und mit gemeinsamen Aufgaben, zeitweise aber auch in größerer Distanz sinnvoll sein. Teams leben in Rhythmen. Ebenso wird bei einer unkritischen Teameuphorie außer Acht gelassen, dass verschiedene Persönlichkeitstypen sehr unterschiedliche Teammuster brauchen. Teamarbeit bedient zwar die Kontaktbedürfnisse von Menschen deutlich. Aber es ist eine Arbeitsform, die aus der Anforderung der Aufgabe und der Gruppensituation heraus beantwortet werden muss.

Organisationen und ihre Teile, die Arbeitsgruppen, sind lebende Systeme. Sie passen sich mehr oder weniger ihrer Umwelt an. In der wirtschaftlichen Umwelt wird dieser Anpassungsbedarf heute als relativ groß angesehen. Insbesondere die Art der Zusammenarbeit, der Umgang der Menschen in ihren Arbeitsbeziehungen unterliegt dem Veränderungsdruck. Teamarbeit erhält vor allem daher Druck, dass Arbeitsgruppen auf Grund gestiegener Arbeitsintensität nicht mehr so einfach »Außenseiter« vertragen können. Der »Querkopf«, der »Sonderbare« und der den man montags am besten gar nicht ansprechen sollte, haben als Typ heute keinen Platz mehr in Arbeitsgruppen. Die Reibungsverluste in der Kommunikation sind zu störend.

Echte Arbeitsteams entstehen da, wo Leistung verlangt wird. Dieser Ansicht sind die amerikanischen Unternehmensberater Katzenbach und Smith (1993), nachdem sie ausführlich Teamprojekte studiert haben. Dies bedeutet, dass sich heute erst zeigt, wer ein Team ist und wer nicht. Team bedeutet höheren persönlichen Einsatz für den anderen. Die Fußballmannschaft, in der der eine für den anderen kämpft, gilt oft als Muster.

5.2. Teams ohne Grenzen

Eine interessante Frage ist: Wer ist das Team? Wer gehört zum Team? Welche Kriterien gibt es für die *Zugehörigkeit*? Sich zugehörig fühlen, ist eine sehr wichtige Ebene für den Menschen. Ein Team bietet die Möglichkeit, Zugehörigkeit mit entsprechender Anerkennung und Zuwendung in einer positiven Weise zu erleben. Wenn ein Team »ausfranst« und nicht klar erkennbar ist, wer wie dazu gehört, werden Möglichkeiten verspielt.

> In einem Team aus Schichtarbeitern bestand von Anfang an das Problem, für eine Teambesprechung zumindest einen relevanten Ausschnitt des Teams zusammenzubekommen. Die Teammitglieder, die an einer Teamberatung teilnahmen, wechselten von Mal zu Mal. Hinzu kam, dass die Mitarbeiter sehr unterschiedliche Arbeitszeiten hatten. Manche hatten eine 40-Stunden-Woche. Andere arbeiteten nur ein paar Stunden in der Nachtschicht. Die Interventionen durch die Beratung waren insofern immer an unterschiedliche Leute gerichtet. Entsprechend musste erst die Frage geklärt werden: Wie viele Teams gibt es? Ist ein Team vorhanden oder sind es zwei oder drei, z.B. ein Tages- und ein Nachtteam?

Aus der Euphorie des Teamgedankens können Teams auch zu groß konfiguriert werden. Dann sollen Organisationsmitglieder mit sehr unterschiedlichen Aufgaben und Interessen plötzlich zu einem Gesamtteam werden.

> In einem großen technischen Dienstleistungsunternehmen kamen 25 Personen zu einem Teamorientierungsworkshop zusammen. Sie sollten zusammen Teamorientierung einüben. Es stellte sich jedoch heraus, dass es eigentlich drei, vielleicht sogar vier unterschiedliche Teams gab. Diese hatten auch sehr unterschiedliche Interessen. Aus allen ein Team zu machen, war für die Effizienz ungünstig. Besser war das klare Aushandeln der unterschiedlichen Interessen unter Beibehaltung überschaubarer Teams.

Der Betrachter und Gestalter entscheidet über die Abgrenzung des für eine Fragestellung relevanten Teams. Die Abgrenzung gegen andere ist oft teamstärkend nach innen. Ein äußerer Feind fördert zeitweise den inneren Zusammenhalt eines Teams und die Kampfeslust nach außen. Dies wurde auch eindrucksvoll in Untersuchungen über die Konflikthäufigkeit gezeigt. So fand der Organisationspsychologe Oswald Neuberger (1991) heraus, dass Auseinandersetzungen mit dem Vorgesetzten nur 28 Prozent, Konflikte innerhalb der Arbeitsgruppe 17 Prozent, dagegen die Konflikte zwischen Arbeitsgruppen 55 Prozent der Gesamtkonflikte ausmachen. Besser für den Zusammenhalt eines Teams ist ein gemeinsames autonomes Ziel, dass nicht in Abhängigkeit und Gegnerschaft zu anderen formuliert ist.

5.3. Vertikale Teams

Traditionell betrachtet man Teamarbeit unter dem Gesichtspunkt der Zusammenarbeit von hierarchisch gleichgestellten Mitgliedern einer Organisation. Ebenso wichtig ist heute die *Zusammenarbeit verschiedener Hierarchieebenen* miteinander. Diese so genannten vertikalen Teams bestimmen, einerseits wie strategische Vorhaben »von oben nach unten« umgesetzt werden, andererseits wie die Praxisinformationen »von unten nach oben« kommen. Beispielsweise Gruppenleiter, Abtei-

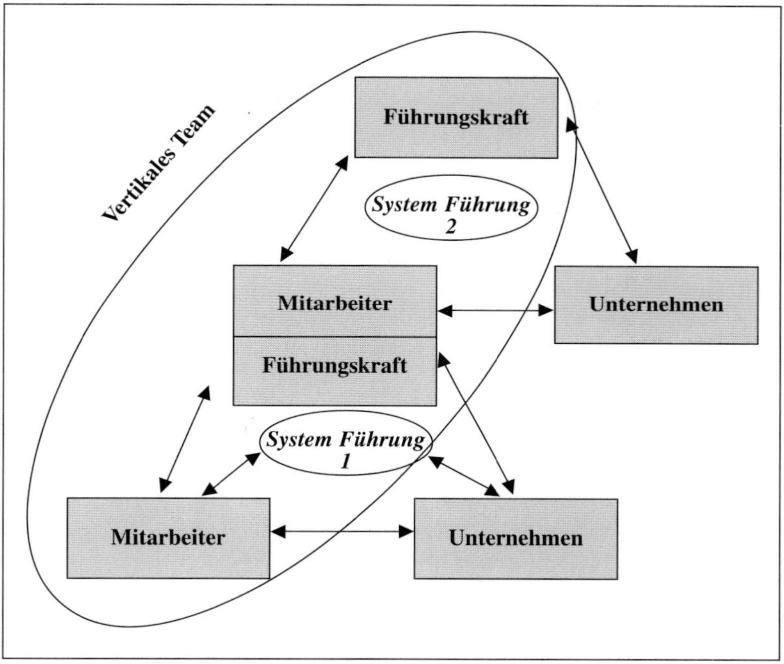

Abbildung 37: Vertikale Teams

lungsleiter und Hauptabteilungsleiter bilden zusammen ein mögliches Team. In diesem Falle verstehen sich drei Stufen als Team und erproben ihre spezifische Aufgabenteilung. Dabei muss jede Hierarchiestufe ihre spezifische Dienstleistung einbringen und benennen.

In vielen Unternehmen stellt man heute einen Riss in der Hierarchiekette fest. An dieser Riss-Stelle wird nur noch per Anweisung kommuniziert. Die nächste Ebene ist nur noch der Sekretär, aber nicht mehr der Arbeitspartner der vorhergehenden.

Dieser Riss kann beispielsweise zwischen der Geschäftsführung und der zweiten Ebene liegen. Bei Organisationen mit vielen Hierarchieebenen kann der Riss an jeder beliebigen Stelle liegen. Es sind dann »die da oben« und »die da unten«: »Die da oben verstehen nichts vom praktischen Geschäft.« »Die da unten setzen nichts von dem um, was die Strategie verlangt.« Der Riss kann auch wechseln. Je nach dem, wie gut sich Hierarchieebenen miteinander verstehen. Wichtig ist allerdings, das »Riss«-Phänomen frühzeitig zu bemerken und mit Arbeitsformen vertikaler Teams zu bekämpfen. Dies kann im Durcharbeiten exemplarischer Fragestellungen durch ein vertikales Team aus allen Hierarchieebenen bestehen. Durch diese Formen entsteht in der Praxis ein »Wir-Gefühl« in der Organisation. Ein »Wir-Gefühl« entsteht nicht durch Sonntagsreden und intensives »daran glauben«. Es setzt natürlich bei den obersten Leitungsebenen Mut voraus. Man muss sich auch einmal eine Blöße geben können, wenn es um praktische Fragen geht. Aber dies ist immer besser als die vermeintliche Aufrechterhaltung des Bildes der Führungskraft als Besserwisser auf allen Gebieten.

5.4. Das Team im Denken der Teammitglieder

Arbeitsgruppen werden von ihren Mitgliedern erfahren. Diese Erfahrung ist sehr individuell. *Jeder konstruiert sich seine Wirklichkeit.* Teammitglieder haben unterschiedliche Vorstellungen davon, was ein Team ist. Je nach persönlichen Bedürfnissen und Erfahrungen wird das Team in einer optimalen Form gesehen. »So sollte das Team sein.«

Für die meisten Menschen gilt dabei eine weit verbreitete Illusion. Sie nehmen an, dass der andere genauso denkt und fühlt wie man selbst. Ergo sollte er sich auch dementsprechend wie man selbst (= »vernünftig«) verhalten. Das Gegenteil ist viel wahrscheinlicher. Geht man von unterschiedlichen psychologischen Verarbeitungsmechanismen der Menschen aus, liegt man eher richtig. In der Teamentwicklung ist es sinnvoll an die unterschiedlichen Vorstellungssysteme heranzukommen. Dabei reicht es nicht zu fragen: Was verstehen sie unter optimaler Teamarbeit? Denn mit dieser Frage erreicht man die Vorstellungen, die jeder als sozial erwünscht einstuft. Nur wenige werden heute an dieser Stelle sagen, dass sie eigentlich am liebsten für sich arbeiten und mit keinem etwas zu tun haben wollen. Dies entspricht zurzeit nicht der »sozialen Erwünschtheit«. Dennoch wäre es wichtig, dass jemand, der so denkt, dies aussprechen darf, um mit ihm ins Gespräch über die Vorteile und Notwendigkeiten von Teamarbeit zu kommen.

Die unterschiedlichen Vorstellungen, was der Einzelne vom Team erwartet, sind sehr durch die eigene persönliche Entwicklungsgeschichte geprägt. Dieser Prozess beginnt beim Menschen schon sehr früh. Hat er gelernt, dass andere für ihn in jedem Fall sorgen oder hat er gelernt, selbst für seine Dinge kämpfen zu müssen?

Die Führungskraft ist in einem Team aufgefordert, selbst ein durchdachtes und für die bestehenden Aufgaben angemessenes Teambild als Führungsimpuls zu bringen. Dies dient der Orientierung, ist aber auch eine Reibungsfläche zur Kristallisierung einer gemeinsamen Teamvorstellung.

5.5. Team-Analyse-Perspektiven

Wie kann man Arbeitsgruppen und Teams in ihrer Entwicklung betrachten? Für den Beziehungsaspekt einer Arbeitsgruppe gelten die Perspektiven, die insgesamt für Systeme lohnen. Interessant ist hier, dass die Art der Perspektive oft eine relativ konstante Gewohnheit des Betrachters ist. Sie finden sich bei Laien genauso wie bei professionellen Teambetrachtern.

- Die erste Möglichkeit ist, die *Persönlichkeiten* der einzelnen Mitglieder einer Arbeitsgruppe zu betrachten. Dabei wird in erster Linie die Sozialkompetenz des Einzelnen im Sinne einer mehr oder weniger festen Eigenschaft untersucht. »Der ist ein eher in sich gekehrter Typ« hört man dann über eine Person. Feste, unveränderliche Eigenschaften werden dem Einzelnen zugeschrieben. Für die meisten Menschen ist diese Eigenschaftstheorie die implizite Theorie für das Funktionieren von Arbeitsgruppen.
- Eine zweite Möglichkeit der Analyse ist die Beleuchtung jeder einzelnen *Zweierbeziehung* innerhalb einer Arbeitsgruppe. »Die zwei können gut miteinander.« »Der M. und der B. können gar nicht miteinander.« »Zwischen denen stimmt die Chemie nicht.« Dies sind implizite Diagnosen, die die Zweierbeziehung in den Fokus nehmen. Die, die gute Zweierbeziehungen untereinander haben, gehören zum Team. Die anderen werden eher als Grenzgänger oder sogar als draußen empfunden.
- Eine dritte Herangehensweise ist die Betrachtung der Merkmale der *Gesamtgruppe*. Dabei wird das Klima in einer Arbeitsgruppe beschrieben. »Das Team hält noch an den alten Strukturen fest. Der Chef ist der Patriarch, die Mitarbeiter die Untergebenen.« »Dort wird

der Kunde offen aufgenommen. Es herrscht ein gutes Dienstleistungsklima.«

In der Managementliteratur wird auch hier oft von der »Kultur« gesprochen. Diese Kultur eines Teams, wie sie sich augenblicklich zeigt, und deren aufrechterhaltende Bedingungen werden beschrieben.

- Welche Rituale gibt es im Team?
- Wie handelt man Informationen?
- Wie denkt man über Probleme?
- Welche verdeckten Abmachungen sind da?
- Wie löst man Konflikte?

Diese Betrachtung kann bis zu vernetzten Abläufen gehen. In Arbeitsgruppen entstehen unterschiedliche »Kulturen«. Sie sind die »weichen« Daten einer Arbeitsgruppe.

Ob man einzelne Personen, Zweierbeziehungen oder das Gesamtsystem für die Betrachtung wählt, ist entscheidend für die Einflussmöglichkeiten, die ein Team bietet. Ein Problem einer Gruppe kann zum Beispiel beim Einzelnen sichtbar werden. Der Fokus richtet sich dann auf den Einzelnen. Man versucht ihn individuell zu kurieren. Er wird zum *»designierten Patienten«* gemacht. Oft zeigt er aber nur als der mit der feinsten Wahrnehmung der Arbeitsgruppe deren problematischen Gesamtzustand an. Hier kann systemisches Wissen helfen. Soziale Systeme haben die Tendenz, »designierte Patienten« herauszubilden. Der Problemträger ist einer, der auffällig reagiert und Symptome produziert. Er zeigt aus systemischer Sicht jedoch an, das im »Funktionieren« des Systems insgesamt etwas nicht stimmt. Der »Problemträger« ist häufig der gesündeste, weil er sensibel anzeigt, dass etwas verändert werden muss und zwar von allen.

Das Entscheidende ist dann, ob die Gruppe inklusive ihrer Führungskraft in der Lage ist, eine angemessene lösungsorientierte Perspektive zu entwickeln. Ist sie dies nicht, kann das an den Regelungsmechanismen im Team liegen. Führungskräfte neigen dazu, Probleme einzelnen Mitarbeitern zuzuschreiben und die Gesamtstruktur inklusive ihrer eigenen Person zu vernachlässigen. Es fehlt oft der Schritt auf die systemische Ebene. Aus der systemischen Perspektive wird eine Arbeitsgruppe als Ganzes beschrieben. Insofern sind die drei Perspektiven miteinander verbunden.

Die Arbeitsgruppe sei dabei in der Form verstanden, wie sie häufig in Unternehmen anzutreffen ist, also inklusive der Führungskraft. Die Führungskraft hat allerdings mehrere Rollen im Team. Sie ist Teammitglied und Vorgesetzter. Ein flexibler und transparenter Rolleneinsatz ist hier von Nöten. In der Praxis der Teamentwicklung stellt sich die Frage, ob die Führungskraft in einer Teamentwicklungsmaßnahme zugegen sein soll oder »nur das Team«, also ohne die Führungskraft. Dies ist klar zu beantworten. Die Führungskraft sollte in jedem Fall dabei sein. Die Konstellation ohne Führungskraft vernachlässigt wesentliche Aspekte des Systems »Team«. Vor allem würde dies der Führungskraft den wichtigen Lernprozess, gleichzeitig in Leitungs- und in Teammitgliedfunktion zu sein, kosten.

Eine Teambetrachtung muss das für die Arbeit der Gruppe relevante System erfassen. Das kann im Einzelfall auch bedeuten, dass mehrere Führungsebenen mit einbezogen werden müssen, falls diese die Arbeit der Gruppe entscheidend beeinflussen. In sehr differenziert hierarchisch gegliederten Unternehmen ist das sogar die Regel. In einer solchen Konstellation bekommt man eine interessante Mischung von horizontalem und vertikalem Team. Die Hierarchie wird überprüfbar, ob sie tatsächlich eine Dienstleistung ist. Die abgestufte Macht- und Verantwortungsverteilung muss sich als Dienstleistung für das System bewähren. Oft halten Organisationen – trotz Ideen von schlanker Struktur – an sehr differenzierten hierarchischen Gliederungen fest. Man glaubt, Führungspositionen erhalten zu müssen, um die Aufstiegsmotivation der Mitarbeiter zu gewährleisten und um genügend Kontrollinstanzen zu haben. Die Folge sind komplexe relevante Teamsysteme, weil sehr viele Personen mitentscheiden, auch Personen, die nicht unmittelbar beim Team sichtbar sind. Die »Dimension Team« tritt als Selbstorganisationsmechanismus und als Teil des Systems Führung auf. Insgesamt sind auch in der Teamperspektive in Unternehmen mindestens drei Kraftfelder vertreten:

- mehrere Mitarbeiter,
- eine oder mehrere Führungskräfte
- und das Unternehmen.

Der innere Regelungsmechanismus »Team« wird für jede Arbeitsgruppe eine eigene, spezifische Ausgestaltung finden. Dabei lassen sich Arbeitsgruppen in verschiedenen Dimensionen vergleichen. Es geht dabei

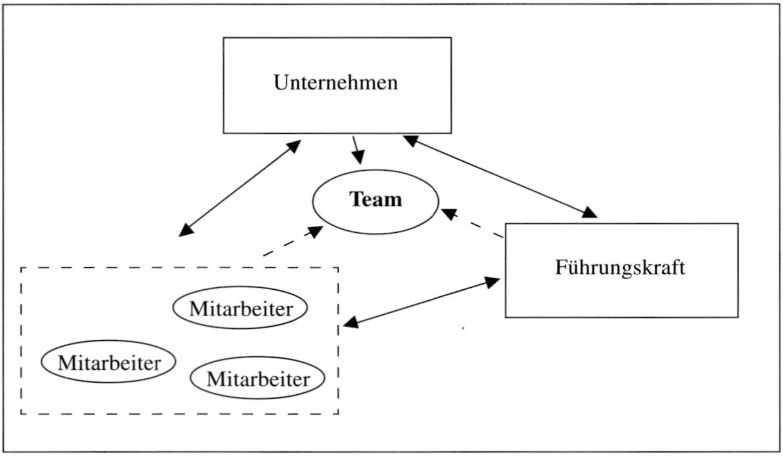

Abbildung 38: Das Team als Regelungs»kultur« für Organisationsbeziehungen

darum, welche Antworten eine Arbeitsgruppe auf bestimmte Fragen findet und lebt. Der Theologe und Psychotherapeut Reinhard Köster (1994) hat weitere Dimensionen beschrieben, zwischen denen Teams eine Position finden müssen:

- Selbstorganisation und Einfluss des übergeordneten Systems,
- Partizipation der Teammitglieder und Rolle der Leitung,
- Kooperation und individuelle Arbeit,
- Achtung der persönlichen Würde und Anerkennung unterschiedlicher Positionen,
- Offenheit und rollenbezogene Kommunikation,
- Emotionale Unterstützung und Grenzen der Teamverantwortung,
- Routine und Kreativität im Team,
- Persönliche Identifikation mit eigenen und Teamzielen,
- Persönliche Selbstverwirklichung und Lernen professioneller Kompetenzen,
- Dienstleitungshaltung und Expertenrolle gegenüber Kunden.

Alle diese Dimensionen hat ein Team zu seiner Positionierung zur Verfügung. Dies zeigt auch wie reichhaltig die Gestaltungsmöglichkeiten für Teams sind.

5.6. Institutionen der Teamarbeit

Eine Ebene für die Teamentwicklung sind die Institutionen der Teamarbeit. Dies gibt der Teamarbeit eine konkrete Struktur. Einige *Team-Institutionen*, mit denen Teamarbeit aktiv unterstützt werden kann, sind:

- Gesamtteambesprechungen in regelmäßigem Abstand,
- Teilteambesprechungen,
- gemeinsame Projekte von Teammitgliedern,
- die Tür-und-Angel-Kommunikation,
- Kommunikationsflächen und Kommunikationsecken,
- »Team-TÜVs«.

Institutionen der Teamarbeit sind sehr wichtig. Teams haben hier sehr unterschiedliche Muster. Ohne ein festes Gerüst von gemeinsamen Veranstaltungen wird Teamarbeit nicht gelingen. Teammitglieder brauchen regelmäßig persönlichen Kontakt. Dies wird bei zunehmender Auflösung traditioneller Arbeitsplätze zu Gunsten von Vernetzung und virtueller Anwesenheit umso wichtiger. Begegnung lediglich auf der Ebene des Datentransfer reicht nicht aus. Wenn keine regelmäßigen Institutionen der Teamarbeit existieren, sind zwischenmenschliche Probleme der Teammitglieder vorprogrammiert. Der Mensch stammt von einem Herdentier ab. Er braucht ab und zu die Nähe und die Orientierung durch die Gruppe. Bestimmte Areale des Arbeitsumfeldes sollten als Kommunikationsflächen zur Verfügung stehen.

Oft wird die Pflege der Beziehungsebene in den Freizeitbereich verschoben: »Gehen Sie mal ein Bier miteinander trinken!« Das kann die Beziehung verbessern. Es kann aber nicht die notwendige Beziehungsklärung innerhalb der Arbeit ersetzen. Vor allem sollten Teams von Zeit zu Zeit die gemeinsame Arbeit reflektieren und zwar losgelöst von der einzelnen Aufgabe. Dies ermöglicht, angefallene »schmutzige Wäsche zu waschen« und über Verbesserungsmöglichkeiten der Zusammenarbeit nachzudenken. Diese »Team-TÜV«-Veranstaltungen machen mindestens einmal im Jahr Sinn, wenn Menschen regelmäßig zusammenarbeiten müssen.

5.7. Team-Systemnormen

Regeln des Umgehens miteinander sind für die meisten Teams erforderlich. Dass man sich blind versteht, ist der Ausnahmefall. Gerade in sozialen Institutionen wurden hier oft falsche Hoffnungen gehegt. Allein schon Persönlichkeitsunterschiede, Interessenunterschiede und Rollenunterschiede produzieren Konflikte. Teams stehen aber auch in der Versuchung, für ihr Zusammenspiel zu viele Normen der Zugehörigkeit zu entwickeln: Wie muss sich jemand verhalten, um dazuzugehören? Welche Regeln muss er einhalten? Das Streben nach Einheitlichkeit wird dabei oft zum Ausgrenzungsmechanismus für die, die von der »herrschenden« Norm abweichen. Gerade eher zu bürokratischen Organisationsformen neigende Branchen leiden unter der Versuchung zu viel zu regeln.

Diese Situationen treten auch in bestimmten Entwicklungsphasen von Teams häufig auf. Eine Mehrheit der Teammitglieder schließt sich zusammen und definiert Normen, die ein anderes Teammitglied nicht erfüllt. Durch diesen Prozess kann diese Gruppe ihre Unterschiede und Konflikte untereinander überlagern. Die Gruppe bekommt den Eindruck, man wäre ja einig, wenn nicht ein oder mehrere Störenfriede da wären. Die Versuche, einzelne Teammitglieder auszugrenzen, dienen illusionären Lösungsideen. Dagegen macht es großen Sinn, gemeinsam die Teamkriterien zu verhandeln und jeden Einzelnen entscheiden zu lassen, ob er dazugehören will oder nicht. Eine systemische und damit ganzheitliche Teamentwicklung geht zunächst von allen aus, die Teil des Teams sind. Oft muss erst einmal die Auswirkung einer solchen Normenorientierung deutlich werden.

Teamsystemnormen existieren in jedem Team. Man sollte sie sich klar machen und darüber verhandeln. Vor allem sollte der Umgang mit Konflikten vernünftig geregelt sein. Diese sind durch die hohen Leistungsanforderungen, die Teams heute überall haben, in ihrem Auftreten sehr wahrscheinlich. VW hat mit seiner Betriebsvereinbarung gegen Mobbing einen interessanten Versuch gestartet. So werden auch gravierende, sehr verletzende Konflikte nicht geleugnet und gleichzeitig Ansporn und Möglichkeiten zur Verfügung gestellt, mit diesen Situationen umzugehen.

5.8. Befriedigung von persönlichen Bedürfnissen im Team

Menschen leben ihre Persönlichkeit in unterschiedlichen Lebenskontexten. Eine Arbeit mit vielen Kunden- und Kollegenkontakten kann beispielsweise dazu verführen, Bedürfnisse aus dem privaten Bereich in die Organisationswelt zu übertragen. Wenn im privaten Bereich keine ausreichenden Partnerschafts- und Freundschaftsbeziehungen bestehen, wird im Berufsleben ein quasi privater Zusammenhang hergestellt.

> In einer Teamsupervision brauchte ein Team, in dem zu viele Bedürfnisse aus der Privatwelt hineingetragen wurden, zwei Jahre, um eine Veränderung zu erreichen, die die Kultur des Einklagens privater Beziehungsbedürfnisse im Team zu Gunsten eines »sachlich«-professionellen Arbeitens veränderte.

Es bleibt jedoch zu klären, wann es sich um private Bedürfnisse handelt, wann um professionelle? Gerade bei Teams im Sozialbereich gibt es hier häufig eine Vermischung. Auch Netzwerk-Organisationen wie sie beispielsweise unter Beratern üblich sind, vermischen oft die private und die professionelle Ebene.

> Ein Team in einer Firma bestand aus acht Mitgliedern, inklusive der Führungskraft. Drei Teammitglieder verhielten sich von Anfang an auffällig. Eine Frau warnte den Berater zu Beginn der ersten Stunde, dass auch der letzte Berater das Feld sehr schnell räumen musste, weil das Team aus starken Mitgliedern bestünde. Sie war in der Folgezeit sehr darauf bedacht, ihre gefühlsmäßige Befindlichkeit im Team kontrollierend einzusetzen. »Da kann ich jetzt nicht drüber sprechen. Das halte ich nicht aus.« In einem anderen Fall äußerte sie zu einem Thema: »Das kann ich gefühlsmäßig nicht bewältigen. Darüber kann ich nicht reden.« Ein Mann stellte sich von Anfang an sehr außerhalb des Teams. Er werde ja doch nicht verstanden. Die anderen wollten ihn nicht verstehen. Ein weiterer Mann war von Beginn an sehr zurückhaltend und »mauerte« bei vielen Themen: »Da kann ich noch nichts zu sagen. Das höre ich mir erst mal an.« Die Entwicklung des Teams war dann so, dass der »unverstandene« Mann immer weiter auf seinem Unverstandensein beharrte. Sein Bezug zum

Team wurde auch dadurch schwieriger, dass er alte Wunden sah, die ihm der Leiter zugefügt hätte, die aber aus seiner Sicht nicht wieder gutzumachen waren. Er wollte aber auch das Beleidigtsein nicht loslassen. Alle Versuche, ihn mit ins Boot zu nehmen scheiterten. Er ging. Bei der kontrollierenden Frau eskalierte mit der Zeit ihr grenzüberschreitendes Verhalten. Sie hielt sich nicht an Vereinbarungen des Teams, fehlte unentschuldigt. Es wurden bei ihr Verhaltensweisen sichtbar, die auf Suchtmittelmissbrauch schließen ließen. Nach mehreren Hilfsversuchen äußerte sie, sie wolle gehen. Sie halte es in der Arbeit nicht mehr aus. Dies war ein Muster, das sie vor einigen Jahren schon einmal gezeigt hatte, worauf die Leitung sie damals gebeten hatte, doch zu bleiben. Diesmal nahm die Leitung ihre Kündigung zu ihrer Verblüffung an. Sie verlies das Haus. Lediglich die dritte Person blieb. Sie konnte durch ein wohl wollendes Gerangel, das der Berater mit ihr initiierte, langsam aktiver werden und wieder mit Energie im Team tätig werden.

Wenn sich privat-persönliche Seiten, oft in Form von neurotischen Verhaltens in einem Team etabliert haben, ist es ein längerer Weg zurück zu einer guten gemeinsamen Professionserfüllung. Trennung von einzelnen Teammitgliedern sind in diesen Situationen nicht selten.

5.9. Auftragsorientierung oder Selbstorganisation

In großen Organisationen sind Teams einerseits auf bestimmte Aufgaben spezialisiert, andererseits sind sie eingebunden in Geschäftsprozesse. Basierend auf diesem Hintergrund muss jedes Team eine Balance zwischen seiner eigenen Kreativität in der Lösung seiner Aufgabe und der Abstimmung mit anderen leisten. Extrempositionen sind davon die pure Auftragsorientierung: »Wir machen (nur) das, was man uns aufträgt« und die reine Selbstorganisation: »Wir bestimmen (ausschließlich) selbst, was wir machen.« Sich in diesem Spektrum zu positionieren, ist für Teams eine ständige Aufgabe.

Dieser Prozess spiegelt sich auch in der Entwicklung von Teams wieder. Systemische Teamentwicklung bedeutet, ein Team auf einem Prozess zu begleiten. Es heißt auch der Versuchung zu widerstehen, zu schnell Lösungen festzuklopfen. In der Wirtschaft existiert häufig der Glaube, dass am Ende einer Teamentwicklungssitzung klar umzusetzende Aufträge verteilt werden: Dies ist in vielen Fällen am Anfang auch ein sinnvolles Anschieben, oft aber auch nicht.

> In einem großen Unternehmen wiederholte sich in Workshops häufig ein bestimmter Ablauf. Alle Teilnehmer waren sehr aktiv und engagiert in der Erarbeitung von Lösungen für Problemsituationen. Als es dann um die Umsetzung einzelner Schritte des Erarbeiteten ging, war kaum ein Teilnehmer zu finden, der Verantwortung übernehmen wollte. Die Erforschung dieses Phänomens ergab, dass die Einzelnen nicht beurteilen konnten, inwieweit sie mit ihren Initiativen nicht die Erbhöfe anderer berührten. Es herrschte eine große Unsicherheit, die gerade beim Punkt der Verantwortungsübernahme gespürt wurde und sich handlungsleitend auswirkte. Die Trainer waren zunächst enttäuscht und ein wenig sauer. Die Reaktion der Workshopteilnehmer wies allerdings auf einen wichtigen Punkt der Unternehmenskulturentwicklung hin. Als dies gewürdigt worden war, zeigte sich, dass es in diesem Unternehmen nützlich war. Auch das Aufstellen von langen Aktivitätenlisten war zu einem Ritual verkommen.

In diesen Fällen halten die Rituale der Organisationen gerade davon ab, die Selbstorganisationskräfte eines Teams zum Leben zu bringen. Doch in vielen Fällen ist es für die Teamentwicklung fruchtbar gerade das selbstständige Umsetzen von Erkenntnissen durch ein Team zu animieren.

5.10. Persönlichkeitstypen und ihre Teamwirkung

Je nach Persönlichkeit ist der Teambeitrag eines Menschen sehr unterschiedlich. Insbesondere die Persönlichkeit der Führungskraft kann entscheidenden Einfluss nehmen. Gerade in Unternehmenskulturen, in denen Status und Amtsautorität einzelner Personen sehr wichtig ist, prägt die Persönlichkeit der Führungskraft die Teamkultur. Sie strahlt auf die gesamte Teamkultur aus. Eine Persönlichkeit lässt sich beschreiben.

Dabei sind Konzepte sinnvoll, die die praktischen Auswirkungen einer bestimmten Persönlichkeit auf die Außenwelt beschreiben. Mit einer Teamberatung lässt sich ein Team auf einen Prozess ein, dessen Ausgangspunkt es nicht kennt. Das sollte auch die Führungskraft wissen. Ein gutes Team ist bezüglich der Persönlichkeitstypen seiner Mitglieder gemischt. Allerdings hängt die gute Mischung auch von der zu lösenden Aufgabe des Teams ab. Extravertierte, kontaktorientierte Menschen sind mit introvertierten, zurückhaltenden zusammenzubringen. Analytisch starke Denktypen mit gefühlsmäßigen Entscheidern. Eher intuitiv das Wesentliche erkennende Menschen finden ihre Ergänzung in präzisen Detailwahrnehmern. Für die Beschreibung der Persönlichkeit gibt es unterschiedliche Systeme. Hier erscheinen Systeme sinnvoll, die nicht von vornherein zwischen positiven und negativen Typen unterscheiden. Eine Zeit lang haben viele handgestrickte, simplifizierende Schemata in der Führungsschulung aus »didaktischen Gründen» vorgeherrscht. Manager kommen aber auch gut mit differenzierten System zurecht. Als Beispiel dient das Enneagramm.

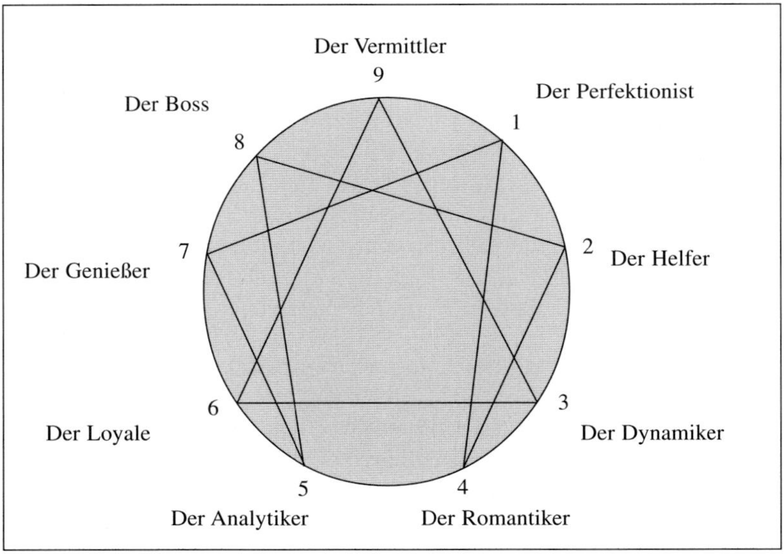

Abbildung 39: Die Enneagramm-Typen

In einer sozialen Betreuungsinstitution mit Schichtbetrieb war die Kommunikation zwischen den Mitarbeitern schlecht geworden: sehr viele Konflikte, Informationen wurden nicht weitergegeben. Ein regelrechter »Schichtenkrieg« war ausgebrochen. Ein Anlass war, dass man die Frage diskutierte, das System zweier fester Schichten durch einen Wunschdienstplan abzulösen. Diesen hatte die stellvertretende Leiterin erarbeitet und vier Monate ausprobiert. Danach im Urlaub der Stellvertreterin musste die Leiterin den Wunschplan managen. Dabei gab es jetzt eine Menge Schwierigkeiten. In der Teamberatung stellte sich heraus: Die Leiterin war im Grunde lieber für das feste Schichtsystem. Sie sagte, sie bräuchte feste klare Strukturen, die sie vorhersehen könnte. Dann könnte sie sich danach richten. Sie wollte sich auch nicht so frühzeitig eintragen. Wenn sie einmal einen Arzttermin hätte, wüsste sie gar nicht, wann sie den nehmen könnte. Dies hörte sich eher nach Angst an, nicht mehr unabhängig und sicher genug zu sein. Sie wirkte auch insgesamt eher introvertiert und interessiert, Zeit für sich zu reservieren. Sie zeigte ein Verhaltensmuster, das im Bereich des 5er oder 6er-Muster liegen konnte. Das Muster zeigt sich gerade gerne bei Neuerungen oder in Stress-Situationen.
Bei einem zweiten Thema in diesem Team ging es um Qualitätssicherung. Gewisse Basisstandards, wie die Arbeit zu tun sei, sollten festgelegt werden. Dies brachte Sicherheit und die Leiterin zeigte sich sehr engagiert in diesen Punkt. Dies wies auf ein 6er-Muster hin. Die stellvertretende Leiterin ist eine sehr lebendige Person. Sie wirkt unternehmungslustig, interessiert auch etwas Neues zu probieren. Sie steckt mit ihrem Enthusiasmus auch andere an. Sie sieht den Wunschdienstplan als Erfolg, betont aber nicht, dass es ihr Erfolg ist. Die anderen im Team sahen dies aber klar. Sie war zunächst sehr frustriert darüber, dass das mit dem Plan nicht mehr so klappte. Sie wollte sich schon ganz von diesem Thema abwenden und ihre Energie woanders investieren. Im Gespräch konnte sie allerdings wieder genügend Begeisterung für das Projekt entwickeln, als sie auch die Anerkennung dafür spürte. Selbst die Leiterin konnte sie da wieder ein Stück mitreißen, obwohl diese immer noch verhalten blieb.
In der Diskussion um die Qualitätsstandards macht die stellver-

tretende Leiterin einen konkreten Vorschlag, den sie für erfolgversprechend hielt. Dieser hat allerdings – dies stellte sich auf Nachfrage heraus – mit einer schriftlichen Arbeit zu tun, den sie im Rahmen einer Fortbildung schrieb, hatte also einen weiteren Nutzen für sie. Insgesamt zeigte sie Hinweise für ein 3er-Muster. Sie war aktiv, spontan, extrovertiert und riss andere offensichtlich mit. Anerkennung belebte sie sehr. Beide entwickelten sich durch die Teamberatung mit der Zeit zu einem recht guten Team, als sie lernten ihre unterschiedliche Art zu respektieren.

Dies läuft aber nicht immer so. Menschen mit sehr unterschiedlichen Herangehensweisen an die Welt leben sich auch in Teams oft auseinander. Außerdem gibt es Persönlichkeitstypen wie den 5er, der sich in der Nähe von Teams schwer tut. Ihnen ist es dann »zu nah». Hier liegt für den Teamleiter die Aufgabe, angemessene Formen der Zugehörigkeit zuzulassen und die einzelnen Wesenszüge leben zu lassen, ohne bestimmte allgemein gültige Systemnormen zu vernachlässigen. Je nach Teamzusammensetzung ist zwischen den Systemnormen, den Regeln im Team, und den vorhanden Persönlichkeiten eine Balance zu finden.

Die Haltung zu den Systemnormen selbst ist natürlich auch ein Persönlichkeitszug. Ein Perfektionist (Typ 1) geht damit beispielsweise ganz anders um als ein Genießer (Typ 7). Insofern ist für den Teamleiter die Bewusstheit über die eigenen Persönlichkeitsmuster sehr wichtig.

5.11. Checkliste: Unterschiedliche Persönlichkeiten (nach dem Enneagramm) in ihrem Gruppenverhalten

Typ 1: Der Perfektionist
Er erwartet perfekte Darstellungen; ihn stört, wenn etwas in seinen Augen nicht geradlinig, nicht ordentlich, nicht absolut folgerichtig erscheint. Es gibt für ihn im Grunde nur einen Maßstab, seinen eigenen.
Redestil: Er spricht eher länger, weil er noch zusätzliche Aspekte ergänzen will.

Typ 2: Der Helfer
Er achtet auf die Gefühle des Moderators und der anderen Gruppenteilnehmer. Ihm gefällt besonders die Regel in vielen Gruppen: »(Emotionale) Störungen haben Vorrang«, weil man dann zum Eigentlichen, zu den Gefühlen der Menschen kommen kann.
Redestil: Er betont Gefühle, will hierhin steuern, sachliche Arbeit ist erst in zweiter Linie wichtig.

Typ 3: Der Macher
Ihm ist Geschwindigkeit wichtig; er freut sich daran, wenn gleichzeitig an verschiedenen Baustellen gebaut wird; er macht eher noch eine auf, um dann schnell wieder zur vorhergehenden zurückzugehen.
Redestil: energievoll, will tun, auf schnellen, auch manipulierten Erfolg ausgerichtet

Typ 4: Der Besondere
Ihm ist seine Eigenständigkeit wichtig. Alle Verschmelzungstendenzen mit der Gruppe erlebt er als bedrohlich. Gilt das ohnehin für die Moderation, so gilt besonders für ihn, dass seine Beiträge auf keinen Fall an andere angeglichen, weggenommen werden sollten.
Redestil: er betont seine Eigenständigkeit, wirkt zum Teil überheblich, idealisiert häufig frühere Erlebnisse, Gegenwart schneidet dabei schlechter ab.

Typ 5
Der Beobachter: Er denkt mehr als er zunächst ausspricht, hält sich eher zurück in der Gruppe, obwohl er interessante Ideen entwickelt.
Redestil: seltener aktiv als andere, eher über die Dinge sprechend, abstrakt, mit durchdachten Zusammenhängen.

Typ 6: Der Loyale
Von ihm kommen auf dem Weg Zweifel am Vorgehen, aber er lässt sich überzeugen, da er an einer loyalen Zusammenarbeit interessiert ist.
Redestil: »Sowohl als auch«, unentschiedenes »einerseits, anderseits«, Hinterfragen.

Typ 7: Der Genießer
Ihm ist wichtig, dass Vergnügen da ist, zu trocken darf es nicht sein. Er wendet sich gegen Problematisieren, betont die angenehmen Möglichkeiten.
Redestil: Schlägt »Angenehmes« vor, wendet sich ab, wenn zu viel problematisiert wird, geht dann vielleicht «eine rauchen».

Typ 8: Der Boss
Er will bestimmen, geht durchaus mit dem Moderator in Konkurrenz, ist impulsiv und laut, stellt sich vermeintlich Schwachen zur Seite.
Redestil: Er weiß Bescheid; droht auch einmal; kann versuchen, das ganze Vorgehen zu kippen, wenn ihm auf einmal die Richtung nicht behagt.

Typ 9: Der Vermittler
Er passt sich gerne an, braucht aber Rahmenvorgaben.
Redestil: Geht ausgleichend auf Kontrahenten ein, vermittelt, manchmal stur.

(Quelle: Palmer, 1991)

5.12. Teamarbeit als Chance für den Einzelnen und die Organisation

Teamarbeit ermöglicht jedem Beteiligten, sich selbst besser kennen zu lernen. Dies wiederum ist die Voraussetzung dafür sich zu verändern. Es ermöglicht Qualifikation zu lernen durch »training on the job». Dies verbessert die eigenen Chancen im Arbeitsleben. Auch für die Organisation ist Teamarbeit vorteilhaft, weil sie die Organisation unabhängiger von der einzelnen Person macht. Dies ist für das Überleben des Systems ein vorteilhafter Schritt.

Im Backoffice einer Versicherung ging es darum, eine arbeitsteilige Aufgabenerfüllung, in der Menschen einzelne sehr spezielle Verrichtungen vollzogen, in Teamarbeit umzuwandeln. Teamarbeit bedeutete, dass der Einzelne nun fünf verschiedene Tätigkeiten beherrschte und je nach Teamabstimmung auch wahrnahm. Dahinter stand der Gedanke, auf diese Weise effizienter zu arbeiten. Für die Menschen bedeutete dies neues Lernen, enges Abstimmen mit den Kollegen und erst einmal Unsicherheit in diesem Veränderungsprozess. Dennoch ergab sich für die große Mehrheit, dass die Arbeit abwechslungsreicher wurde und das man sich kompetenter fühlte. Für die Organisation ergaben sich schon nach einem Jahr Kosteneinsparungen von 15 Prozent. Für einen Teil der Mitarbeiter (etwa 10 Prozent) erwies sich die Teamarbeit nicht als geeignet. Dies hatte zum Teil Gründe in den fachlichen Anforderungen, aber auch in den sozial-kommunikativen Anforderungen.

6. Die Veränderungen des Lebensbereiches Arbeit managen

Sie können sich bei der Lektüre wieder Antworten geben:
- *Wie ist für Sie der persönliche Stellenwert von Arbeit?*
- *Was passiert heute mit der Arbeit?*
- *Welchen Stellenwert hat »Profession« für Sie?*
- *Wie gehen Sie selbst mit den Veränderungen der Arbeitswelt um?*

Im Folgenden erfahren Sie etwas über die Veränderungen der Arbeit, die für jeden in der Mitarbeiterrolle im Augenblick stattfinden. Dabei geht es um unseren Bezugsrahmen zur Arbeit, die Auswirkungen auf die Menschen und die Lernfelder, die sich daraus ergeben. Führungskräfte stehen da in einer doppelten Verantwortung. Sie sind meist auch Mitarbeiter und sie nehmen Einfluss auf andere.

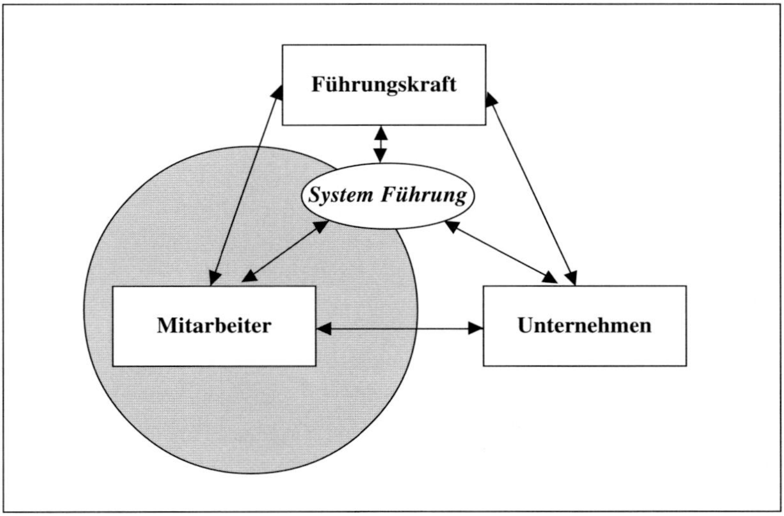

Abbildung 40: Der Mitarbeiter im System Führung

6.1. Arbeit an sich als Ziel

Menschen entscheiden in ihrer praktischen Zeitstrukturierung darüber, wie sie ihr Leben gestalten. Es ist eine der schwierigsten Aufgaben für den Menschen zu entscheiden, wie er seine Zeit verbringt. Ein zentraler Lebensbereich ist dabei die Arbeit. In der aktuellen Gesellschaft sind Arbeit und Beruf wesentliche Ausdrucksfelder der eigenen Persönlichkeit. Freud definierte die Zielsetzung eines gesunden Lebens in Arbeits-, Liebes- und Genussfähigkeit. Arbeitsfähigkeit war damit für ihn ein zentraler Bestandteil psychischer Gesundheit. In der Transaktionsanalyse wird Arbeit in den Zielmodellen nicht explizit genannt. Leonhard Schlegel (1990) postuliert in seiner erweiterten Definition des Leitzieles *»Autonomie«:*
»Mut, Entscheidung und Fähigkeit,

- die Verantwortung für seine Gefühle, Urteile und Entscheidungen zu übernehmen,
- die Realität so zu sehen, wie sie ist,
- anstehenden Problemen nicht auszuweichen, sondern ihre Lösung eigenständig anzupacken,
- aus allen, auch aus unangenehmen und schmerzlichen Erfahrungen zu lernen, durch sie zu wachsen und sie nicht zu verdrängen,
- redlich mit den Mitmenschen umzugehen und vielleicht auch noch sich mit sozialen und Umweltproblemen zu befassen.«

Arbeitsfähigkeit tritt in dieser sehr individuumszentrierten und nur wenig auf gesellschaftliche Kontexte bezogenen Zielvorstellung direkt nicht auf. In vielen Berufsfeldern ist jedoch der Aufbau oder die Erhaltung von Arbeitsfähigkeit ausdrückliches Ziel. Dies betrifft einerseits Institutionen, die Arbeitsfähigkeit wieder herstellen wie Rehabilitationskliniken, aber auch den gesamten Bereich der Wirtschaft. Bei den einen ist es schwer, Leute wieder in Arbeit hineinzubringen. Bei den anderen ist es oft eine Aufgabe, Menschen von zu viel Arbeit wegzubringen. Der »Workaholic« ist kaum ein attraktives Modell für Mitarbeiter; aber auch für Unternehmen langfristig gesehen schädlich, denn die Mitarbeiter werden so verheizt. Der konzeptionelle Ansatz von Arbeit, mit dem eine Führungskraft das System Führung beeinflusst, zeigt sich in der Gestalt und Struktur ihres eigenen Arbeitens. Deshalb ist es für Führungskräfte notwendig, diesen Bezugsrahmen von Arbeit zu erforschen.

6.2. Arbeit im ökonomischen Bezugsrahmen

Ökonomisch ist Arbeit ein *Produktionsfaktor*, der im Zusammenwirken mit anderen betrieblichen Faktoren (Betriebsmittel, Werkstoffe) ein Produkt oder eine Dienstleistung entstehen lässt. Viele Forscher attestieren der aktuellen Zeit einen fundamentalen Wandel in der Gestaltung der Arbeit. Ähnlich dem Übergang von der Agrar- zur Industriegesellschaft werden die Grundlagen für Erwerbsmöglichkeiten verändert. Waren vor 100 Jahren noch 50 Prozent der Menschen in der Landwirtschaft beschäftigt, so sind es heute nur noch etwas mehr als ein Prozent. Eine ähnliche Entwicklung wird zurzeit für die Industrie prognostiziert, in der heute noch etwa 40 Prozent der Menschen arbeiten.

Der Konjunkturforscher Nefiodow sieht die Entwicklung an der Schwelle zur sog. sechsten Kondratieff-Welle. Die Kondratieff-Zyklen sind lange *Konjunkturwellen*, die durch Basisinnovationen ausgelöst werden und früher etwa 50 Jahre dauerten. Kondratieff hatte diese Konjunkturzyklen in den zwanziger Jahren erstmals beschrieben. Er sah seit dem Beginn des Industriezeitalter die Basisinnovationen der Dampfmaschine, der Elektrizität und der Chemie, die jeweils große Wellen ausgelöst haben. Momentan findet durch die Technologieentwicklung, insbesondere die der EDV wieder einen Sprung der wirtschaftlichen Entwicklung statt. Die EDV ist der entscheidende Punkt der Entwicklung. Erst sie macht Globalisierung und absolute Effizienzorientierung in bisher nicht gekanntem Ausmaß möglich. Diese Prozesse gab es früher auch schon. Schon im 18. Jahrhundert hatte der Nationalökonom David Ricardo Globalisierung beschrieben, als er die Produktionsvorteile von England bei Tuchen und von Portugal bei Wein betrachtete. Der gravierende Unterschied besteht heute in der ständigen und weltweiten Verfügbarkeit der Informationen über die Märkte. Die heutige EDV macht hier das möglich, was früher nur in der Theorie existierte.

Klassische Erwerbsarbeit verliert den Stellenwert, den sie bisher besaß. Relativ viele Menschen sind so vermögend, dass sie nicht mehr ihre »Arbeit zum Markte tragen« müssten. Viele könnten sich mit weniger begnügen. Außerdem hat insbesondere der technologische Fortschritt viele früher vorhandene Arbeitsmöglichkeiten verschwinden lassen. Darunter waren auch solche, die mit hoher Professionalität ausgestattet waren wie Drucker oder Schuhmacher. Stetige Rationalisierung

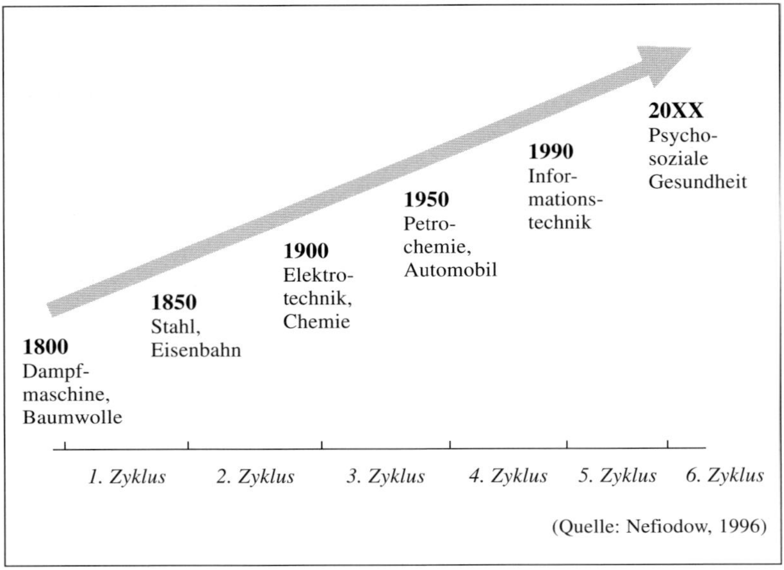

Abbildung 41: Die Kondratieff-Zyklen

in nahezu allen Bereichen, in denen produziert wird, hat diesen Prozess zusätzlich verstärkt.

Gleichzeitig bleiben wesentliche Teile gesellschaftlicher Anforderungen unbeantwortet. Die Arbeit scheint einerseits auszugehen und andererseits liegen zu bleiben. Die einen sagen, die Arbeit werde weniger. Arbeit werde durch Technologie ersetzt. Die Computer ersetzten die Menschen. Das alte Muster, dass in neuen Bereichen Arbeitsplätze geschaffen würden, funktioniere nicht mehr. Die entstehenden neuen Arbeitsplätze böten aber oft für den Menschen insgesamt nicht das, was er an Sicherheit, Anerkennung und Begeisterung braucht. André Gorz (1998) spricht hier entsprechend von »McJobs«. Die Konsequenz sei, die Arbeit besser zu verteilen.

Es gibt auch den Standpunkt, dass notwendige Arbeit nur nicht in Angriff genommen wird, weil sie »keinen Markt« hat. Der Staat müsse hier eingreifen. So gibt es Versuche, mit dem Konzept »New Work« hier Veränderungen herbeizuführen, in dem die, die am unteren Ende der

Qualifikationsskala herausfallen, wieder integriert werden sollen. Hildebrandt zeigt den Widerspruch auf: »Während immer mehr Lohnarbeitstätigkeit trivial, überflüssig und zerstörerisch wird, bleiben wesentliche, gesellschaftlich nützliche und notwendige Arbeiten unerledigt.« (Hildebrandt 1998). Was kommen wird, ist heute so unklar, wie damals die Zukunft am Ende der Agrargesellschaft war.

Auch die Entlohnung sagt über die Arbeit etwas aus. Die höchsten Honorare werden heute für die Menschen mit dem höchsten »medialen Gebrauchswert« gezahlt. Dies trifft auf Showstars, auf Fußballspieler wie auf Unternehmenslenker zu. Letztere werden heute oft mit Aktienoptionen vergütet. Deren Wert ist abhängig vom Börsenwert des Unternehmens. Er steigert sich mit der »Produktion« von positiven Nachrichten über das Unternehmen. Die äußere Präsentation des Unternehmens ist dabei sehr wichtig. Vorstände von Aktiengesellschaften präsentieren dazu auch ihre Firmen in so genannten Roadshows, bei denen die Analysten wohl gestimmt werden sollen. Die Kunst der Präsentation und damit der Erzeugung der »richtigen« Information im Zuhörer ist dabei entscheidend für die weitere Bewertung von Unternehmen und damit auch für die zur Verfügung stehende Arbeit.

Die Veränderung in der Wirtschaft zeichnet sich aus durch:

- das Vorhandensein einer vermögenden Gesellschaft,
- einen fundamentalen Übergang der Wirtschaftsform, ähnlich dem von der Agrar- zur Industriegesellschaft,
- das Wirken der Informations- und Kommunikationstechnologie,
- die Transformation der Arbeits- in eine Informationsgesellschaft.
- Die Notwendigkeit, die Arbeit in der Gesellschaft neu zu organisieren.

Die Veränderung der Arbeit ist gekennzeichnet durch:

- Eine nachlassende Bedeutung der Erwerbsarbeit für den Lebensunterhalt der Menschen.
- Eine Abnahme der »Normalarbeitsverhältnisse« in der Form unbefristeter Vollarbeitsverhältnisse.
- Ein Entstehen von fragmentierten Arbeitsbiografien.

6.3. Entwicklung des Denk-Bezugsrahmens »Profession«

Die Denk-Bezugsrahmen von Profession und Arbeit haben sich in der Geschichte mehrfach verändert. War Arbeit in der Geschichte ursprünglich etwas, das den niederen Gesellschaftsschichten und vor allem denen vorbehalten war, die niemand anderen für sich arbeiten lassen konnten, hat der kollektive Bezugsrahmen von Arbeit zumindest im Abendland einige Veränderungen durchgemacht. Die folgende Aufstellung veranschaulicht die Phasen des Images von Arbeit. Seit der Antike bis heute hat sich da einiges gewandelt:

Veränderung des Images von Arbeit

1. Antike: Mühsal und Plage; niedrig und entehrend; für Knechte und Sklaven.
2. Mönchskulturen des Mittelalters: Arbeit als Form der Askese; »heiliges Werk«.
3. Beginnende Industriegesellschaft: »Arbeit ist das ganze Leben«; »Arbeit als das stahlharte Gehäuse der Hörigkeit« (Max Weber).
4. Ab Mitte des 20. Jahrhunderts: Arbeit als Selbstverwirklichung.
5. Ende des 20. Jahrhunderts: Die traditionelle Arbeit geht (wieder) aus.

Arbeit galt lange als etwas Unfeines und Niedriges. Wer die Macht hatte, zwang andere mit Gewalt, für sich zu arbeiten. Arbeit war etwas für Sklaven. Arbeit und Ausbeutung waren eng miteinander verbunden. Erst durch den Zusammenhang »ora et labora« (»bete und arbeite«) wurde Arbeit aufgewertet. Sie wurde salonfähig. Die protestantische Arbeitsethik auf der einen Seite und das starke Bevölkerungswachstum auf der anderen Seite haben im letzten Jahrhundert Arbeit bestimmt. Bis weit in das 20. Jahrhundert galt für viele Menschen zwangsweise »Arbeit ist das ganze Leben«. Damit war für die meisten Menschen harte, oft gesundheitsschädliche körperliche Arbeit gemeint.

Seit die humanistische Psychologie auch in die Organisationspsychologie Einzug gehalten hat, galt von der Theorie her für Arbeit, dass sie eigentlich Genuss sein soll. Nachdem die Hawthorne-Experimente (siehe auch Kap. 1.8.) in den dreissiger Jahren die humanistische Wende in der Arbeitspsychologie eingeleitet hatten, hat sich der Begriff von Arbeit sehr verändert. Die humanistische Psychologie stellte das Postulat der Selbstverwirklichung für die Arbeit auf. Abraham Maslows Bedürfnispyramide erlangt mit der so genannten Selbstaktualisierung ihre Spitze. Der Motivationsforscher David McClelland unterstellte beim Menschen gar ein Leistungsmotiv. Douglas McGregor, der Führungstheoretiker, wies dann nach, dass die Führungskräfte, die ein positives Menschenbild von einem leistungsbereiten, nach Selbstverwirklichung in der Arbeit strebenden Mitarbeiter haben, bessere Leistungsergebnisse mit ihrer Mannschaft erzielen. Der Bezugsrahmen der Führungskraft schafft erst die korrespondierende Wirklichkeit im Verhalten der Mitarbeiter. Die Denk-Bezugsrahmen von Führung und von Arbeit hängen da eng miteinander zusammen.

Die industrielle Arbeit erwirtschaftete in einigen Teilen der Welt einen Reichtum, der vorher nicht zu erahnen war. Dies trieb schon interessante Blüten. Michail Gorbatschow sagte in einem unbedachten Augenblick bei seinem ersten Besuch in Deutschland, so stelle er sich den Kommunismus vor. Er meinte den Wohlstand, der in weiten Kreisen der Bevölkerung erreicht war. Als Utopie wäre danach der Kommunismus, den Marx als höchste Stufe der gesellschaftlichen Entwicklung einstufte, eingelöst. Marx hatte das Leben des Menschen im Kommunismus, als »jeder nach seinen Fähigkeiten, jedem nach seinen Bedürfnissen« beschrieben. Am Morgen sollte jemand Fischer sein können, am Nachmittag Dichter. Für viele Menschen ist dies heute möglich. Das durchschnittliche Vermögen der einzelnen Familie hat sich seit 1990 fast um die Hälfte erhöht. Es ist wegen der gleichzeitig vorhandenen Armut in der Gesellschaft ein seltener erwähntes Phänomen. Aber heute gilt: Viele Menschen brauchten gar nicht mehr zu arbeiten, tun es aber dennoch: Es stellt sich die Frage, ob dies dann noch Arbeit im bisherigen Denk-Bezugsrahmen ist. Man ist ja auch daran gewöhnt. Der Bezugsrahmen von Arbeit, den wir heute meist noch haben, ist ein industrieller. *Industriell denken* meint, dass der Bezugsrahmen von Arbeit für viele immer noch durch die klassische Erwerbsarbeit im Industriebereich geprägt ist. An diesem Maßstab werden Entwicklungen und Veränderungen gemessen. Viele Menschen finden bezüglich der von Eric Berne postulierten Grundbedürfnisse (Zuwendung, Reize und Struktur) ungenügende oder verzerrte Bedingungen vor.

Beispielsweise ist für die Freizeitindustrie typisch, dass sie häufig zu viel einseitigen Reiz aber wenig Zuwendung bietet. Der industrielle Bezugsrahmen von Arbeit wird beibehalten. Freizeitgestaltung wird ebenso industriell organisiert. Seine Zeit gefüllt zu verbringen, ist heute nicht das Problem. Aber in der Masse der Angebote stellt sich das Problem erfüllter Zeitgestaltung. Die Organisation der Freizeit im industriellen Bezugsrahmen erfüllt auf Dauer die Bedürfnisse nicht.

Die Online-Gesellschaft stellt den industriellen Bezugsrahmen fundamental in Frage. Das Arbeiten »from-nine-to-five« entspricht nicht mehr dem Umfeld. Vom industriellen Bezugsrahmen der Arbeit muss man sich heute verabschieden. An seine Stelle muss sich erst etwas entwickeln, das wir heute nur umrisshaft sehen können. Neofiodew hat für den nächsten Kondratieff-Zyklus die *»psychosoziale Gesundheit«* als wesentlichen Motor der Entwicklung prognostiziert. Ob dies so sein wird, bleibt abzuwarten. Die Zeit und die Möglichkeiten liegen dazu vor. Allerdings ist psychosoziale Gesundheit ein gänzlich anderes Wirtschaftsthema als die Industrie-Entwicklungszyklen der Vergangenheit. Der Mensch wird Teil des Produktes. Dies kann man rein technologisch sehen und über Bio- und Gentechnologie anzugehen versuchen. Hierbei wäre aber so zu tun, als ob es nicht um den Menschen selbst geht. Förderung der psychosozialen Gesundheit funktioniert nur durch eine aktive Selbstarbeit des Menschen. Ob dies ein wesentlicher wirtschaftlicher Entwicklungsfaktor sein kann, bleibt fraglich. Aber gerade darin liegt die Schwierigkeit. Wir haben nur Vorbilder aus der Vergangenheit. Und vor 100 Jahren konnte man sich den heutigen Bezugsrahmen von Arbeit noch nicht vorstellen.

6.4. Auswirkungen auf die Menschen

Die Auswirkungen auf die Menschen sind gravierend. Die Unsicherheit ist groß. Die Menschen in Europa sind in der Mehrheit reich, wenn man es mit der Vergangenheit und dem Weltdurchschnitt vergleicht. Aber alles scheint am seidenen Faden zu hängen. Gleichzeitig gibt es sehr viele Menschen, die früher mit einfachen Tätigkeiten ihr Auskommen hatten, die heute aber nicht mit der Entwicklung Stand halten können. Neue Armut entsteht anstatt dass die Armut besiegt wäre.

Die Menschen in professionellen Tätigkeiten erleben eine vorher nicht gekannte Arbeitsintensität und Beanspruchung. Der Manager, der für das Unternehmen ca. 65 Stunden arbeitet, am liebsten auf eine Teilzeittätigkeit gehen würde, aber auf Grund einer überlieferten Unternehmenskultur, in der Manager »kämpfende Männer« sind, seine Bedürfnisse nicht erfüllen kann, steckt in dieser Zwickmühle.

Führungskräfte werden hier gefordert in der Steuerung der Lebensbereiche. Sie müssen für sich und oft sogar für andere die Frage beantworten, wie man die verschiedenen Lebensbereiche von Menschen über eine längere Frist in Einklang hält. Die zunehmende Kurzfristigkeit der Orientierung von ökonomischen Horizonten reduziert die Blickwinkel. Durch den Reiz, den die ökonomische Wunderwelt 25 bis 40-Jährigen bietet, können heute andere Lebensthemen vergessen werden. Familien und Kinder erscheinen langweilig gegenüber der Faszination der Wirtschafts- und Medienwelt. Die Zunahme der Single-Haushalte zeigt dies deutlich. Im Zeitstrukturmodell, wie die englische Organisationsberaterin Julie Hay (1994) es beschreibt, hat sich der Fokus verschoben.

Zeitgestaltungsformen:
- Rückzug
- Rituale
- Zeitvertreib
- Aktivitäten
- Nähe

Rückzug ist für viele Arbeitstätigkeiten heute nicht mehr möglich. Kommunikation mit anderen und Kontaktfähigkeiten werden in immer mehr Berufsfeldern verlangt. Zwar werden traditionelle Rituale auch für Führungskräfte weniger. Aktivitäten im Sinne von Arbeit und organisierter Zeitvertreib gewinnen einen höheren Stellenwert. Es gilt aber, mehr echte Nähe (»closeness«) in Form guter Zusammenarbeit herzustellen. Nur dadurch wird die nötige Zuwendung erreicht. Diese *horizontale Zeitgestaltungsstruktur* der Menschen verändert sich. Es betrifft die Entscheidung, wie man den aktuellen Moment verbringt. Aber auch die *vertikale Zeitstruktur* verändert sich. *Fragmentierte Berufsbiografien* werden typisch.

Zeiten mit Vollzeittätigkeit werden sich mit Weiterbildungsphasen, Sabbatjahren, Erwerbslosigkeit und Wiedereinstieg in einer Berufsbiografie abwechseln. Die, die aus der Arbeitsgesellschaft herausgefallen

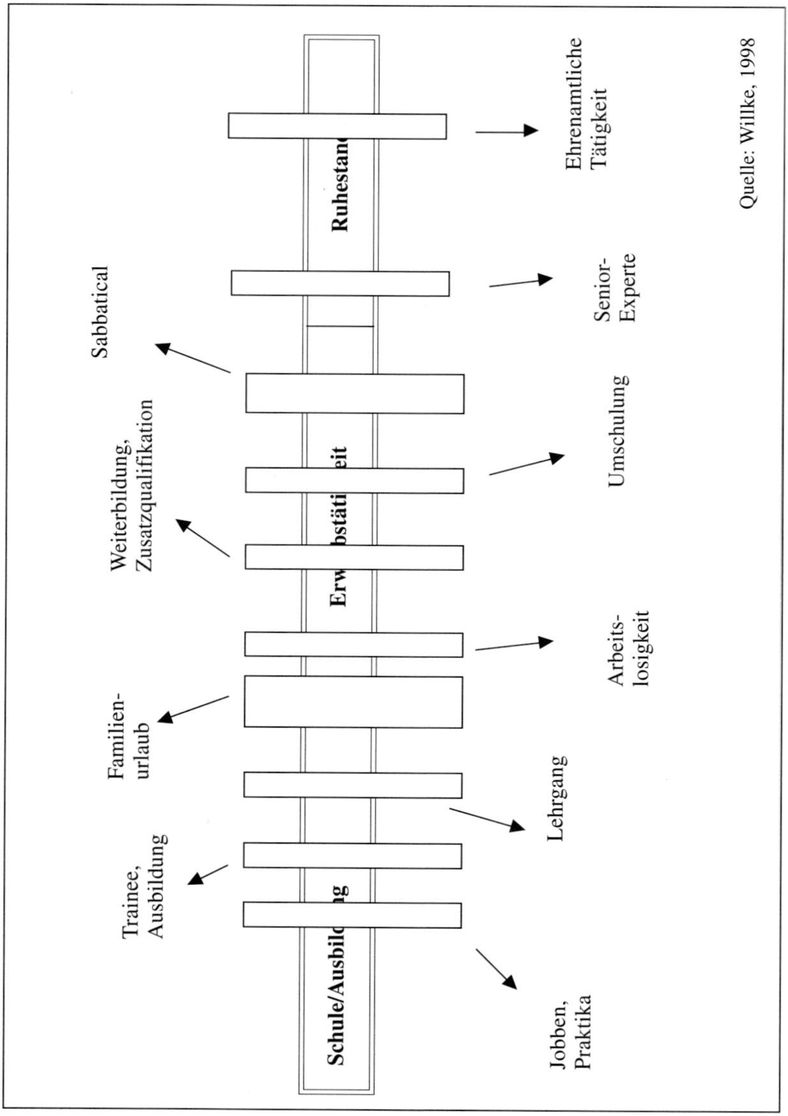

Abbildung 42: Fragmentierte Berufsbiografie

sind, erleben das Gegenteil dieser Wertewelt. Sie erfüllen die streng wissenschaftlichen Kriterien einer so definierten Arbeitswelt nicht mehr, wenn ihr Lebenslauf Lücken besitzt oder sie relativ zu alt (über 45) sind. Die Marktzutrittsschranken werden höher. Die Demütigung, die im »Nicht-mehr-gebraucht-werden« liegt, lässt die Menschen oft in psychisch schwierige Situationen kommen.

Die gesellschaftliche Entwicklung nach dem zweiten Weltkrieg hatte es mehr Menschen als früher ermöglicht, berufliche Potenziale aufzubauen. Hier galt lange Zeit die Gleichung gute Ausbildung gleich gute Berufsmöglichkeiten. Die gut gemeinten »Drehbücher«, die die Nachkriegseltern ihren Sprösslingen mit auf den Weg gaben »Lerne, damit Du etwas wirst«, führten in den sechziger und siebziger Jahren auch zum Erfolg in beruflicher Richtung. Auch dies gilt heute nicht mehr. Sehr kurzfristig haben sich die Szenarien verändert.

> Ein erfahrener Programmierer, Anfang vierzig, verlor wie viele seiner Kollegen Anfang der neunziger Jahre seinen Job mit entsprechenden emotionalen Konsequenzen. Ende der neunziger Jahre war in diesem Sektor wieder ein großer Bedarf an qualifizierten Kräften. Der ehemalige Programmierer hat allerdings mittlerweile den Anschluss verpasst.

Diese Szenarien haben für den Einzelnen zum Teil tragische Auswirkungen. Menschen sind mehr als früher der äußeren Impulsgebung beraubt und mit sich selbst konfrontiert. Arbeit sollte doch – seit den sechziger Jahren – eigentlich Spaß machen und zur Selbstverwirklichung führen. Arbeits- und Genussfähigkeit hatten sich in der Theorie sehr angenähert. Die Vorstellung, dass man zur Arbeit geht, um Geld zu verdienen, und davon nach der Arbeit zu leben, war – zumindest in den proklamierten Zielvorstellungen – fast nicht mehr vorhanden. Das klassische Klischee der Sekretärin, die jede Abwesenheit ihres Chefs mit Nägellackieren verbringt, schien nur noch in den fünfziger Jahre Film zu passen.

Gleichzeitig ist nicht mehr genug Arbeit vorhanden. Und die Arbeitsplätze, die noch neu geschaffen werden können, zeichnen sich nicht unbedingt durch Möglichkeiten zur Selbstverwirklichung aus. Dies produziert neue Widersprüche. Beispielsweise hat dies auch für bestimmte soziale Felder unmittelbare Konsequenzen:

Der ehemalige Drogenabhängige, der in der Therapie sehr viel über seine Träume zur Selbstverwirklichung gesprochen hat, wird in der Wiedereingliederung ins Arbeitsleben in einer Fensterreinigungstruppe oder am Tresen einer Fastfood-Kette eher die unteren Regionen der Maslow'schen Bedürfnispyramide (Existenzbedürfnisse, Sicherheitsbedürfnisse) frequentieren. Selbstverwirklichung bleibt da auf der Strecke.

Die traditionelle Arbeitsgesellschaft hatte sehr viel der Zuwendung für Menschen in den Bereich der Arbeit verlagert. Gerade das Stichwort Professionalisierung in vielen Berufsbereichen hatte eine Veränderung herbeigeführt. Die Ansprüche haben sich verändert. Selbstverwirklichung in der Arbeit wurde angesagt. Für immer mehr Mitarbeiter wurden Maßstäbe an die Arbeit angelegt, die früher allenfalls Künstler für ihr Tun in Anspruch nahmen. Gerade Manager und insbesondere Berater und Coaches haben an dieser Stelle ein seltenes Glück. Sie erleben weit gehende Erfüllung in ihrer Arbeit. Dies produziert oft sogar Verallgemeinerungen ihren Mitarbeitern und Kunden gegenüber. Gleichzeitig haben viele hoch professionalisierte handwerkliche Fähigkeiten ihren Wert verloren.

Die kollektiven Bezugsrahmen von Arbeit sind an dieser Stelle verändert. Sicher hat dazu der zunehmende Wohlstand in breiten Bevölkerungsschichten beigetragen. An die Stelle der Sorge an einem dem Wetter und schwerer körperlicher Belastung ausgesetzten Arbeitsplatz (z.B. unter Tage, auf der Baustelle, auf dem Feld) ist die Sorge um einen Arbeitsplatz getreten, der die Entwicklung der eigenen Persönlichkeit gewährleistet. Die humanistische Psychologie mit ihrer Idee der Eigenmotivation und Autonomie des Menschen hat ebenso wie Professionalisierungsideen die Perspektive auf die Arbeit verändert.

Die Mitarbeiterin einer Marketingabteilung, die auf ihren pünktlichen Feierabend pocht, um rechtzeitig bei ihren Kindern zu sein, wird von den jüngeren Kollegen als jemand betrachtet, der »über seinen Zenit hinaus« ist.

Die Arbeit wird zum Teil im neuen Stile von »Arbeit ist das ganze Leben« als Hochleistungssport betrieben. Den kollektiven Bezugsrahmen von Arbeit die nötige Differenzierung zu geben, wird zu der großen

Herausforderung, mit der die Menschen im Arbeitsleben heute konfrontiert sind. Die Zukunft wird eher durch fragmentierte Professionsverläufe gekennzeichnet.

6.5. Lernfeld: Die Beziehung des Mitarbeiters zur Organisation

Für einen bestimmten Zeitraum im 19. und 20. Jahrhundert boten Organisationen sehr viele Angebote für eine symbiotische Beziehung zum Unternehmen oder zur Institution. Dies wurde vielfach mit Identifikation und »Wir-Gefühl« etikettiert. In der Praxis bedeutete dies mehr oder weniger verpflichtende und verführende Angebote für alle Lebensbereiche der Mitarbeiter. Betriebskindergärten, Werkswohnungen, Einkaufsmöglichkeiten (z.B. in Leverkusen die »Bayer-Kaufhäuser«) bot die Firma. Bildung und Persönlichkeitsentwicklung gewährleistet scheinbar die Organisation. Eine eigene Untersuchung ergab, dass Mitarbeiter traditionell ganz bestimmte Botschaften empfangen konnten:

- Du bist uns wichtig.
- Du kannst bei uns sicher sein.
- Du gehörst zu uns.
- Du brauchst Dich nicht um professionelle und persönliche Entwicklung zu kümmern.
- Du bekommst von uns Identität. (Du bist durch uns wer.)
  Du gibst uns dafür Deine Arbeitskraft und Loyalität über Generationen.

Abbildung 43: Die traditionellen Botschaften in großen Organisationen

Die einzelnen Botschaften der Organisationen an die Mitarbeiter waren zum Teil sehr stützend, zum Teil aber auch vereinnahmend. Diese bestanden oft aus einer Symbiose, in denen die Organisation Teile der Mitarbeiterpersönlichkeit übernahm. Die Firma sorgte für die persönliche und professionelle Entwicklung durch entsprechende Lehrveranstaltungen. In vielen Fällen bezogen die Mitarbeiter auch wesentliche Elemente ihrer Selbstdefinition durch die Zugehörigkeit zum Unternehmen. »Siemensianer«, »die vom Bosch« oder »vom Daimler«, die »von der Rotfabrik« (Hoechst) waren für die Mitarbeiter wesentliche Identitätsbeschreibungen. Symbiotische Beziehungen vom Unternehmen zum Mitarbeiter trafen lange die Wünsche von Organisationen, Führungskräften und Mitarbeitern.

Symbiosen sind dysfunktional, wenn in Beziehungen Verantwortung gemieden und verschoben wird. Die führt zu zwei problematischen Folgen: Die Beteiligten aktivieren und entwickeln ihre Potenziale in der Beziehung nicht. Gegenseitig werden Illusionen etabliert, unterstützt oder ihre Konfrontation mit der Realität vermieden (Schmid, 1994).

Nach allem was wir heute wissen, ist die Zeit der Vollzeitarbeitsgesellschaft vorbei. Nach den heute vorliegenden Prognosen wird es keine Rückkehr zum Arbeitsmodell der 60er und siebziger Jahre geben, in dem jeder so viel mit angemessener Bezahlung arbeiten konnte, wie

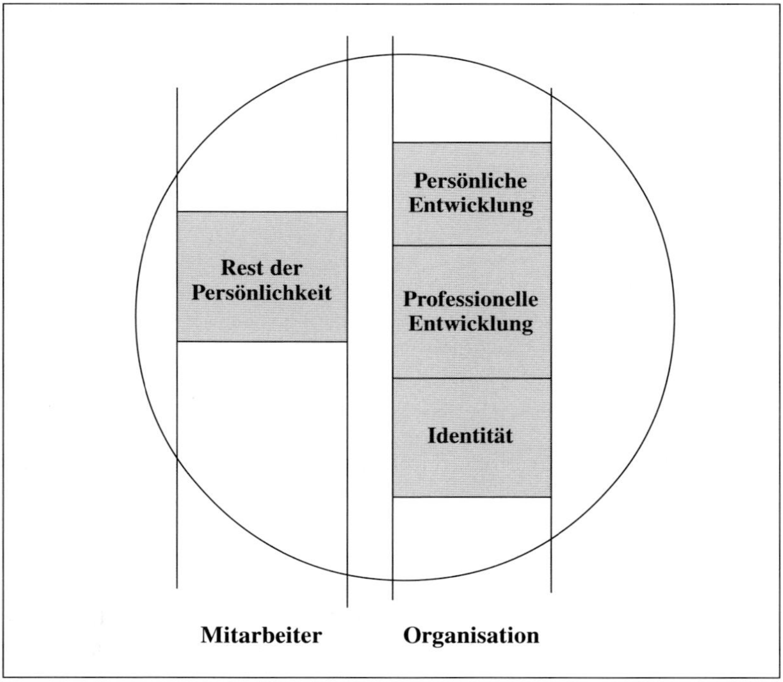

Abbildung 44: Symbiotische Beziehung

er wollte. Nur ein Teil der Menschen wird wahrscheinlich Vollzeittätigkeiten nachgehen. Dies spiegelt sich in Unternehmen ebenso wieder. Die Beziehungen vieler Menschen zur Firma werden enttrübt. Ständig wird das rauere Beziehungsverhalten der Institutionen oder Organisationen, in denen Menschen arbeiten, beklagt. Dabei geht es häufig um die schmerzhafte Enttrübung einer Vorstellung über Organisationen, die in anderen Lebensbereiche wie Familie oder Partnerschaftsbeziehung eher passt.

Alte Sentimentalitäten, für die die Institutionen selbst sehr viel getan hatten, werden verlassen. Die emotionale Versorgung durch Unternehmen und durch Unternehmenskulturen geht zurück. Die Identifikationsangebote, die Firmen für Mitarbeiter gaben, waren früher bedeutend größer als heute. Eine eigene Untersuchung ergab, dass Mitarbeiter gerade in Firmen mit längerer Tradition gravierende Verränderungen der empfangenen Botschaften von Seiten des Unternehmens feststellen. Die Mitarbeiter registrieren heute in der Übergangszeit andere Botschaften:

- Du bist persönlich nicht wichtig. (Du bist ersetzbar.)
- Du gehörst nur am Rande zu uns.
  (Andere, z. B. Kapitalgeber sind wichtiger.)
- Du kannst nicht sicher sein. (Ständig lauern Veränderungen.)
- Du bist für uns nur wer, wenn Du fit, mobil etc. bist.
- Du kannst bei uns nur existieren, wenn Du dich fügst.

Abbildung 45: Botschaften, die Mitarbeiter heute von Organisationen empfangen

Diese Botschaften werden durch die permanente Organisationsentwicklung in den Unternehmen verschärft. Dazu trägt insbesondere das Wirken von bestimmten Systemdynamiken zur Problemlösung, zum Erfolg und zur internen Kommunikation bei (siehe dazu auch Kap. 2.3.).

Lange Zeit gab es zwischen Unternehmen und ihren Mitarbeitern sehr viele Angebote, die Beziehung symbiotisch zu gestalten. Insbesondere große Unternehmen haben für die Beziehung gegenüber ihren Mitarbeitern und auch deren Familien einiges geboten. Nun wird in der Beziehung zur Organisation der Kontrakt aus Leistung und Gegenleistung transparenter. Er wird laufend überprüft, ist zeitlich variabel und nahezu ständig kündbar. Dies findet in einem Gesamtkontext statt, in dem Identifizierungsangebote mit Institutionen (Nationen, Regionen) sich ebenso umgestalten.

Es wird differenziertere Formen der Ankoppelung des Mitarbeiters an Organisationssysteme geben. Ein weiterer Aspekt der Beziehung zwischen Unternehmen und Mitarbeitern ergibt sich durch die Differenzierung der Mitarbeiter in unterschiedliche Belegschaftsgruppen. Organisationen entwickeln zurzeit verschiedene Gruppen von Mitarbeitern. Handy (1993) bezeichnet dies als föderale Organisation.

- 1. Kernbelegschaft
  für das Überleben der Organisation wichtig: Führungskräfte, Spezialisten, ...
- 2. Auftragnehmer
  Einzelpersonen, kleine Firmen, die autonom handeln und auf Zuliefer- und Serviceleistungen spezialisiert sind
- 3. Teilzeitkräfte und zeitlich begrenzte Mitarbeiter

Quelle: Handy, 1993

Abbildung 46: Die föderale Organisation unterscheidet zwischen drei Gruppen

Die föderalen Organisationen werden Arbeit möglicherweise wieder mehr auch in unterschiedlichen »mentalen« Formen anbieten. Arbeiten, die erst danach Leben möglich machen, werden wieder mehr an der Tagesordnung sein. Dazu tragen auch von den Menschen als willkürlich erfahrene Prozesse in Unternehmen bei, wie von kleinen Führungskreisen beschlossene Fusionen. Da anderseits gerade die Erfüllung in der Arbeit heute für viele Menschen zu einem wesentlichen Lebensbezug geworden ist, ist auf die auftretenden Widersprüche zu achten.

Eine Konsequenz daraus ist, übergreifende Kompetenzen zu erwerben, die über das einzelne Unternehmen hinausgehen. Auf den ersten Blick sind Mitarbeiter dadurch unabhängiger vom einzelnen Unternehmen. Die emotionalen Kosten von Abschiedsprozessen sind dann aber auch nicht so groß. Nur von wenig Selbstsicherheit getragene Unternehmen, die den offenen Verhandlungsprozess mit dem Mitarbeiter scheuen, versuchen den Mitarbeiter in seiner Qualifizierung allein unternehmensbezogen zu entwickeln. Dies bedeutet konkret auch eine Entwicklung hin zu mehr personenbezogener Qualität. Gab es Ende des 20. Jahrhunderts den Trend der Prozessqualität, in dem durch Standardisierungsverfahren wie DIN ISO 9000ff. Prozesse in ihrer Qualität losgelöst von den Mitarbeitern wesentlich für das Qualitätsmanagement sein sollten, wird in der schnelleren Online-Ökonomie die Qualität des Einzelnen wieder wichtiger.

6.6. Lernfeld: Dynamisierung der Rollenwelten

Durch die ökonomische Entwicklung ist zumindest die Arbeitsfähigkeit insofern dann als Ziel in Frage zu stellen, wenn traditionelle Arbeitsmöglichkeiten nicht mehr in ausreichendem Maße angeboten werden. Auf Grund von technologischen Veränderungen und resultierender Arbeitslosigkeit sind neue Antworten gefragt. Um den Bezug von Personen zu ihrer Berufswelt zu konzipieren, hat das Drei-Welten-Modell und das daran anknüpfende Rollenkonzept gedient. Das Rollenmodell schloss als Konzept für Persönlichkeit in Beruf und Arbeit eine wichtige bis dahin bestehende Lücke. Die bis dahin vorhandenen reinen Persönlichkeitskonzepte drücken den Kontextbezug des Lebens einer Persönlichkeit in der Berufswelt nicht aus. Damit war eine Persönlichkeitskonzeption geschaffen, in der das Wirken eines Menschen immer im Zusammenhang mit einem Kontext, einer bestimmte Organisation, eines bestimmten erlernten Berufes gesehen wird. Die implizite Zielsetzung darin ist ein für den Einzelnen Menschen ausgewogenes Rollenkonzept, in dem er seine verschiedenen Rollen in den gesellschaftlichen Kontexten leben kann. Die Psychologen Ute und Heinrich Hagehülsmann haben in ihrem Buch »Der Mensch im Spannungsfeld seiner Organisation« (1999) darauf hingewiesen, wie eine integrierte Persönlichkeit für die aktuellen Herausforderungen in Organisationen aussehen muss. Sie sehen die integrierte Persönlichkeit »auf einem Weg, der durch wachsende(s)

- Autonomie,
- Flexibilität im Wahrnehmen, Denken, Fühlen und Verhalten,
- Selbstwertempfinden (inklusive Bewusstheit für Stärken und Schwächen),

- Kommunikationsfähigkeit,
- Konfliktfähigkeit,
- Handlungsfähigkeit,
- Bewusstsein für Wachstumsprozesse,

gekennzeichnet werden kann« (S. 10f.).

Sie wenden sich gegen Spaltungen und sehen die integrierte Persönlichkeit »zu Hause nicht anders integriert als in der Firma.« (Hagehülsmann 1999, S. 276.) Allerdings sehen sie auch als Teil der integrierten Persönlichkeit die Fähigkeit, »die professionelle Rolle und den organisatorischen Kontext in ihr Denken, Fühlen und Handeln einzubeziehen«.

Das Drei-Welten-Modell ist Ende der achtziger Jahre entstanden. Es ist ein Kontextmodell für berufsbezogene Fragestellungen. Mittlerweile zeigt sich, dass sich die beruflichen und wirtschaftlichen Umfelder gänzlich verändern. Das Gesamtsystem Wirtschaft hat dem Menschen in Folge der Technologieentwicklung und der dadurch möglichen »Betriebswirtschaftisierung« verändert. Enklaven außerhalb der Logik von Wertschöpfung werden in Wirtschaftsunternehmen immer weniger zugelassen.

Menschen werden in Zukunft mehr und andere Räume für den Persönlichkeitsausdruck brauchen. Durch den Rückzug des Staates aus vielen Lebensbereichen entstehen weitere Veränderungen. Dies biete Aufgaben im sozialen Sektor (z.B. Pflege). Dies sind teilweise professionelle Tätigkeiten, teilweise werden sie aber auch ehrenamtlich ausgefüllt. Zwischen dem Professionsbereich und dem Gemeinwesenbereich werden fließende Übergänge bestehen. In Zukunft wird das »Rollen-Hopping« häufiger sein. Überhaupt ist die Frage zu stellen, ob die Trennung der Lebenswelten in der Form aufrecht erhalten wird, wie sie zum industriellen Lebensbereich gehörte. Die Online-Gesellschaft führt sicher teilweise Arbeit und Heim wieder zusammen, so wie es schon in der Agrargesellschaft auch der Fall war. Nur wird es nicht Haus und Hof sein, die in einem Atemzug genannt werden, sondern Mensch und Online-Anschluss. Der Arbeitsplatz verliert den stationären Charakter. Der Wechsel der Rollen der Menschen wird dynamischer werden.

Es ist eher zu erwarten, dass auch durch den Rückzug des Staates aus vielen Bereichen Lücken entstehen. Dies können Aufgaben im Bereich des Gemeinwesens sein. Immer war das Gemeinwesen auf das Engagement des Einzelnen angewiesen. Insofern ist das Drei-Welten-Modell zum Vier-Welten-Modell zu erweitern. Die Menschen werden sich neue Betätigungsfelder suchen müssen. Diese Betätigungsfelder sind als Privatwelt unzureichend definiert. Es geht ja gerade im ökonomischen Sinne um öffentliche Güter, die sie in den Gemeinwesenrollen produziert werden.

Ein im Leben von Menschen zunehmend wichtigerer Bezug kann die Gemeinwesenarbeit werden. Sie bietet sich gerade wegen der Veränderungen der Gesellschaft an. Die traditionelle Arbeit wird weniger. Der Wohlstand vieler Menschen ermöglicht ihnen, Zeit für die Aufgaben aufzuwenden, die im Bereich des Gemeinwesens liegen. Neuere Bewegungen wie der Kommunitarismus, der unter anderem die Gemeinde als Betätigungsfeld hervorhebt, zeigen in eine ähnliche Richtung. Dies erfordert in einem systemischen Persönlichkeits-Modell eine vierte Welt: die Welt des Gemeinwesens. Sie ist etwas Besonderes und wird nicht durch Privatwelt beschrieben.

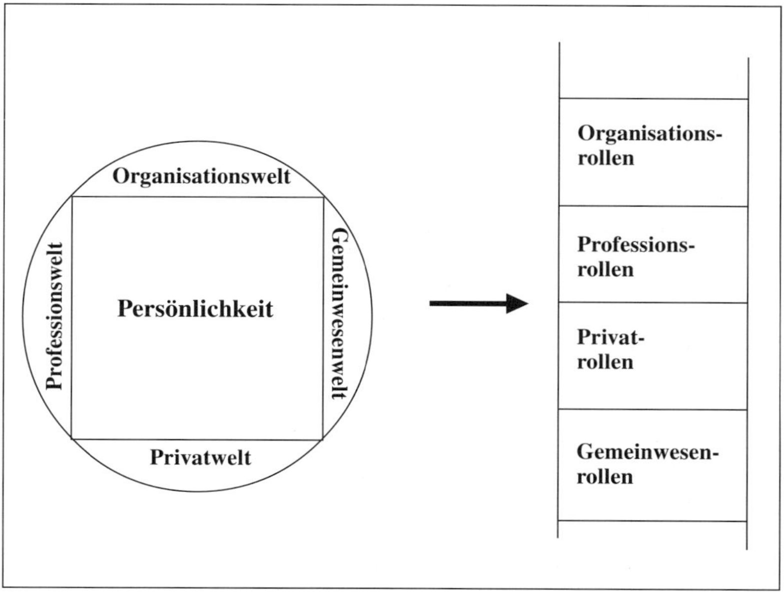

Abbildung 47: Das 4-Welten-Modell

Nimmt man die Gemeinwesenwelt als vierten wichtigen Kontextbezug, so macht es Sinn ein weiteres Feld von Rollen explizit zu benennen: Gemeinwesenrollen. Die Gemeinwesenwelt hat deutlich Berührungspunkte zur Professionswelt. Es wird Übergänge geben. Rollen aus der Gemeinwesenwelt werden zu Professions- und Organisationsrollen werden und umgekehrt.

Ebenso ist die Unterscheidung von Privatwelt und Professionswelt in manchen Fällen schwierig. Ist die Mutterrolle eine Privatrolle oder eine Professionsrolle? In dem Augenblick, in dem Mütter für ihre Tätigkeit Sozialversicherungszeiten angerechnet bekommen, wird Muttersein zu einer Professionsrolle. Auch das Nebeneinander von ähnlichen Rollen in unterschiedlichen Lebenswelten wird auf Grund der Veränderung von Organisationen ein wichtigeres Thema werden. Es ergeben sich für Menschen zum Teil interessante Rollenkonflikte, wenn jemand in einem Betrieb arbeitet, gleichzeitig aber im Gemeinwesen in einer Initiative arbeitet, die den Interessen seiner Firma entgegenwirkt.

Auf der anderen Seite können wir uns heute wahrscheinlich noch nicht vorstellen, welche Möglichkeiten Menschen für sinnvolle Tätigkeiten noch erfinden müssen. Menschen werden wahrscheinlich ein weit mehr diversifiziertes Leben führen müssen.

Dies erscheint schon bei den heutigen Anforderungen nicht mehr adäquat mit Privatwelt beschreibbar. In der Privatwelt wird Freizeitverhalten erfasst. Die Erfahrung in Coaching und Seminaren in Organisationen zeigt, wie wertvoll Tätigkeiten für die Menschen sind, die durchaus Arbeitscharakter haben, die aber nicht in ihrem ständigen Berufsfeld liegen. Die Menschen, die an eine immer und stets erfüllte Betätigung in ihrer Firma glaubten, haben die meisten Schwierigkeiten mit der veränderten Wirtschaftskultur.

In einer Zeit, in der es psychologische Programme in zerfallenden Unternehmen gibt, die mit »Revitalisierung von Restbelegschaften« betitelt sind, wird die Problematik klar.

Ein 53-jähriger Mitarbeiter eines großen Chemieunternehmens, wurde in Zusammenhang mit einer Umstrukturierung der Ausstieg aus dem Unternehmen nahe gelegt. In der »Übergangsberatung« war die Frage nach der Bedeutung seines Engagements in der Kirchengemeinde ein wichtiger Impuls. Natürlich konnte er dort seine professionellen Fähigkeiten nutzen. Gleichermaßen ging es ihm darum, sich so zu organisieren, dass er dem veränderten Kontext gerecht wurde.

Für die Praxis der Gestaltung von Führungssystemen ist dabei vor allem wichtig, den eigenen Bezugsrahmen zu weiten und für die Mitarbeiter an Möglichkeiten zu denken und auch zu glauben, welche die Lebenswelten auf andere als bisherige Weise kreativ nutzen.

Dies ergibt verschiedene Ansatzpunkte in Form konstruktiver Selbstbotschaften für Menschen im Arbeitsleben:

Konstruktive Selbst-Botschaften

- Lerne »Deinen unabhängigen Wert« kennen und schätzen.
- Sorge für Deine Einbettung in soziale Bezugssysteme und Netzwerke.
- Schaffe Dir Sicherheit durch Professionalisierung.
- Sorge für Bezüge in unterschiedlichen Lebenswelten (z.B. Gemeinwesen).
- Sorge für realistische Vertragsbeziehungen zu Organisationen.

6.7. Lernfeld: Neue Chancen für Lebensorientierung

Was müssen die Menschen lernen? Wir müssen den industriellen Bezugsrahmen von Arbeit verlassen. Es geht um eine grundlegende Änderung des Denkens über Arbeit. Zum industriellen Bezugsrahmen von Arbeit gehört das Streben nach immer mehr Reichtum und Vermögen bei gleichzeitiger Verarmungsangst, die für die Agrargesellschaft und für lange Zeiten in der Industriegesellschaft realistisch war.

Den Menschen wird heute Flexibilität verordnet. Dies ist das Angebot des kollektiven Bezugsrahmens. Autonomie gegenüber der Dynamik der Arbeit ist aber etwas anderes. Bewusstheit ist das oberste Ziel. Für jeden Menschen im Professionsleben sind bestimmte Fragen zu klären, deren Antworten früher klar gebahnt waren: Was ist das aktuelle Lebenskonzept? Was sind seine Wurzeln? Was bedeutet Arbeit für mich? Den eigenen Lebensplan erkennen, wird zu einer noch wichtigeren Aufgabe. Die Sicherheit des Sich-in-Gewohnheit-Treiben-Lassens der 60er, 70er und 80er Jahre ist vorbei. Die Trauerarbeit zum Abschied von der industriellen Welt mit ihrer klaren Weltteilungen kommt in eine neue Phase. Man muss sich mit Neuem auseinander setzen.

Das Festhalten an bestimmten Gewohnheitswirklichkeiten wurde in früheren Zeiten wie heute in anderen Teilen der Welt durch Kriege jäh beendet. In diesem Falle waren äußere Einflüsse die Ursache. Aus Bewusstsein heraus gesteuerte Veränderungen sind in der Geschichte eher selten.

Dazu die Geschichte vom Mann mit dem unerklärlichen Leben:
Es war einmal ein Mann mit Namen Mojud. Er lebte in einer Stadt, in der er eine Stellung als kleiner Beamter bekommen hatte, und es sah so aus, als würde er seine Tage als Inspektor für Maße und Gewichte beenden.
Als er nun eines Tages in den Gärten eines älteren Anwesens, in der Nähe seines Hauses, spazieren ging, erschien ihm Khidr, der geheimnisvolle Führer der Sufis, in schimmerndes Grün gekleidet. Khidr sagte: »Du bist ein Mann, der gute Aussichten hat! Lass deine Arbeit und komm in drei Tagen ans Flussufer, wo du mich treffen wirst.« Und damit verschwand er.
Mojud ging zitternd vor Aufregung zu seinem Vorgesetzten und sagte, er müsse fortgehen. Bald hörten alle in der Stadt davon und sagten: »Armer Mojud! Er ist verrückt geworden.« Da es jedoch viele Anwärter auf seinen Posten gab, vergaßen sie ihn bald.
An dem vereinbarten Tag traf Mojud Khidr, der zu ihm sagte: »Zerreiß deine Kleider und wirf dich in den Fluss. Vielleicht wird dich jemand retten.« Mojud, obgleich er sich selber fragte, ob er verrückt sei, tat es. Da er schwimmen konnte, ertrank er nicht. Er trieb aber eine weite Strecke dahin, bis ein Fischer ihn in sein Boot zog. »Du Narr«, sagte er »die Strömung ist stark. Was treibst du da? Was hast du vor?«
Mojud sagte: »Ich weiß es eigentlich selber nicht.« »Du bist verrückt«, sagte der Fischer, »aber ich nehme dich mit in meine Schilfhütte drüben am Fluss, und wir wollen sehen, was man für dich tun kann.« Als er merkte, dass Mojud gut lesen und schreiben konnte, lernte er es von ihm. Dafür erhielt Mojud zu essen und half dem Fischer bei der Arbeit. Nach einigen Monaten erschien Khidr wieder, diesmal am Fußende von Mojuds Bett, und

sagte: »Steh sofort auf und verlass den Fischer. Es wird für dich gesorgt.«
Als Fischer gekleidet verließ Mojud unverzüglich die Hütte und wanderte umher, bis er auf eine Landstraße kam. Als der Tag anbrach, sah er einen Bauern, der auf seinem Esel unterwegs zum Markte war. »Suchst du Arbeit?« fragte der Bauer. »Denn ich brauche einen Mann, der mir hilft, die Einkäufe nach Hause zu bringen.« Mojud ging mit ihm. Er arbeitete fast zwei Jahre für den Bauern und lernte in dieser Zeit manches in der Landwirtschaft, doch sonst nicht viel mehr.
Als er eines nachmittags Wolleballen schnürte, erschien ihm Khidr und sagte: »Verlass die Arbeit, geh in die Stadt Mosul und verwende deine Ersparnisse, um Pelzhändler zu werden.« Mojud gehorchte. In Mosul wurde er ein bekannter Pelzhändler. Während er drei Jahre lang fleißig seinen Handel betrieb, bekam er Khidr nicht zu Gesicht. Er hatte eine ziemlich große Geldsumme gespart und dachte daran, sich ein Haus zu kaufen, als Khidr erschien und sagte: »Gib mir dein Geld, verlass diese Stadt, geh nach Samarkand und arbeite dort für einen Krämer.« Mojud tat, wie ihm geheißen.
Bald darauf wurden eindeutige Zeichen der Erleuchtung an ihm sichtbar. Er heilte Kranke, diente seinen Mitmenschen im Laden und während seiner freien Zeit, und seine Erkenntnis der Mysterien wurde immer tiefer. Geistliche, Philosophen und manche andere Leute besuchten ihn und fragten: »Bei wem hast du studiert?« »Schwer zu sagen,« antwortete Mojud. Seine Schüler fragten: »Wie hast Du Deine Laufbahn begonnen?« Er sagte: »Als kleiner Beamter.« »Und du hast das aufgegeben, um dich dem Pfad der Selbstverleugnung zu weihen?» »Nein, ich habe es einfach nur aufgegeben.« Sie verstanden ihn nicht.
Es kamen Leute zu ihm, die seine Lebensgeschichte schreiben wollten. »Was bist du in deinem Leben alles gewesen?« fragten sie. »Ich sprang in einen Fluss, wurde ein Fischer und verließ dann mitten in der Nacht die Schilfhütte. Dann wurde ich Landarbeiter. Als ich gerade Wolleballen zusammenband, veränderte ich mich und ging nach Mosul, wo ich Pelzhändler wurde. Dort sparte ich etwas Geld und gab es weg. Dann ging ich nach Samarkand, wo ich für einen Krämer arbeitete. Und eben da bin ich jetzt.«

»Aber dieses unerklärliche Benehmen wirft kein Licht auf deine erstaunlichen Gaben und die wunderbaren Geschehnisse«, sagten die Schreiber. »So ist es«, sagte Mojud. Da entwarfen die Biografen eine wundervolle und aufregende Lebensgeschichte von Mojud; denn alle Heiligen müssen ihre Geschichte haben, und die Geschichte muss in Einklang mit dem Geschmack der Zuhörer stehen, nicht aber mit dem tatsächlichen Leben. (Quelle; Idris Shah, »Das Geheimnis der Derwische«, 1982)

Idris Shah, ehemaliges Mitglied des Club of Rome, hat diese Geschichte ausgegraben. Für jede Sufi-Geschichte gibt es meistens sieben Wahrheiten. Als ein Schüler zu dieser Geschichte fragte: »Ja, wenn einem Khidr wirklich erscheint und den Weg weist, ist es nicht schwer.« Darauf antwortete sein Lehrer: »Glaub' bloß nicht, dass ihm Khidr erschienen ist.«

Die Sufi-Geschichte ist schon sehr alt. Aber sie zeigt den Aspekt, dass Lebensläufe nicht unbedingt linear verlaufen. Haben in früheren Zeiten Kriege und andere Katastrophen die Lebensläufe von Menschen durcheinander gewirbelt, so werden heute durch schnelle dynamische Marktveränderungen und auch durch damit verbundene Organisationsumgestaltungen immer wieder neue Situationen geschaffen, den sich der Mensch flexibel anpassen muss.

Klassische Herangehensweisen haben hier ihre Grenzen. Aber auch nicht jeder hat die Fähigkeiten zum freien Unternehmer. Die Gewohnheitswirklichkeiten vieler Menschen stehen dem entgegen. Sie betrachten Arbeit mit einem Bezugsrahmen, der eine freie Organisation von Arbeit beispielsweise als Unternehmer nicht ermöglicht. Für Führung, Beratung, Supervision und Coaching ergibt sich die Notwendigkeit, neu über diversifizierende Lebensgestaltungsmöglichkeiten von Menschen nachzudenken. Dies hat sowohl für Möglichkeiten der Zeitstrukturierung als auch für die Gestaltung des Zuwendungshaushaltes von Menschen gravierende Konsequenzen.

Die Regulierung der »stroke economy«, des psychologischen Zuwendungs-Haushaltes, hängt für Menschen im Beruf sehr von der Selbstorganisation ihrer Rollen ab. In Bereich der Berufsausübung beginnt heute eine radikale Änderung des Kontextbezuges. Manager müssen für nachhaltige Entwicklung das Verheizen menschlicher Ressourcen aufhalten. Sie können als Führungskräfte insbesondere aus der Vorbildfunktion heraus handeln, in dem sie zeigen wie sie selbst Lebensbereiche wertschätzen. Dies bedeutet, dass Führungskräfte ihre Modelle des Engagements in gesellschaftlichen Kontexten der Dynamik wirtschaftlicher und gesellschaftlicher Verhältnisse anpassen müssen.

Die Veränderungen im Arbeitskontext bieten für die Persönlichkeitsentwicklung der Menschen neue Chancen. Zwar steht ein unendliches Freizeitangebot zur Verfügung. Aber aus der Tatsache heraus, dass die Zukunft auch eher durch ressourcenschonendes Handeln geprägt sein wird, können Menschen sich ihrer eigenen Entwicklung und einem friedlichen Zusammenleben untereinander widmen. Ob man dies spirituell nennen mag oder darin einfach nur Vernunft als Überlebenschance der Menschheit sieht, zum ersten Mal besteht für einen größeren Teil der Menschheit die Möglichkeit, ihre Energien dorthin zu verteilen.

»The times they are a-changin'« (Bob Dylan)

Abbildungsverzeichnis

Literatur

Balling, R. (1993): Unternehmenskultur aus transaktionsanalytischer Sicht, Vortrag auf dem Kongreß »Lernen in Organisationen«, Wiesloch.
Berne, E. (1970):Spiele der Erwachsenen, Reinbek: Rowohlt.
Berne, E. (1975): Was sagen Sie, nachdem Sie guten Tag gesagt haben?, München: Kindler.
Berne, E. (1979): Struktur und Dynamik von Gruppen und Organisationen, München: Kindler.
Bühner, R. (1990): Erfolg von Unternehmenszusammenschlüssen in der Bundesrepublik Deutschland, Stuttgart: Poeschel.

DeMarco, T. und Lister, T. (1999): Wien wartet auf Dich!, »Peopleware«, München-Wien: Hanser.
Dusay, J. (1977): Egogramms. How I see you and you see me, New York: Harper and Row.

Eberwein, W. und Tholen, J. (1990): Managermentalität, Frankfurt.

Festinger, L. (1957): A theory of cognitive dissonance. Row, Peters; Evanstone/ Ill.
Frank, R. (1995): Psychotherapie-Supervision, Report Psychologie 4/1995, S.33–46.

Gebert, D. und Steinkamp, T. (1990): Innovativität und Produktivität durch betriebliche Weiterbildung, Stuttgart.
Gorz, A. (1999): Arbeit zwischen Misere und Utopie, Frankfurt: Suhrkamp.
Grawe, K. (1994): Psychotherapie ohne Grenzen, Verhaltenstherapie und psychosoziale Praxis, S. 357-370.
Grün, A. (1997): »Lebensmitte als geistliche Herausforderung«, Vortrag, Audio-Cassette, Münsterschwarzach.
Gührs, M. und Nowak C.: Das konstruktive Gespräch, Meezen: Limmer-Verlag 1996.

Halper, J. (1989): Stille Verzweiflung, Moderne Verlagsgesellschaft, Landsberg/Lech.
Handy, C.: (1993): The age of unreason.. Cambridge, MA.: Harvard Business School Press.
Hartmann, E. (1997): Rollenmanagement, Vortrag auf dem Kongress der Transaktionsanalytiker in Organisationen (TA/O), Weinheim.

Hauser, H.G. (1991): Unternehmenskultur aus transaktionsanalytischer Sicht, in ZTA, 1991, S. 179-192.
Hay, J. (1993): Working it out at work, Herwood Publishing, Watford.
Hoffmann, P. (1996): Arbeit war das ganze Leben, Hofheim.

Jaxon-Bear, E. (1992): Die neun Zahlen des Lebens, München: Knaur.

Kahler, T. (1977): Das Miniskript, in Barnes, G. et a.: Transaktionsanalyse seit Erich Berne, Bd. 2, S. 91–132.
Katzenbach, J. R. und Smith, D. K. (1993): Teams, Wien: Ueberreuter.
Kessler, H., Hauser, H.-G. und Reuter, H.J. (1988): Transaktions-Analyse: Ein Weg zum besseren Verständnis von Verträgen in Organisationen, in: ZfTA, Heft 4, S.149–168.
Kemeny, J. et al. (1997): »Archetyp 5: Widersacher wider Willen«, in: Senge, P.M. et al.: Das Fieldbook zur fünften Disziplin, Stuttgart: Klett-Cotta, S. 168–172.
Kim, D. et al. (1997): »Archetyp 1: Fehlkorrekturen«, in: Senge, P.M. et al.: Das Fieldbook zur fünften Disziplin, Stuttgart: Klett-Cotta, S. 145–149.
Köster, R. (1994): Teamsupervision – Was ist das? Überlegungen zur Konzeptbildung, Zeitschrift für Transaktionsanalyse, 2, S. 76–90.
Latham, G.P. (1988): Human Ressource Training and Developmant, in: Annual Review Of Psychology, Vol. 39, S. 545–582.
Looss, W. (1991): Coaching für Manager, Moderne Verlagsgesellschaft, Landsberg/ Lech.

Nefiodow, Leo A. (1996): Der sechste Kondratieff. Wege zur Produktivität und Vollbeschäftigung im Zeitalter der Information.
Neuberger, O. (1991): Psychodynamische Aspekte der Zusammenarbeit zwischen Gleichrangigen, in: Wunderer, R. (Hrsg.): Kooperation, Stuttgart: Poeschel, S. 39–68.

Palmer, H. (1991): Das Enneagramm, München: Knaur.
Palmer, H. (1996): Das Enneagramm in Liebe und Arbeit, München: Knaur.

Riso, D. R (1989): Die neun Typen der Persönlichkeit und das Enneagramm,. München: Knaur.
Rohr, R. und Ebert, A. (1994): Das Enneagramm, München: Claudius.
Rosenstiel, Lutz v. (1991): Was morgen alles anders wird, Düsseldorf u.a.

Schlegel, Leonhard (1984): Die Transaktionale Analyse, München: Francke.
Schlegel, L. (1990): Kompendium der Transaktionsanalyse, Zürich: Eigenverlag.

Schmid, Bernd (1992): Ganzheitlichkeit und Komplexitätssteuerung, in: Zeitschrift für systemische Therapie, 2, S. 135-138.

Schmid, B. (1992): Wirklichkeitsverständnisse und die Steuerung professionellen Handelns in der Organisationsberatung, in: Schmitz, C., Gester, P.-W. u. Heitger, B. (Hrsg.): Managerie, 1. Jahrbuch, Heidelberg: Auer-Verlag, S. 116–128.

Schmid, B. (1994): Wo ist der Wind, wenn er nicht weht, Junfermann-Verlag, Paderborn.

Schmid, B. (1986): Systemische Transaktionsanalyse, Wiesloch: Selbstverlag.

Schmid, B. (1990): Management-Training, Personal- und Organisationsentwicklung als Linien- und Projektmanagementaufgabe, in: Hernsteiner, 2, 1990, S.12-15.

Schmid, B. und Jäger, K. (????): Breaking through the Dilemma-Circle, in: Stern, E. (Ed.): TA – The State of the Art, Dordrecht: Floris-Publication, S. 107–118.

Schmitz, C., Gester, P.-W. u. Heitger, B. (Hrsg.) (1992): Managerie, 1. Jahrbuch, Heidelberg: Auer-Verlag, S. 116–128.

Senge, P. M. et al. (1997): Das Fieldbook zur fünften Dimension, Stuttgart: Klett-Cotta.

Shah, I. (1982): Das Geheimnis der Derwische, Freiburg u.a.: Herder.

Simon, H, und Tacke, G. (1990): Die Vision als Fundament der Unternehmenskultur, in: Imageprofile, hrsg. von Alexander Demuth, Düsseldorf.

Stewart, I. & Joines, V. (1990): Die Transaktionsanalyse, Freiburg u.a.: Herder.

Vogelauer, W. (1991): Unternehmenskultur aus transaktionsanalytischer Sicht – »Organisationspersönlichkeit und Organisations-Skript«, in ZTA, Heft 4.

Weber, G. (Hrsg.) (1993): Zweierlei Glück: Die systemische Psychotherapie Bert Hellingers, Heidelberg: Carl-Auer-Verlag.

Willke, G. (1998): Die Zukunft unserer Arbeit, Bonn.

Wunderer, R. und Klimecki, R. (1990): Führungsleitbilder. Grundsätze der Führung, Stuttgart: Poeschel.

Danksagung

Das Buch ist in meiner Auseinandersetzung mit den Themen entstanden, die die Menschen in Organisationen bewegen. Danken will ich daher all denen, die mir in Unternehmen und Institutionen Impulse und Ideen gegeben haben.

Besonderer Dank gilt Dr. Bernd Schmid, der für mich wesentliche Grundlagen der Anwendung systemischen Denkens in Organisationen gelegt hat. Er steht auch ein Stück stellvertretend für viele Kollegen, die systemisches Denken mit moderner Transaktionsanalyse verbinden. Namentlich erwähnen möchte ich hier Rolf Balling und Erich Hartmann.

Durch die Diskussion der Konzepte haben mich einige Menschen sehr unterstützt.

Insbesondere Dolores Lenz, Klaus Lenz, Achim Caspari, Sabine Caspari, Ursula Thiels und Hildegard Düll erwähne ich an dieser Stelle. Die konstruktiv-kritischen Diskussionen mit ihnen und anderen waren mir eine große Hilfe.

Meine Frau hat mir mit journalistischem Blick deutliche und aufmunternde Rückmeldungen gegeben, ohne die mancher Gedanke nicht entstanden wäre.

Meine Kinder Annekatrin und Isabel haben mir ab und zu mit ihrem Kommentar »Der Papa sitzt im Moment nur am Computer« während der Erstellung des Buches den nötigen Hinweis für einen angemessenen Umgang mit den Lebensbereichen gegeben.

Hofheim, im Juni 2000 Günther Mohr

Der Autor

Günther Mohr (Jahrgang 1956) arbeitet seit über zehn Jahren als Bildungsmanager, Trainer, Coach, Supervisor und Organisationsberater in Wirtschaftsunternehmen. Von der Ausbildung her ist er Diplom-Volkswirt und Diplom-Psychologe, Verhaltenstherapeut und Transaktionsanalytiker im Bereich »Organisation und Management«. Seine frühen beruflichen Wurzeln könnten dabei nicht unterschiedlicher sein. Einerseits waren es die wissenschaftliche Erforschung optimaler Finanzsysteme, andererseits die Erfahrung als Psychologischer Psychotherapeut von schweren Sucht- und psychosomatischen Erkrankungen. Diese Wurzeln und seine langjährige Erfahrung in Personal- und Organisationsberatung in Wirtschaftsunternehmen setzt er heute in praxisorientierte und passgenaue Arbeit mit Systemen (Teams, Organisationen) und Einzelpersonen um. Dabei ist die Integration von altem Wissen, das es schon vor der erst jungen Disziplin Psychologie gab, und modernen Erkenntnissen ein wesentlicher Orientierungspunkt. Die Basis bilden Konzepte, die für andere methodische Richtungen offen sind, wie der systemische Ansatz und die Transaktionsanalyse, die er inzwischen auch lehrt und in zahlreichen Vorträgen auf den Organisationskontext überträgt.

Integrative Beratung und Organisationspsychologie
Günther Mohr und Partner

- Trainings und Supervision für Führungskräfte und Mitarbeiter
- Standortbestimmung und Coaching
- Organisationsentwicklung
- Ausbildung in systemischer Transaktionsanalyse

Klarastr. 7
65719 Hofheim
Telefon: 0 61 92 / 3 69 45
E-mail: hedmohr@aol.com

F.A.Z.-Verlagsbereich Buch
Bestellfax 0049 / 69 / 75 91 – 21 87

D- 60267 Frankfurt am Main

Weitere Titel aus dem Verlagsprogramm

Harald Heber (Hrsg.)

Erfolgsprinzip Mitunternehmer

Wie Mitarbeiter unternehmerisch handeln

2000, 228 Seiten, kartoniert, ISBN 3-933180-77-5

Das unternehmerische Handeln des einzelnen Mitarbeiters wird für viele Organisationen in den nächsten Jahren ein entscheidender Erfolgsfaktor werden, um in dieser schnell-lebigen Zeit am Markt bestehen zu können. Lesen Sie, wie Mitarbeiter zu Mitstreitern gemacht werden können.

Ulrich Gonschorrek / Norbert Gonschorrek

Managementpraxis von A bis Z

Leitfaden durch die aktuellen Managementkonzepte

1999, 456 Seiten, Hardcover, ISBN 3-933180-17-1

Das „neue Management" besteht aus einer kaum überschaubaren Anzahl von sich überschneidenden Ansätzen und Konzepten. Dieses Buch gibt Ihnen einen Überblick über die verschiedenen Denkweisen. Es liefert Strategieempfehlungen und Argumente für die einzelnen Konzepte und sagt Ihnen, wo es sich lohnt, etwas näher hinzuschauen und Quellenstudium zu betreiben.

Claus Steinle / Bernd Eggers / Henning Thiem / Bernd Vogel (Hrsg.)

Vitalisierung

Das Management der neuen Lebendigkeit

2000, 336 Seiten, Hardcover, ISBN 3-933180-46-5

Was ist eine „vitale Organisation"? Ein Unternehmen, eine Institution, eine Organisation, in der Eigenschaften wie Flexibilität, Lernbereitschaft und Erneuerungsfähigkeit einen hohen Stellenwert haben. Dieses Buch zeigt Ihnen, wie Strukturen, Prozesse und Systeme optimiert werden können und wie man reorientiert, neuausrichtet, Netzwerke bildet und auf verschiedene Weise (Re)Vitalisierungsprozesse in Gang setzen kann.

Weitere Titel aus dem Verlagsprogramm

Helmut Quack

Internationale Kooperationen

Ein Wegweiser für mittlere und kleine Unternehmen

2000, 200 Seiten, kartoniert, ISBN 3-933180-76-7

Der „Gang" ins Ausland ist für viele kleine und mittlere Unternehmen eine strategische Entscheidung. Dieses Buch handelt von der Planung und der Realisierung von Kooperationen mit Unternehmen im Ausland.

Uwe Böning (Hrsg.)

Interkulturelle Business Kompetenz

Unsichtbare Barrieren überwinden und geheime Regeln beachten

2000, 276 Seiten, Hardcover, ISBN 3-933180-44-1

Um Erfolg in „fremden" Ländern zu haben, muß man die Mentalität, die Sitten und Gebräuche der Menschen verstehen. Oft entscheidet gerade das Wissen um „geheime" Regeln und die „unsichtbaren" Barrieren über den eigenen Erfolg und die Akzeptanz im Ausland. Profitieren Sie von dem Wissen und der Erfahrung der modernen „Business-Globetrotter", die die Globalisierung schon leben.

David Knower / Thomas F. Spemann / Günther Würtele (Hrsg.)

Business Guide USA

So gestalten Sie Ihre US-Aktivitäten erfolgreich

2000, 446 Seiten, Hardcover, ISBN 3-933180-34-1

Sie erhalten einen Überblick der politischen, wirtschaftlichen und gesellschaftlichen Rahmenbedingungen in den USA, mit Firmenprofilen, Wirtschaftsdaten, Verrechnungstabellen usw.
Ein Buch für Führungskräfte, die „im Land der unbegrenzten Möglichkeiten" unternehmerisch tätig sein möchten und für Praktiker, die bereits in den USA wirken.

F.A.Z.-Verlagsbereich Buch D- 60267 Frankfurt am Main
Bestellfax 0049 / 69 / 75 91 – 21 87

Weitere Titel aus dem Verlagsprogramm

William H. Cox
Die besten MBA-Programme in Europa
Entscheidungshilfen für Ihre Karriereplanung
2000, 294 Seiten, Hardcover, ISBN 3-933180-48-1

Europäische MBA-Programme sind der Beweis dafür, dass Europa eigene Management-Konzepte und Praktiken entwickelt. In diesem Buch werden die Top MBA Programme Europas beschrieben und analysiert. Adressen, Informationen über Kosten und Studiendauer runden das Bild ab.

Werner Lanthaler / Johanna Zugmann
Die ICH-Aktie
Mit neuem Karrieredenken auf Erfolgskurs
2000, 256 Seiten, Hardcover, ISBN 3-933180-84-8

„Stellen Sie sich vor, Sie sind eine Aktie und jeder will Sie kaufen.“ Die Autoren zeigen Ihnen, wie Sie den eigenen „ICH-Aktien-Index” bestimmen und Ihren eigenen Marktwert durch einen Businessplan gezielt steigern können. 50 bekannte Personen werden auf den „ICH-Aktien-Prüfstand“ gestellt und deren „ICH-Aktien-Index“ ermittelt.
Lesen Sie, in welchem der 5 „ICH-Aktien-Typen” Sie sich erkennen, und dann nehmen Sie Ihren eigenen „Aktienkurs” in die Hand.

Hans-Henning Kappel
Qualifikation und Erfolg
Ein praktischer Führer für Ihre Karriere mit Zukunft
3. Auflage 1999, 347 Seiten, kartoniert, ISBN 3-933180-47-3

Wer erfolgreich sein will, muß dazu eine solide Basis schaffen. Der Autor gibt Ihnen fundierte Analysen des Bildungsmarktes und Anregungen für passende Zusatzqualifikationen.

F.A.Z.-Verlagsbereich Buch D- 60267 Frankfurt am Main
Bestellfax 0049 / 69 / 75 91 – 21 87